PETER SCHNEIDER

Kriterien der Subordinationsspanne

Betriebswirtschaftliche Schriften

Heft 56

Kriterien der Subordinationsspanne

Das Problem der Abteilungsgröße unter organisatorischen Aspekten

Von

Dr. Peter Schneider

DUNCKER & HUMBLOT / BERLIN

Gedruckt 1972 bei Buchdruckerei Bruno Luck, Berlin 65
Printed in Germany
ISBN 3 428 02672 1

Vorwort

Das Problem der Subordinationsspanne wird seit geraumer Zeit in der betriebswirtschaftlichen Literatur erörtert. Es werden sowohl ihre Einflußgrößen dargestellt als auch Lösungsansätze zu ihrer quantitativen Bestimmung entwickelt. Dennoch kann festgestellt werden, daß die Beiträge organisationstheoretisch nicht genügend fundiert sind. Aus diesem Grunde soll mit der vorliegenden Arbeit eine weitere Diskussion des Problemkreises angeregt werden.

Mein Dank gilt in erster Linie Herrn Professor Fischer für die Vergabe der Arbeit. Weiterhin habe ich Herrn Dr. Wunderer für zahlreiche Anregungen zu danken, die der Arbeit sehr zugute kamen. Desgleichen bin ich meiner Frau für Fachdiskussionen zu Dank verpflichtet. Frau Anna A. Zorn gilt mein Dank für die Niederschrift des Manuskripts.

München, Februar 1972

Peter Schneider

Inhaltsverzeichnis

Abkürzungsverzeichnis

BFuP	Betriebswirtschaftliche Forschung und Praxis
HBR	Harvard Business Review
HdB	Handwörterbuch der Betriebswirtschaft
HdO	Handwörterbuch der Organisation
HdSW	Handwörterbuch der Sozialwissenschaften
IO	Industrielle Organisation
MuA	Mensch und Arbeit
ZfB	Zeitschrift für Betriebswirtschaft
ZfbF	Zeitschrift für betriebswirtschaftliche Forschung
FfhF	Zeitschrift für handelswissenschaftliche Forschung
ZfO	Zeitschrift für Organisation

1. Die Subordinationsspanne als Hauptproblem der Abteilungsbildung sowie dieser Untersuchung

11. Die Abteilung als höhere organisatorische Einheit

111. Wesen und Ausprägungsformen der Stelle

Jede Unternehmung[1] besitzt die Aufgabe, anderen Wirtschaftseinheiten Sachgüter, Dienstleistungen oder Rechte zur Verfügung zu stellen. Diese Aufgabe, die sich bei näherer Betrachtung als ein Komplex verschiedenartiger Teilaufgaben darstellt[2], bildet den Ausgangspunkt betriebsorganisatorischer Überlegungen.

Die Erfüllung der Teilaufgaben übersteigt in der betrieblichen Praxis häufig die Kapazität eines einzelnen Aufgabenträgers. In diesem Fall ist es Ziel der betrieblichen Aufbauorganisation[3], durch Teilung des Aufgabenkomplexes des Betriebes organisatorische Gliederungseinheiten zu bilden.

Die kleinste Organisationseinheit[4] soll als Stelle bezeichnet werden[5]. Das erste Charakteristikum der Stelle ist demnach darin zu sehen,

---

[1] Im Rahmen dieser Untersuchung erfolgt keine Differenzierung zwischen den Begriffen Unternehmung und Betrieb. Eine synonyme Verwendung der Ausdrücke erscheint insofern gerechtfertigt, als keine methodologischen Probleme erörtert werden.

[2] Vgl. dazu z. B. *Kosiol*, E., Organisation der Unternehmung, Wiesbaden 1962, S. 42 f.

[3] Vgl. zu diesem Ausdruck *Kosiol*, E., a.a.O., S. 32; *Kloidt*, H., Betriebsgliederung, organisatorische, in: HdB, 1. Bd., 3. Aufl., Stuttgart 1956, Sp. 791.

[4] Im Grenzfall des Einmann-Betriebes sind die kleinste und die größte Organisationseinheit identisch.

[5] Dieser Ausdruck wird in der Fachliteratur häufig benutzt. Vgl. z. B. *Nordsieck*, F., Rationalisierung der Betriebsorganisation, 2. Aufl., Stuttgart 1955, S. 127; *Kosiol*, E., Organisation der Unternehmung, a.a.O., S. 89; *Böhrs*, H., Organisation des Industriebetriebes, Wiesbaden 1963, S. 108; *Schnutenhaus*, O. R., Allgemeine Organisationslehre, Berlin 1951, S. 70; *Ulrich*, H., Betriebswirtschaftliche Organisationslehre, Bern 1949, S. 114; *Schramm*, W., Die betrieblichen Funktionen und ihre Organisation, Berlin—Leipzig 1936, S. 82; *Arnold*, G., Organisation der Betriebsstruktur, Berlin 1967, S. 19; *Hennig*, K. W., Betriebswirtschaftliche Organisationslehre, 4. Aufl., Wiesbaden 1965, S. 20; *Gaugler*, E., Instanzenbildung als Problem der betrieblichen Führungsorganisation, Berlin 1966, S. 16 ff. (Zitierweise: Instanzenbildung).

Die Bezeichnung Stelle wird jedoch nicht nur zur Kennzeichnung der kleinsten Organisationseinheit herangezogen. Vgl. dazu *Gaugler*, E., Instanzenbildung, a.a.O., S. 20 f.; *Kosiol*, E.: Organisation der Unternehmung, a.a.O., S. 89.

daß sie ein Segment der betrieblichen Gesamtaufgabe umfaßt[6]. Die den Inhalt der Stelle determinierende Aufgabe kann ein einheitliches Gepräge aufweisen oder aber ihrerseits aus verschiedenartigen Teilaufgaben zusammengefügt sein[7].

Aus der Tatsache, daß Stellen nur Teile der Gesamtaufgabe umfassen, resultiert als zweites Merkmal die Gliednatur[8]. Von Stellen „kann man erst dann sprechen, wenn ihr Aufgabeninhalt gegenüber anderen Stellen sinnvoll abgegrenzt und mit den übrigen Stellen auf das gemeinsame Ziel hin koordiniert ist“[9].

Eine vollständige Charakterisierung der Stelle ist nur möglich, wenn der zur Aufgabenerfüllung erforderliche Träger[10] berücksichtigt wird. Die Stelle muß in der Weise gestaltet sein, daß ihre Wahrnahme durch einen Aufgabenträger[11] möglich ist; sie muß in diesem Sinne trägerbezogen sein.

In der Fachliteratur[12] wird die Stelle als Aufgabenbereich definiert, der einem „objektivierten“[13] Aufgabenträger zugewiesen ist. In dieser Anschauung kommt zum Ausdruck, daß die Stelle zumeist „Daueraufgaben“[14] umfaßt, die im Zeitablauf wiederholt erfüllt werden müssen. Des weiteren wird berücksichtigt, daß die Existenzdauer der Auf-

---

[6] Für den Begriff werden auch andere Bezeichnungen verwendet. Vgl. z. B. *Fischer*, G., Die Betriebsführung, Bd. 1: Allgemeine Betriebswirtschaftslehre, 9. Aufl., Heidelberg 1964, S. 81 (Zitierweise: Die Betriebsführung, Bd. 1): „Sachgebiet“; *Hennig*, K. W., a.a.O., S. 20: „Arbeitsbereich“; *Böhrs*, H., Organisation des Industriebetriebes, a.a.O., S. 108: „Arbeitsgebiet“; *Nordsieck*, F., Rationalisierung der Betriebsorganisation, a.a.O., S. 126: „Funktionsgesamt“.

[7] Vgl. *Kloidt*, H., a.a.O., Sp. 971; *Schweitzer*, M., Probleme der Ablauforganisation in Unternehmungen, Berlin 1964, S. 37; *Gaugler*, E., Instanzenbildung, a.a.O., S. 16. — Da in der betrieblichen Praxis dem zweiten Fall größere Bedeutung zukommt, wollen wir ihn vornehmlich betrachten. Es wird daher im folgenden zumeist von Aufgabenbereich gesprochen.

[8] Vgl. *Gaugler*, E., Instanzenbildung, a.a.O., S. 16; *Arnold*, G., a.a.O., S. 65.

[9] *Gaugler*, E., Instanzenbildung, a.a.O., S. 16; vgl. auch *Schweitzer*, M., a.a.O., S. 37.

[10] Aus noch zu erörternden Gründen muß zunächst dieser neutrale Ausdruck verwendet werden.

[11] Später soll diskutiert werden, daß eine Stelle auch von mehreren Aufgabenträgern übernommen werden kann.

[12] Vgl. z. B. *Nordsieck*, F., Rationalisierung der Betriebsorganisation, a.a.O., S. 126; *Gaugler*, E., Instanzenbildung, a.a.O., S. 19; *Kosiol*, E., Organisation der Unternehmung, a.a.O., S. 89 f.; *Hennig*, K. W., a.a.O., S. 20; *Böhrs*, H., Organisation des Industriebetriebes, a.a.O., S. 108; *Bleicher*, K., Zentralisation und Dezentralisation von Aufgaben in der Organisation der Unternehmungen, Berlin 1966, S. 48 (Zitierweise: Zentralisation und Dezentralisation von Aufgaben).

[13] *Nordsieck*, F., Rationalisierung der Betriebsorganisation, a.a.O., S. 126.

[14] Ebd., S. 31; ähnlich auch *Acker*, H. B., Stelle, in: HdO, Stuttgart 1969, Sp. 1577.

gaben den Zeitraum der Betriebszugehörigkeit eines einzelnen Aufgabenträgers in vielen Fällen übersteigt[15] und die Stelle demzufolge im Zeitablauf von mehreren Aufgabenträgern erfüllt werden muß.

Eine möglichst optimale Wahrnahme ist nur dann möglich, wenn die verschiedenen Aufgabenträger in gleicher Weise den Anforderungen der Stelle genügen. Aus diesem Grunde wird in der Literatur die Ansicht vertreten, daß die Stelle an einem bestimmten Eignungsstandard orientiert sein muß, der mehreren Aufgabenträgern eigen ist.

Gegen die dargelegte Anschauung ist der Einwand zu erheben, daß sie nicht umfassend genug ist. Es erscheint zweckmäßiger, unter Stelle auch den Aufgabenbereich eines spezifischen, konkret vorhandenen Aufgabenträgers zu verstehen[16].

Ein weiteres Problem bildet die „Natur“ des Aufgabenträgers. Eine Anzahl von Autoren[17] ist der Meinung, daß als Aufgabenträger nur *Personen* in Betracht gezogen werden können, die als Stelleninhaber bezeichnet werden. *Kosiol* weist darauf hin, daß ein Stelleninhaber zwar mit bestimmten, zur Aufgabenerfüllung notwendigen sachlichen Mitteln ausgestattet sein kann, mißt ihnen jedoch nur den Rang von Hilfsmitteln zu[18]. Er begründet seine Anschauung damit, daß trotz des Entwicklungsstandes der Sachmittel ausschließlich der Mensch aktiv handeln kann[19]. *Baumberger* scheint nicht mehr ausschließlich den Menschen als Stelleninhaber anerkennen zu wollen. Ohne nähere Erläuterung äußert er: „Aufgabenträger sind ... in erster Linie Men-

---

15 Vgl. *Nordsieck*, F., Die schaubildliche Erfassung und Untersuchung der Betriebsorganisation, 5. Aufl., Stuttgart 1956, S. 27.

16 Diese erweiterte Begriffsfassung soll aus Gründen einer übersichtlicheren Darstellung im nächsten Punkt argumentiert werden.

17 Vgl. *Nordsieck*, F., Rationalisierung der Betriebsorganisation, a.a.O., S. 126; *Kosiol*, E., Grundlagen der Organisationsanalyse, in: *Kosiol*, E. (Hrsg.), Grundlagen und Methoden der Organisationsforschung, Berlin 1959, S. 26; *ders.*, Organisation der Unternehmung, a.a.O., S. 89; *ders.*, Die Unternehmung als wirtschaftliches Aktionszentrum, Reinbek bei Hamburg 1966, S. 67; *Böhrs*, H., Organisation des Industriebetriebes, a.a.O., S. 108; *Hennig*, K. W., a.a.O., S. 20; *Kloidt*, H., a.a.O., Sp. 791; *Ulrich*, H., Betriebswirtschaftliche Organisationslehre, a.a.O., S. 114; *Schweitzer*, M., a.a.O., S. 37; *Gaugler*, E., Instanzenbildung, a.a.O., S. 19; *Bleicher*, K., Zentralisation und Dezentralisation von Aufgaben, a.a.O., S. 49; *Acker*, H. B., Stelle, a.a.O., Sp. 1577; *Diederich*, H., Allgemeine Betriebswirtschaftslehre I, Stuttgart—Düsseldorf 1969, S. 106; *Gasser*, C., Arbeitsteilung und Zusammenarbeit in ihren organisatorischen Formen, Zürich 1939, S. 11.

18 Vgl. *Kosiol*, E., Organisation der Unternehmung, a.a.O., S. 90; *ders.*, Grundlagen der Organisationsanalyse, a.a.O., S. 26.

19 Vgl. *Kosiol*, E., Organisation der Unternehmung, a.a.O., S. 44; *ders.*, Aufgabenträger, in: HdO, a.a.O., Sp. 234; ähnlich *Nordsieck*, F., Rationalisierung der Betriebsorganisation, a.a.O., S. 39.

schen[20]." Für *Grochla* und *Arnold* erweist es sich auf Grund des erzielten technischen Fortschritts als unbedingte Notwendigkeit, das sachliche Mittel als Aufgabenträger zu berücksichtigen[21]. Dabei will *Grochla* nur denjenigen Sachmitteln die Stellung des Aufgabenträgers einräumen, „die als Maschinen einen wesentlichen Anteil an der Aufgabenerfüllung haben bzw. diese selbsttätig durchführen"[22]. Eine ähnliche Position bezieht *Schwarz*. Nach seiner Auffassung kommt als Aufgabenträger eine Einzelperson, eine Personengruppe oder eine Mensch-Maschinen-Kombination in Betracht[23]. Dagegen lehnt er es ab, die Maschine allein als Aufgabenträger anzusehen, da zur Aufgabenerfüllung auch die nur vom Menschen wahrnehmbare Verantwortungsfunktion gehöre[24].

Die Themenstellung der vorliegenden Arbeit würde zwar erlauben, unter Abweichung von einigen gebräuchlichen Begriffsauslegungen das Sachmittel als Aufgabenträger zu akzeptieren. Da jedoch das Problem der Subordinationsspanne auch bei Zugrundelegung des Menschen als Stelleninhaber bisher nicht erschöpfend diskutiert wurde, erscheint es angebracht, den Untersuchungsgegenstand unter dem herkömmlichen Blickwinkel abzuhandeln und die neueren Tendenzen in der Literatur zu eliminieren. Wie *Grochla* zu Recht feststellt, werden durch die Maschine als Aufgabenträger neuartige Probleme aufgeworfen[25]. Deren Erörterung ist neben einer ausführlichen Darlegung der bisher offenen Fragen im Rahmen dieser Arbeit nicht möglich.

Aus den dargelegten Gründen schließen wir uns der Autorengruppe an, die den Menschen als Stelleninhaber berücksichtigt. Sachliche Mittel ermöglichen bzw. erleichtern die Aufgabenerfüllung und besitzen

---

20 *Baumberger,* H. U., Die Entwicklung der Organisationsstruktur in wachsenden Unternehmungen, Bern 1961, S. 11 (Zitierweise: Organisationsstruktur); an anderer Stelle (S. 40) erwähnt er den „in der Aufgabenerfüllung weitgehend selbständigen Automaten". Vgl. daneben auch *Wunderer,* R., Systembildende Betrachtungsweisen der Allgemeinen Betriebswirtschaftslehre und ihr Einfluß auf die Darstellung des Unternehmers, Berlin 1967, S. 162 Anm. 20.

21 Vgl. *Grochla,* E., Der Einfluß der Automatisierung auf die Unternehmungsorganisation, in: ZfB, 36. Jg., 1966, S. 272, S. 279; *ders.,* Automation und Organisation, Wiesbaden 1966, S. 94; *ders.,* Erkenntnisstand und Entwicklungstendenzen der Organisationstheorie, in: ZfB, 39. Jg., 1969, S. 1; *Arnold,* G., a.a.O., S. 67 ff.

22 *Grochla,* E., Der Einfluß der Automatisierung auf die Unternehmungsorganisation, a.a.O., S. 272 Anm. 4; *ders.,* Automation und Organisation, a.a.O., S. 95.

23 Vgl. *Schwarz,* H. und Mitarbeiter, Betriebsorganisation als Führungsaufgabe, München 1969, S. 28.

24 Vgl. ebd., S. 29.

25 Vgl. *Grochla,* E., Der Einfluß der Automatisierung auf die Unternehmungsorganisation, a.a.O., S. 282.

insofern Hilfsfunktion. Wichtig ist festzustellen, daß eine vollkommene Selbsttätigkeit der Sachmittel ausgeschlossen wird.

In den bisherigen Darlegungen wurde die Stelle als einer einzigen Person zugeordnet charakterisiert[26]. Neben dieser „Einmannstelle"[27], der sogenannten Singularstelle, kennt die einschlägige Literatur[28] auch die „Stelle mit mehreren Personen"[29], die als Pluralstelle bezeichnet werden soll. Die Einrichtung einer Pluralstelle ist notwendig, „wenn ein Aufgabenkomplex das Arbeitspotential mehrerer Personen beansprucht und nicht weiter in sinnvoll abgrenzbare Gliedaufgaben geteilt werden kann"[30].

Mit dem nachfolgenden Schaubild können die verschiedenen Zuordnungsmöglichkeiten verdeutlicht werden:

Zahl der Stellen	Zahl der Stelleninhaber	
	1	mehrere
1	Singularstelle	Pluralstelle
mehrere	Personalunion[31]	„Stellenmehrheit"[32]

In Kurzfassung läßt sich nunmehr die kleinste betriebliche Organisationseinheit „Stelle" als personenbezogener Komplex betrieblicher Teilaufgaben definieren.

Neben den durch die unterschiedliche Zahl der Personen gekennzeichneten Erscheinungsformen der Stelle werden weitere erkennbar, wenn auf die Strukturunterschiede der Aufgabenbereiche eingegangen wird. Von grundlegender Bedeutung ist die Gliederung in Instanzen und Nicht-Instanzen.

---

[26] Ausschließlich diese Meinung vertreten *Kosiol*, E., Organisation der Unternehmung, a.a.O., S. 90; *Schweitzer*, M., a.a.O., S. 37; *Acker*, H. B., Stelle, a.a.O., Sp. 1577.

[27] *Kloidt*, H., a.a.O., S. 791 f.

[28] Vgl. z. B. *Ulrich*, H., Betriebswirtschaftliche Organisationslehre, a.a.O., S. 114; *Gaugler*, E., Instanzenbildung, a.a.O., S. 20.

[29] *Kloidt*, H., a.a.O., Sp. 792.

[30] *Schwarz*, H., Betriebsorganisation als Führungsaufgabe, a.a.O., S. 30.

[31] Der Grund für eine Personalunion kann darin gesehen werden, daß sich der Umfang einer Stelle als zu gering für einen Aufgabenträger erweist.

[32] *Kosiol*, E., Organisation der Unternehmung, a.a.O., S. 90.

Charakteristisch für Instanzen sind Entscheidungsaufgaben[33], „die direkt oder indirekt die Aufgabenstellung und/oder die Aufgabenerfüllung (-ausführung) *anderer* betrieblicher Stellen bestimmen“[34]. Auf diese Weise ist die Instanz anderen Stellen nicht gleichgestellt, sondern übergeordnet. Die abhängigen Stellen werden (zumindest zum Teil) von der Instanz her fremdbestimmt[35].

Aus der aufgabenmäßigen Verknüpfung unterschiedlicher Stellen ergeben sich Konsequenzen für den Instanzeninhaber. Einerseits muß er mit der Befugnis ausgestattet sein, andere Stellen determinierende Entscheidungen treffen zu dürfen (Entscheidungsbefugnis); andererseits muß ihm das Recht zuerkannt werden, die Inhaber der betroffenen Stellen mit dem Vollzug dieser Entscheidungen zu beauftragen (Weisungs-, Anordnungskompetenz)[36].

In der betrieblichen Praxis ist der Umfang der den Stellen zugeordneten Entscheidungsaufgaben keineswegs konstant, sondern weist einen großen Schwankungsbereich auf. Es ist daher die Frage zu er-

---

33 Unter einer Entscheidung wird der bewußte Wahlakt zwischen mehreren Alternativen verstanden. Vgl. zum Entscheidungsbegriff aus der Literaturfülle z. B. *Oboth*, H., Die unternehmerische Entscheidung. Eine aufgabenanalytische Untersuchung der Unternehmerleistung, Diss. Berlin 1957, S. 55; *Kloidt*, H. / *Dubberke*, H. A. / *Göldner*, J., Zur Problematik des Entscheidungsprozesses, in: *Kosiol*, E. (Hrsg.), Organisation des Entscheidungsprozesses, Berlin 1959, S. 11; Arbeitskreis *Hax* der *Schmalenbach*-Gesellschaft, Wesen und Arten unternehmerischer Entscheidungen, in: ZfbF, 16. Jg., 1964, S. 686 ff.; *Wacker*, J., Entwicklung und Bestimmungsgründe unternehmerischer Entscheidungen, Diss. München 1963, S. 17 ff.; *Heinen*, E., Das Zielsystem der Unternehmung, Wiesbaden 1966, S. 18; *Grün*, O., Entscheidung, in: HdO, a.a.O., Sp. 476 ff.; *Thomae*, H., Der Mensch in der Entscheidung, München 1960, S. 18 und S. 87 ff.; *Sandig*, C., Betriebswirtschaftspolitik, Stuttgart 1966, S. 7; *Gäfgen*, G., Theorie der wirtschaftlichen Entscheidung, Tübingen 1963, S. 22. E. *Witte* (Entscheidungsprozesse, in: HdO, a.a.O., Sp. 498) bezeichnet den Wahlakt als Entschluß.

34 *Gaugler*, E., Instanzenbildung, a.a.O., S. 24.

35 Vgl. *Kosiol*, E., Organisation der Unternehmung, a.a.O., S. 100 f.; *Gaugler*, E., Instanzenbildung, a.a.O., S. 24.

36 Entscheidungs- und Weisungsbefugnis werden in der Literatur des öfteren einzeln oder gemeinsam als Charakteristikum der Instanz herausgestellt. Vgl. *Riester*, W., Die Organisation, in: *Prion*, W., Die Lehre vom Wirtschaftsbetrieb, 3. Buch, Berlin 1936, S. 176; *Nordsieck*, F., Rationalisierung der Betriebsorganisation, a.a.O., S. 93; *Böhrs*, H., Organisation des Industriebetriebes, a.a.O., S. 103; *Hartmann*, B., Angewandte Betriebsanalyse, Freiburg 1959, S. 156; *Groß*, H. F., Mensch und Organisation in der Unternehmung, Wiesbaden 1966, S. 12; *Ulrich*, H., Betriebswirtschaftliche Organisationslehre, a.a.O., S. 131; *Fischer*, G., Die Führung von Betrieben, 2. Aufl., Stuttgart 1966, S. 20; *Mellerowicz*, K., Betriebswirtschaftslehre der Industrie, 1. Bd., 3. Aufl., Freiburg 1958, S. 299; *Schnutenhaus*, O. R., Allgemeine Organisationslehre, a.a.O., S. 141; *Nordsieck*, F., Die schaubildliche Erfassung und Untersuchung der Betriebsorganisation, a.a.O., S. 16; *Fournier*, G., Die Dezentralisation in der Unternehmung, Diss. Bern 1957, S. 80.

örtern, welcher Mindestumfang an Entscheidungsaufgaben zur Konstituierung einer Instanz erforderlich ist[37].

Es erscheint nicht opportun, eine Stelle bereits dann in den Rang einer Instanz zu erheben, wenn sie ihrem Inhaber nur in geringem Ausmaß Entscheidungen abverlangt. Andererseits würde es dem Sprachgebrauch der Praxis allzusehr widersprechen, wenn ausschließlich aus Entscheidungsaufgaben bestehende Stellen als Instanzen anerkannt würden. Es kann als brauchbarer Lösungsvorschlag angesehen werden, die Dominanz von Entscheidungsaufgaben in der Stelle als Merkmal einer Instanz zu betrachten[38]. Personenbezogene Aufgabenbereiche, in denen die dargestellten Entscheidungsaufgaben vorherrschen, werden als Instanzen bezeichnet[39]. Sind dagegen diese Entscheidungsaufgaben in der Minderzahl oder nicht vorhanden, so liegen Nicht-Instanzen vor[40].

Nicht-Instanzen zeichnen sich grundsätzlich durch ihre Abhängigkeit von Instanzen aus. Zur genaueren Darstellung dieser Abhängigkeit muß der wesentliche Bestandteil der Instanz, die Entscheidungsaufgabe, genauer analysiert werden.

In Übereinstimmung mit der Literatur wurden Entscheidungen als bewußte Wahlakte zwischen mehreren Alternativen charakterisiert, die der Lösung eines festgestellten Problems dienen. Sie stellen das Ergebnis eines Prozesses dar[41], der die Ermittlung der Alternativen

---

[37] Die folgenden Erörterungen stützen sich auf *Gaugler*, E., Instanzenbildung, a.a.O., S. 23 f.

Andeutungsweise wird das Problem auch behandelt von *Mand*, J., Betriebsorganisation, Wiesbaden 1957, S. 36.

[38] Vgl. *Mand*, J., Die Fragen der personellen Gliederung im Rahmen der betriebswirtschaftlichen Organisation, in: BFuP, 4. Jg., 1952, S. 330; *Gaugler*, E., Instanzenbildung, a.a.O., S. 23.

[39] Instanzen divergieren wiederum untereinander hinsichtlich des Niveaus der Entscheidungsaufgaben. (Vgl. auch *Wunderer*, R., a.a.O., S. 189.) Auf dieser Tatsache basiert die Vorstellung des Instanzenbaus, der sich als ein Gefüge verschiedener Instanzen darstellt. Die Summe der Instanzen bildet zusammen mit den noch zu behandelnden Führungshilfsstellen die institutionelle Betriebsführung, die im angelsächsischen Sprachraum als management bezeichnet wird.

[40] Vgl. *Gaugler*, E., Instanzenbildung, a.a.O., S. 23; *Wunderer*, R., a.a.O., S. 182.

[41] In der Literatur erfolgt die Darstellung des Entscheidungsprozesses zumeist implizit für sog. „Mittelentscheidungen". Zum Inhalt des Prozesses vgl. z. B. *Bender*, K., Die Führungsentscheidung im Betrieb, Stuttgart 1957, S. 34 ff.; *Koreimann*, D., Der betriebliche Entscheidungsprozeß, in: BFuP, 14. Jg., 1962, S. 130 ff.; *Witte*, E., Analyse der Entscheidung, in: *Grochla*, E. (Hrsg.), Organisation und Rechnungswesen, Berlin 1964, S. 114 ff.; *Heinen*, E., Das Zielsystem der Unternehmung, a.a.O., S. 20 ff.; *Gäfgen*, G., a.a.O., S. 105 f.; *Loitlsberger*, E., Zum Informationsbegriff und zur Frage der Auswahlkriterien von Informationsprozessen, in: *Loitlsberger*, E. (Hrsg.), Empirische

und die Bewertung ihrer Konsequenzen umschließt. Dieser Prozeß läßt sich ebenso wie die Kontrolle der Durchführung einer Entscheidung — zumindest teilweise — aus dem Aufgabenbereich der Instanz ausgliedern und sogenannten Führungshilfsstellen zuordnen.

Die Ausführung einer Entscheidung bildet in einem hierarchisch zweistufigen Betrieb das Aufgabenkombinat der Ausführungsstellen.

Führungshilfsstellen und Ausführungsstellen sind die beiden Arten von Nicht-Instanzen. Sie werden durch die Instanz fremdbestimmt. Um eine gegenseitige Abgrenzung der Nicht-Instanzen vornehmen zu können, sollen die beschriebenen Entscheidungsaufgaben der Instanz in Haupt- und Nebenentscheidungen gegliedert werden. Mit Hilfe einer Hauptentscheidung wird der Entscheidungsvollzug determiniert. Nebenentscheidungen liegen vor, wenn der entscheidungsvorbereitende Prozeß bzw. die Kontrolle des Entscheidungsvollzugs bestimmt wird. Demzufolge sind Ausführungsstellen durch Hauptentscheidungen determiniert, während Führungshilfsstellen durch Nebenentscheidungen festgelegt werden. Nimmt man eine weitere Unterteilung der Nebenentscheidungen nach ihrer zeitlichen Stellung zur Hauptentscheidung vor, so kann zwischen Vor- und Nachentscheidungen differenziert werden.

Ergänzend ist darauf hinzuweisen, daß in einem hierarchisch mehrstufigen Betrieb durch instanzielle Hauptentscheidungen auch die Aufgabenbereiche nachrangiger Instanzen festgelegt werden. Gemäß unseren Darlegungen zum Begriff der Instanz müssen die nachgeordneten Stellen ihrerseits überwiegend Hauptentscheidungsaufgaben umschließen, um als Instanzen deklariert werden zu können. Instanzielle Hauptentscheidungen bestimmen daher Ausführungsstellen oder aber direkt nachgeordnete Instanzen. In Abb. 1 ist der geschilderte Sachverhalt graphisch veranschaulicht.

Betriebswirtschaftslehre, Wiesbaden 1963, S. 116; *Fischer*, G., Über den Wandel der „Technik“ von Führungsentscheidungen, in: MuA, 12. Jg., 1960, S. 76; *Rosenstock*, H. A., Die Entscheidung im Unternehmungsgeschehen, Bern 1963, S. 67 ff.; *Rühli*, E., Methodik der systematischen Entscheidung, in: Die Unternehmung, 17. Jg., 1963, S. 212 f.; *Bierfelder*, W. H., Ansätze zu einer Typologie der unternehmerischen Entscheidungen, in: ZfB, 31. Jg., 1961, S. 523 ff.; *Staerkle*, R., Der Entscheidungsprozeß in der Unternehmungsorganisation, in: Die Unternehmung, 17. Jg., 1963, S. 13 ff.

Abbildung 1

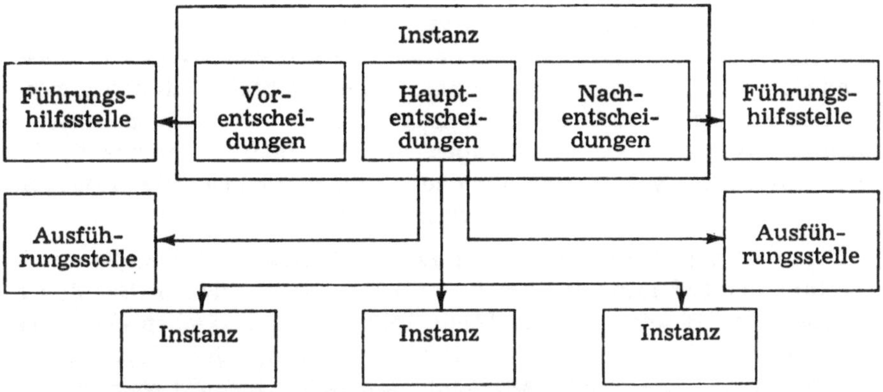

Als Ergebnis der bisherigen Überlegungen erhält man den folgenden organisatorischen Aufbau der Unternehmung[42]:

Abbildung 2

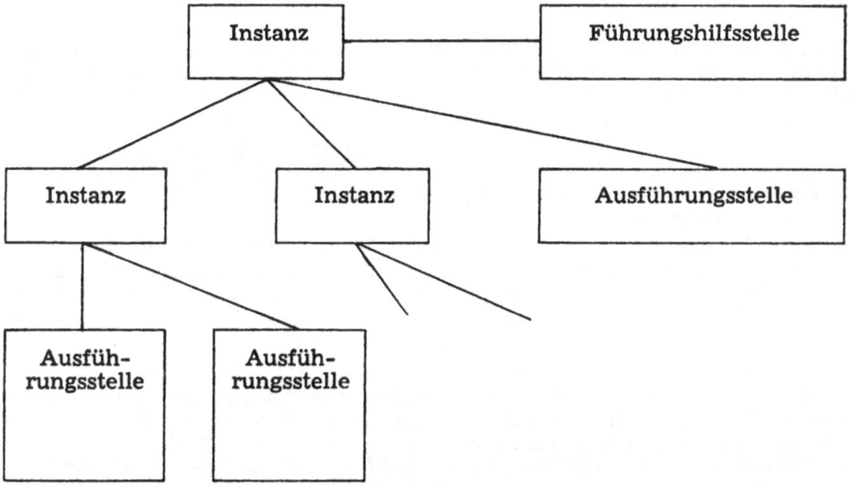

112. Der Vorgang der Stellenbildung

Im voranstehenden Abschnitt wurde die Stelle als Teilaufgabenbereich charakterisiert. Die Bildung von Stellen kann infolgedessen durch Gliederung des Gesamtaufgabenkomplexes des Betriebes in kleinere, übertragbare Aufgabengebiete vorgenommen werden.

Die Fachliteratur[43] gibt einem Verfahren den Vorzug, das als vorbereitende Phase eine Aufgabenanalyse umfaßt. Durch Zerlegung der

[42] Vgl. auch *Fischer*, G., Organisationsformen der Betriebsführung in verschiedenen Betriebsgrößen, in: MuA, 12. Jg., 1960, S. 111 ff.

[43] Vgl. *Kosiol*, E., Grundlagen der Organisationsanalyse, a.a.O., S. 29 ff.; *ders.*, Organisation der Unternehmung, a.a.O., S. 45 ff.; *Gaugler*, E., Instanzen-

Gesamtaufgabe in „Elementaraufgaben"[44] soll ein exakter und vollständiger Überblick über die einzelnen zuordnungsfähigen Bestandteile der Betriebsaufgabe gewonnen werden[45]. Der analytischen Phase schließt sich die Aufgabensynthese an[46], die mit Stellenbildung gleichgesetzt werden kann. Die Stellenstrukturierung erfolgt durch Zusammenfassung von Elementaraufgaben zu Teilaufgabenkomplexen[47], die von Aufgabenträgern wahrgenommen werden *können*. Die Aufgaben werden den Personen nur *gedanklich* zugewiesen.

Damit ist angedeutet, daß die effektive Übernahme der Stelle durch ihre(n) Inhaber[48] nicht mehr den Bereich organisatorischen Bemühens tangiert. Die Besetzung einer Stelle fällt in den Aufgabensektor des betrieblichen Personalwesens[49]. Die Abgrenzung der Organisation gegenüber dem Personalwesen muß noch näher erörtert werden. Im Falle „funktionaler Organisation" kann sie relativ leicht vorgenommen werden, dagegen ergeben sich bei „personaler Organisation" einige Probleme[50].

---

bildung, a.a.O., S. 104 ff.; *Gutenberg*, E., Unternehmensführung — Organisation und Entscheidungen, Wiesbaden 1962, S. 102 (Zitierweise: Unternehmensführung); *Baumberger*, H. U., Organisationsstruktur, a.a.O., S. 34; *Stefanic-Allmayer*, K., Allgemeine Organisationslehre, Wien—Stuttgart 1950, S. 132.

44 *Kosiol*, E., Organisation der Unternehmung, a.a.O., S. 48 und S. 80. — Mit den Verfahren bzw. Prinzipien der Aufgabenzerlegung befassen sich *Kosiol*, E., Organisation der Unternehmung, a.a.O., S. 49 ff.; *Gaugler*, E., Instanzenbildung, a.a.O., S. 105 ff.

45 Die Grenzen der Aufgabenanalyse können unterschiedlich gezogen werden. Vgl. zu diesem Problem, auf das hier nicht eingegangen zu werden braucht: *Acker*, H., Die organisatorische Stellengliederung im Betrieb, Wiesbaden o. J. (1956), S. 13; *Kosiol*, E., Organisation der Unternehmung, a.a.O., S. 47; *Gaugler*, E., Instanzenbildung, a.a.O., S. 108 ff.

46 Vgl. *Kosiol*, E., Organisation der Unternehmung, a.a.O., S. 33.

47 Die Aufgabenkombination wird ebenso wie die Analyse unter Beachtung bestimmter Prinzipien vorgenommen. Vgl. dazu *Kosiol*, E., Organisation der Unternehmung, a.a.O., S. 81 ff.; *Bleicher*, K., Zentralisation und Dezentralisation von Aufgaben, a.a.O., S. 57 ff.; *Baumberger*, H. U., Organisationsstruktur, a.a.O., S. 41 ff.

48 Soweit keine sachlichen Gründe zu einer Differenzierung zwischen Singular- und Pluralstelle zwingen, soll vereinfachend von der Singularstelle ausgegangen und von *dem* Stelleninhaber gesprochen werden.

49 Vgl. dazu auch *Gaugler*, E., Instanzenbildung, a.a.O., S. 62.

50 Die beiden Begriffe finden sich bei *Fischer*. Er verwendet die Unterscheidung zwischen funktional und personal nur im Hinblick auf die Führungsorganisation, während in dieser Arbeit die Begriffe auch für die Ausführungsstellen Anwendung finden sollen. Vgl. *Fischer*, G., Die Betriebsführung, Bd. 1, a.a.O., S. 84, 116, 123; *ders.*, Die Führung von Betrieben, a.a.O., S. 83 f.; *ders.*, Das Ordnen der Führungsorganisation, in: Liiketaloudellinen Aikakauskirja, Helsinki 1962, S. 168 f. — Die Begriffsauslegung durch L. *Perridon* (Subsidiarität und Solidarität als Grundlagen der Organisation des Produktionshaushaltes, in: *Gaugler*, E. [Hrsg.], Verantwortliche Betriebsführung, Stuttgart 1969, S. 142), weicht von der hier vorgetragenen

Eine Stellenstrukturierung unter funktionalen Aspekten liegt u. E. vor, wenn der Organisator den Stelleninhaber zum Zeitpunkt der Aufgabensynthese nicht „persönlich“, d. h. hinsichtlich seiner Eignung kennt. Trotz dieser Unkenntnis über den speziellen Aufgabenträger bedarf es — wie im voranstehenden Abschnitt betont wurde — einer Trägerorientierung der Stelle, da jeder betriebliche Aufgabenbereich wahrgenommen werden muß. Deshalb sind bei der Aufgabensynthese bestimmte Prinzipien[51] zu beachten, um eine Entsprechung von Anforderungen der Stelle und menschlichen Fähigkeiten zu erzielen.

Dem Personalressort fällt bei funktionaler Organisation die Aufgabe zu, für eine gegebene Stelle einen geeigneten Inhaber zu gewinnen[52] und ihn nach erfolgter Einführung und Eingewöhnung mit der Aufgabenerfüllung zu betrauen, d. h. ihn einzusetzen.

Die personale Organisation unterscheidet sich von der funktionalen Organisation dadurch, daß der Stelleninhaber persönlich[53] bekannt ist. Die Teilaufgaben werden nicht einer anonymen, sondern einer konkreten Person zugeordnet, die bereits dem Betrieb angehört oder die zur Mitarbeit im Betrieb neu gewonnen wurde. Die Stellenstruktur wird somit von der Individualität des verfügbaren Aufgabenträgers, von seinen Fähigkeiten und Eigenheiten geprägt. Ausdrücklich muß betont werden, daß auch bei Anwendung des sogenannten „Persönlichkeitsprinzips“[54] die Aufgabenzuweisung in einem gedanklichen Akt erfolgt.

Das Personalwesen hat sich im Falle personenbezogener Stellenbildung ebenso wie bei funktionaler Organisation nach Abschluß der organisatorischen Tätigkeit mit dem Problem des Personaleinsatzes[55]

Auffassung ab. — Von A. G. *Oetiker* (Die Linienorganisation und ihre Erweiterungen, Diss. Bern 1951, S. 36 ff.) wird die funktionale Organisation als Funktionsprinzip verstanden.

51 Mit den Stellenbildungsprinzipien haben wir uns im Hinblick auf die Abteilungsleiterstelle noch näher auseinanderzusetzen.

52 Zur Personalbeschaffung stehen grundsätzlich betriebsinterne (Versetzung, Beförderung) und betriebsexterne Möglichkeiten (Einstellung) offen.

53 Es ist hierbei irrelevant, ob das Wissen über die Fähigkeiten des Aufgabenträgers auf der Auswertung eines Einstellungsgesprächs, eines Eignungstests, einer planmäßig durchgeführten Personalbeurteilung etc. basiert.

54 *Gaugler*, E., Instanzenbildung, a.a.O., S. 63; *Mellerowicz*, K., Allgemeine Betriebswirtschaftslehre, 1. Bd., 12. Aufl., Berlin 1964, S. 211; *ders.*, Grundlagen der betriebswirtschaftlichen Organisation, in: *Schnaufer*, E. / *Agthe*, K. (Hrsg.), Organisation, TFB-Handbuchreihe, 1. Bd., Berlin—Baden-Baden 1961, S. 15.

55 Der Begriff Personaleinsatz wird hier in einem engeren Sinne gebraucht als bei *Nieschlag*, R., Das Problem der Systematisierung personalpolitischer Maßnahmen, in: *Gaugler*, E. (Hrsg.), Verantwortliche Betriebsführung, a.a.O., S. 204.

zu befassen. Bei der zweiten relevanten Aufgabe des Personalwesens, der Gewinnung des Aufgabenträgers, ist jedoch eine zeitliche Verschiebung festzustellen. Da die Kenntnis über den Stelleninhaber das Charakteristikum personaler Organisation bildet, muß zum Zeitpunkt der Aufgabenkombination das „Beschaffungsproblem" bereits gelöst sein. Im Gegensatz zur funktionalen Organisation ist bei der Stellenbildung nach dem Persönlichkeitsprinzip die Personalbeschaffung dem Kombinationsprozeß nicht mehr nachgelagert, sondern vorgeordnet.

In Abb. 3 werden die Grenzen zwischen den Bereichen Organisation und Personalwesen einerseits sowie die Unterschiede zwischen funktionaler und personaler Organisation andererseits nochmals verdeutlicht.

Abbildung 3

Funktionale Organisation

	→ Zeit[56]		
Organisation	Aufgaben-kombination		
Personal-wesen		Personal-beschaffung	Personal-einsatz

Personale Organisation

	→ Zeit[56]		
Organisation		Aufgaben-kombination	
Personal-wesen	Personal-beschaffung		Personal-einsatz

Im Zusammenhang mit der personalen Organisation muß nochmals auf die Auslegung des Begriffs Stelle eingegangen werden. Einige Autoren anerkennen ausdrücklich die Möglichkeit einer Teilaufgabensynthese nach dem Persönlichkeitsprinzip[57], ohne diesen Fall in die

[56] Weitere Perioden werden nicht untersucht. Es sei lediglich darauf hingewiesen, daß die ursprüngliche Aufgabenkombination im Zeitablauf durch den Stelleninhaber abgeändert werden kann. Hiermit wird das Phänomen der „Informalorganisation" angesprochen. Zu dem Begriff vgl. z. B. *Fischer*, G., Die Betriebsführung, Bd. 1, a.a.O., S. 85; *ders.*, Die Führung von Betrieben, a.a.O., S. 21 f.

[57] Vgl. *Hennig*, K. W., a.a.O., S. 20; *Kosiol*, E., Organisation der Unterneh-

Stellendefinition einzubeziehen[58]. Ihre Begriffsbestimmungen lassen nur die funktionale Organisation als Kombinationsmöglichkeit zu.

Die Inkonsequenz eines solchen Vorgehens kann leicht bewiesen werden. Sowohl bei funktionaler als auch bei personaler Organisation werden Teilaufgaben zusammengefaßt und einem Aufgabenträger gedanklich zugeordnet. Bei beiden Formen der Aufgabensynthese wird also dieselbe Methodik angewandt. Infolgedessen ergibt sich zwingend, das Resultat der Aufgabenzusammenfassung als Stelle zu bezeichnen[59].

Der Vorgang der Stellenbildung weist eine qualitative und eine quantitative Dimension auf[60]. Es muß geklärt werden, *welche* Aufgaben in einer Stelle zusammengefaßt werden dürfen und *wieviele* Aufgaben einem Stelleninhaber übertragen werden können.

1121. Die qualitative Dimension

Zur optimalen Erfüllung von Aufgaben wird eine entsprechend qualifizierte und leistungsbereite Person benötigt.

Bezüglich der Eignung spricht *Gutenberg* von der Qualitätsbedingung, die beachtet werden müsse[61]. Die Bedingung ist erfüllt, wenn „die Anforderungen, die an die Leistungsfähigkeit einer Person oder einer Personengruppe gestellt werden müssen, die tatsächlichen Leistungsgrenzen dieser Person oder Personengruppe nicht überschreiten"[62].

Aus dieser Formulierung ergeben sich einige wichtige Schlußfolgerungen für die organisatorische Tätigkeit der Stellenbildung. In der Betriebspraxis kann die Feststellung gemacht werden, daß die Erfüllung von Teilaufgaben unterschiedliche Anforderungen an den Aufgabenträger stellt. Daher sind Art und Höhe der Anforderungen zu

---

mung, a.a.O., S. 82 und S. 83; *ders.*, Die Unternehmung als wirtschaftliches Aktionszentrum, a.a.O., S. 67 f.; *Bleicher*, K., Zentralisation und Dezentralisation von Aufgaben, a.a.O., S. 65.

[58] Vgl. die Zitatstellen in Punkt 111. Anm. 12.

[59] In diesem Sinne kann auch *Schwarz*, H., Betriebsorganisation als Führungsaufgabe, a.a.O., S. 30, interpretiert werden.

[60] Die beiden Dimensionen werden knapp behandelt bei *Baumberger*, H. U., Organisationsstruktur, a.a.O., S. 40 f.; Andeutungen finden sich auch bei *Kosiol*, E., Organisation der Unternehmung, a.a.O., S. 80; *Bleicher*, K., Grundlagen der Abteilungsbildung, in: ZfB, 29. Jg., 1959, S. 108; *Kloidt*, H., a.a.O., Sp. 792.

[61] Vgl. *Gutenberg*, E., Grundlagen der Betriebswirtschaftslehre, 1. Bd.: Die Produktion, 14. Aufl., Berlin—Heidelberg—New York 1968, S. 242 (Zitierweise: Die Produktion).

[62] Ebd., S. 242; vgl. auch *Albach*, H., Zur Theorie der Unternehmensorganisation, in: ZfhF, 11. Jg., 1959, S. 246; *Arnold*, G., a.a.O., S. 37.

bestimmen. Betrachtet man die beiden Komponenten der Anforderungsstruktur (Art und Höhe) lediglich in ihren Extremausprägungen, so ergeben sich vier Möglichkeiten der Kombination:

Anforderungsarten / Anforderungsniveau	wenige	viele
niedrig	a	b
hoch	c	d

Die Aufgabenbewältigung kann bei der Konstellation (*a*) als leicht deklariert werden, während sie im Fall (*d*) als schwer zu bezeichnen ist. Da sich eine Stelle aus Teilaufgaben konstituiert, prägen die Schwierigkeitsgrade der Einzelaufgaben das „Anforderungsbild" der Stelle. Betrachten wir dazu ein einfaches Beispiel. In einem Betrieb seien acht Teilaufgaben (*A*—*H*) ermittelt worden, von denen sich jeweils zwei in eine der vier genannten Schwierigkeitsstufen (*a*—*d*) einordnen lassen. Außerdem wird angenommen, daß jeweils zwei Teilaufgaben zu einer Stelle zusammengefaßt werden.

In Abb. 4 wurden die Teilaufgaben nach zunehmender Schwierigkeit geordnet und sowohl in vertikaler als auch horizontaler Richtung abgetragen. Die Kombinationen ergeben sich als Verbindung jeweils einer in der Waagrechten und in der Senkrechten angeführten Teilaufgabe[63].

Abbildung 4

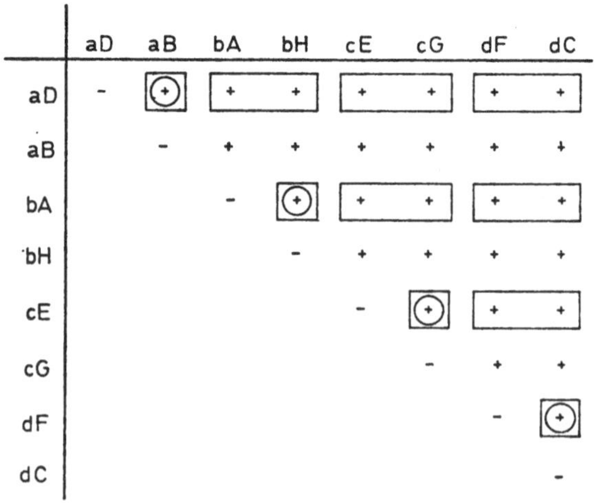

[63] Da beispielsweise die Kombination (aB/dF) der Verbindung (dF/aB)

Wie die Abbildung zeigt, existieren 28 Alternativen der Aufgabensynthese, die mit einem Kreuz gekennzeichnet sind. Die Aufgabenkomplexe zeigen zehn verschiedene, mit einem Viereck markierte Anforderungsbilder. Vier Anforderungsbilder können als homogen bezeichnet werden, da Aufgaben gleicher Schwierigkeitsstufen kombiniert wurden. (In Abb. 4 sind sie zusätzlich mit einem Kreis ausgezeichnet.)

Es liegt auf der Hand, daß das Anforderungsbild einer Stelle um so komplexer wird, je mehr Teilaufgaben die Kombination umfaßt und je größer das Spektrum der Anforderungen bei den Einzelaufgaben ist.

Die theoretisch denkbaren Möglichkeiten der Aufgabensynthese lassen sich in der Praxis der Organisationstätigkeit nicht uneingeschränkt verwirklichen, da das Anforderungsniveau der Stelle eine bestimmte Höhe nicht übersteigen darf. Das Schwierigkeitsmaximum wird durch das Eignungspotential des in Betracht gezogenen Aufgabenträgers bestimmt. Wie *Gutenberg* zu Recht hervorhebt, dürfen die Anforderungen der Stelle das Leistungsvermögen ihres Inhabers keinesfalls überschreiten. Diese generelle Aussage bedarf jedoch insofern einer Modifikation, als nach der hier vorgetragenen Auffassung die Stelle diverse Teilaufgaben umschließt. Bei der qualitativen Dimensionierung einer Stelle ist auf Grund dieser Tatsache darauf zu achten, daß zwischen den Anforderungen jeder Teilaufgabe und dem Eignungspotential der Person Übereinstimmung erzielt wird. Eine Nichtbeachtung dieser Maxime hat — zumindest für einen bestimmten Zeitraum — zur Folge, daß eine optimale Aufgabenerfüllung in Frage gestellt wird und der Stelleninhaber sich überfordert fühlt.

Neben der Obergrenze ist analog eine Anforderungsuntergrenze anzuführen, die sich nach Wirtschaftlichkeitsaspekten bemißt. In die Stelle dürfen nur Teilaufgaben einbezogen werden, deren Erfüllung bestimmte Mindestanforderungen an den Aufgabenträger stellt. Eine Verletzung dieser Forderung kann zu beträchtlichen Diskrepanzen zwischen Arbeitsentgelt des Stelleninhabers und Vergütungswert der Aufgaben führen[64].

Der Vorgang der qualitativen Stellendimensionierung läßt sich auch mit Hilfe eines von *Gutenberg*[65] übernommenen und auf die Zwecke der Untersuchung abgewandelten Schaubildes verdeutlichen (Abb. 5):

---

gleichgesetzt wird, brauchte nur die Hälfte des Schaubildes ausgefüllt zu werden.

[64] Auf dieses Kriterium der Untergrenze hat u. W. erstmals *Gaugler* hingewiesen. Vgl. *Gaugler*, E., Instanzenbildung, a.a.O., S. 135.

[65] Vgl. *Gutenberg*, E., Die Produktion, a.a.O., S. 12.

Abbildung 5

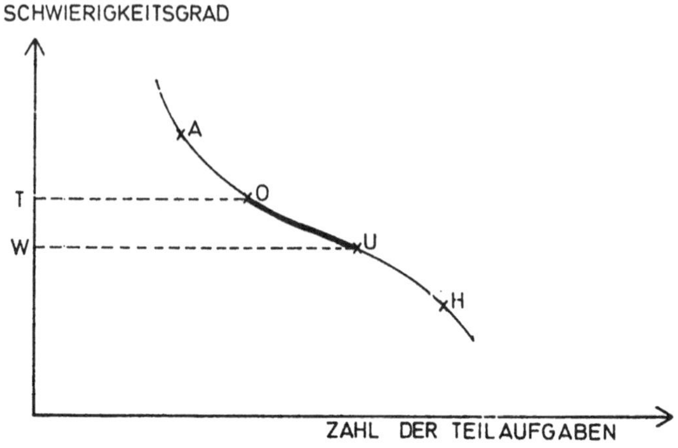

A, O, U, H — Teilaufgaben bestimmten Schwierigkeitsgrades

TO maximaler Schwierigkeitsgrad der einer Person zuzuordnenden Aufgaben

WU minimaler Schwierigkeitsgrad der zuzuweisenden Aufgaben

Die Kurve bringt zum Ausdruck, daß die Zahl der im Betrieb vorkommenden Teilaufgaben mit wachsendem Schwierigkeitsgrad abnimmt. Theoretisch ließe sich jede beliebige Teilaufgabe mit anderen zusammenfassen (beispielsweise die Teilaufgabe *A* mit der Aufgabe *H*). Der Bereich der Kombinationsmöglichkeiten wird durch die Notwendigkeit einer Trägerorientierung der Stelle begrenzt. Daher legt das Eignungspotential der in Aussicht genommenen Person fest, welchen Schwierigkeitsgrad die Aufgaben maximal besitzen dürfen. (Die Obergrenze ist mit der Linie *TO* angedeutet.) Wirtschaftlichkeitserwägungen lassen es ratsam erscheinen, eine Untergrenze *WU* zu postulieren. Damit ist der Bereich derjenigen Aufgaben abgesteckt, die dem Aufgabenträger zugeordnet werden sollen. Er umfaßt diejenigen Teilaufgaben, die einen zwischen *U* und *O* liegenden Schwierigkeitsgrad aufweisen.

Neben den Beziehungen zwischen Aufgabenanforderungen und Leistungsfähigkeit des Stelleninhabers sind als zweiter Aspekt der qualitativen Dimensionierung die Zusammenhänge zwischen Aufgaben und Leistungswilligkeit der Person von Bedeutung. Die Tatsache, daß ein Stelleninhaber zur Wahrnehmung einer Aufgabe befähigt ist, sagt noch nichts darüber aus, ob ihm die Aufgabenerfüllung Freude oder Unbehagen bereiten wird. Unter dem Aspekt der Leistungsbereitschaft ist daher zu überlegen, ob anforderungsmäßig bzw. inhaltlich homogene oder heterogene Aufgaben das Objekt der Synthese bilden sollen. Auf dieses Teilproblem der qualitativen Stellendimensionierung kann im Rahmen der vorliegenden Arbeit nicht eingegangen werden[66].

1122. Die quantitative Dimension

Jede Aufgabenerfüllung vollzieht sich innerhalb eines bestimmten Zeitraums. Daher ist im Rahmen der quantitativen Stellendimensionierung zu erörtern, ob die unter dem qualitativen Aspekt als zuordnungsfähig erkannten Aufgaben vom Stelleninhaber während seiner „üblichen" Arbeitszeit[67] erfüllt werden können[68]. Da die Aufgabenerfüllung „zeitelastisch" ist[69], muß eine bestimmte Leistung als Norm vorgegeben werden[70].

Eine optimale Lösung des quantitativen Problems zeichnet sich dadurch aus, daß sämtliche Aufgaben, die auf Grund ihres Schwierigkeitsgrades für eine Stelle in Betracht gezogen wurden, vom Stelleninhaber zeitlich bewältigt werden können. Für das angeführte Beispiel (Abb. 5) würde das bedeuten, daß die Erfüllungsdauer für die im Schwierigkeitsbereich zwischen *U* und *O* liegenden Aufgaben mit der üblichen Arbeitszeit des Stelleninhabers identisch ist. In der Betriebspraxis werden wohl des öfteren Abweichungen von diesem Optimum vorkommen. Einerseits ist es denkbar, daß die Arbeitszeit des Stelleninhabers eine größere Spanne umfaßt, als zur Erledigung der seinem Eignungspotential entsprechenden Aufgaben erforderlich ist. Unter diesen Voraussetzungen ist nicht auszuschließen, daß der Aufgabenträger informal zusätzliche Aufgaben betriebsinterner oder -externer Natur übernimmt. Ist die informale Erweiterung des Aufgabenbereiches un-

---

[66] Ausführlich beschäftigt sich mit diesem Problem *Gaugler*, E., Instanzenbildung, a.a.O., S. 156 ff.

[67] Die „übliche" Arbeitszeit braucht nicht mit der tariflich festgelegten Arbeitszeit übereinzustimmen. Besonders bei Inhabern höherer Instanzen ist eine gewisse Zahl nicht vergüteter Arbeitsstunden die Regel und arbeitsvertraglich vereinbart.

[68] Vgl. auch die Forderung nach Erfüllung der Kapazitätsbedingung bei *Albach*, H., Zur Theorie der Unternehmensorganisation, a.a.O., S. 246; *Gutenberg*, E., Die Produktion, a.a.O., S. 242; *ders.*, Unternehmensführung, a.a.O., S. 108; analog spricht K. *Bleicher* (Grundsätze der Organisation, in: *Schnaufer*, E. / *Agthe*, K. [Hrsg.], Organisation, a.a.O., S. 163) vom „Grundsatz der Auslastung von Aufgabenträgern".

[69] Vgl. hierzu die Glosse von *Parkinson*, C. N., Parkinsons Gesetz und andere Untersuchungen über die Verwaltung, Düsseldorf—Stuttgart 1959, S. 13.

[70] *Mechler* spricht von „Normalbeschäftigung". Vgl. *Mechler*, H., Die betriebswirtschaftliche Organisationsprüfung, 2. Aufl., Berlin 1948, S. 66.

erwünscht, dann muß der Schwierigkeitsbereich durch eine formal-organisatorische Maßnahme nach unten hin erweitert werden.

Der zweite für die Praxis relevantere Fall ist dadurch charakterisiert, daß der Stelleninhaber die ihm zugewiesenen Aufgaben im Rahmen seiner üblichen Arbeitszeit nicht erfüllen kann. Es besteht die Möglichkeit, die auf Grund wirtschaftlicher Erwägungen gezogene Anforderungs-Untergrenze zu verändern. Sofern der Betrieb jedoch eine gewisse Größe überschreitet, wird es notwendig sein, die Aufgaben auf mehrere Personen zu verteilen.

113. Der Begriff der Abteilung

Der Terminus Abteilung erfährt in der Organisationsliteratur eine unterschiedliche Auslegung[71]. Einige Autoren definieren die Abteilung als Zusammenfassung von Personen verschiedener Rangstufen[72]. Andere Autoren hingegen verstehen unter einer Abteilung eine Kombination mehrerer Stellen[73]. Wir schließen uns der zweiten Betrachtungsweise an, da die Abteilung ebenso wie die Stelle als organisatorische Einheit angesehen wird.

Das erste Charakteristikum der Abteilung ist in der organisatorischen Verknüpfung von rangmäßig unmittelbar aufeinanderfolgenden Stellen zu sehen. Ohne Bedeutung ist nach der hier vorgetragenen Auffassung die Frage, ob als nachgeordnete Stellen Nicht-Instanzen oder rangniedrigere Instanzen in Betracht kommen. Infolgedessen ist eine Diskrepanz gegenüber der betrieblichen Praxis festzustellen, die

---

[71] Ohne nähere Erläuterung wird der Ausdruck verwendet von *Gutenberg*, E., Unternehmensführung, a.a.O., S. 101 ff.; *Meier*, A., Organisation der Unternehmensführung, Stuttgart 1965, S. 56; *Häusler*, J., Grundfragen der Betriebsführung, Wiesbaden 1966, S. 26. — Wenig aussagekräftig ist die Definition von *Baumberger*, der die Abteilungen als „die größten Teileinheiten der betrieblichen Organisationsstruktur" umschreibt. (Vgl. *Baumberger*, H. U., Organisationsstruktur, a.a.O., S. 63.)

[72] Vgl. *Böhrs*, H., Organisation des Industriebetriebes, a.a.O., S. 102; *Nordsieck*, F., Rationalisierung der Betriebsorganisation, a.a.O., S. 44; *Langen*, H., Bemerkungen zur betriebswirtschaftlichen Organisationslehre, in: BFuP, 5. Jg., 1953, S. 463.

[73] Vgl. z. B. *Kosiol*, E., Grundlagen der Organisationsanalyse, a.a.O., S. 27; *ders.*, Organisation der Unternehmung, a.a.O., S. 91 f.; *Bleicher*, K., Grundlagen der Abteilungsbildung, a.a.O., S. 107; *ders.*, Aufgabengliederung und Abteilungsbildung, in: *Schnaufer*, E. / *Agthe*, K. (Hrsg.), Organisation, a.a.O., S. 212; *ders.*, Zentralisation und Dezentralisation von Aufgaben, a.a.O., S. 49; *Arnold*, G., a.a.O., S. 19.

Nicht exakt zuordnen lassen sich Arbeitskreis Dr. *Krähe* der *Schmalenbach*-Gesellschaft, Unternehmungsorganisation, 3. Aufl., Köln und Opladen 1957, S. 16; *Goossens*, F., Personalleiter-Handbuch, 4. Aufl., München 1966, S. 215; *Hennig*, K. W., a.a.O., S. 38.

unter einer Abteilung des öfteren eine Kombination von Ausführungsstellen und unmittelbar vorgeordneter Instanz versteht[74].

Eine vollständige Wesensbestimmung der Abteilung ist in Anbetracht der unterschiedlichen Organisationsformen des Betriebs nur möglich, wenn zwischen den beiden Instanzenarten Vollinstanz[75] und Fachinstanz differenziert wird. Die Inhaber dieser beiden Instanzenarten unterscheiden sich hinsichtlich der Kompetenzausstattung[76]. Beide besitzen entsprechend unseren Überlegungen Entscheidungs- und Weisungskompetenz. Während der Inhaber einer Fachinstanz aber nur in *fachlicher* Hinsicht über diese beiden Kompetenzarten verfügt, ist der Inhaber einer Vollinstanz auch mit den *disziplinarischen* Rechten ausgestattet[77]. Eine Abteilung ist u. E. dann gegeben, wenn *eine* Vollinstanz mit einer oder mehreren unmittelbar nachgeordneten Stelle(n) organisatorisch zusammengefaßt wird. Diese Definition der Abteilung wird der vorliegenden Untersuchung zugrunde gelegt.

114. Die Strukturierung der Abteilung

Die Abteilungsbildung kann modellmäßig als Kombinationsvorgang oder als Delegationsmaßnahme verstanden werden[78].

1141. Abteilungsbildung als Kombinationsmodell

Das Kombinationsmodell der Abteilungsbildung basiert auf dem Grundgedanken, daß die Abteilung „von unten her", d. h. ausgehend

---

[74] In diesem Sinne definiert *Hennig* die Abteilung. (Vgl. *Hennig*, K. W., a.a.O., S. 38.) — Bedeutungslos sind hiermit auch die hierarchisch bedingten Differenzierungen zwischen Abteilung und Ober- bzw. Hauptabteilung. Vgl. dazu z. B. Arbeitskreis Dr. *Krähe* der *Schmalenbach*-Gesellschaft, Unternehmungsorganisation, a.a.O., S. 21; *Niederauer*, F., Die Leitungsorganisation des Betriebes, in: *Theisinger*, K., Die Führung des Betriebes, Berlin —Wien 1942, S. 154.

[75] *Nordsieck* versteht unter Voll- bzw. Nur-Instanzen Stellen, die keine Ausführungsaufgaben, sondern lediglich Entscheidungsaufgaben umfassen. Vgl. *Nordsieck*, F., Die schaubildliche Erfassung und Untersuchung der Betriebsorganisation, a.a.O., S. 17.

[76] Mit der Gliederung in Kompetenzarten setzt sich *Arnold*, G., a.a.O., S. 68 ff., intensiv auseinander.

[77] Beide Aspekte kommen bei H. *Ulrich* (Kompetenz, in: HdO, a.a.O., Sp. 852) zum Ausdruck, wenn er Anordnungsbefugnisse als „Rechte auf Bestimmung des Verhaltens anderer Stellen" definiert. — Die Zweiteilung der Weisungsbefugnisse wird auch vorgenommen von A. *Meier* (Organisation der Unternehmungsführung, a.a.O., S. 96 und S. 104).

[78] Ausführlich beschäftigt sich mit diesen beiden Möglichkeiten *Bleicher*, K., Zentralisation und Dezentralisation von Aufgaben, a.a.O., S. 71 ff.; *ders.*, Abteilung, in: HdO, a.a.O., Sp. 42 f.

von den rangniedrigeren Stellen strukturiert werden muß[79]. Die mit bestimmten Stellen in Zusammenhang stehenden Entscheidungsaufgaben sind der unmittelbar ranghöheren Instanz zuzuordnen.

Die Zahl der in einem Betrieb insgesamt zu bildenden Abteilungen hängt von dessen Größe ab. In einem kleinen Betrieb können möglicherweise sämtliche Ausführungsstellen mit einer einzigen Instanz organisatorisch verknüpft werden. In einem größeren Betrieb hingegen bedarf es der Bildung mehrerer „Primärabteilungen"[80] sowie der Gestaltung von Abteilungen höherer Ordnung.

Die Strukturierung von „Sekundärabteilungen"[81] erfolgt durch Verbindung von rangniedrigsten Instanzen, die Primärabteilungen angehören, mit einer unmittelbar ranghöheren Instanz. Der Inhaber einer rangniedrigsten Instanz ist also in bezug auf die Primärabteilung Vorgesetzter, bezüglich der Sekundärabteilung dagegen Untergebener. Die dargestellte Organisationsmaßnahme muß in Abhängigkeit von der Betriebsgröße evtl. über weitere Stufen fortgesetzt werden. Schematisch dargestellt zeigt sich als Resultat folgendes Bild abteilungsmäßiger Verzahnung[82].

1142. Abteilungsbildung als Delegationsmodell

Das Delegationsmodell der Abteilungsbildung wird von Autoren verwendet, die in der Abteilungsstrukturierung einen Vorgang sehen, bei dem Teile des ursprünglich einem einzigen Stelleninhaber zugewiesenen Aufgabenkomplexes ausgegliedert und zumindest einer weiteren Person übertragen werden[83]. Im Vergleich zum Kombinationsmodell erfolgt also eine Umkehrung der Blickrichtung. Die Abteilung wird nicht „von unten", sondern „von oben" her gebildet. Einer Instanz wird mindestens eine Stelle untergeordnet.

---

79 Diese organisatorische Gestaltungsmaßnahme wird diskutiert von folgenden Autoren: *Riester*, W., a.a.O., S. 157; *Fischer*, G., Die Betriebsführung, Bd. 1, a.a.O., S. 124; *Hennig*, K. W., a.a.O., S. 38; *Böhrs*, H., Organisation des Industriebetriebes, a.a.O., S. 110; *Kosiol*, E., Grundlagen der Organisationsanalyse, a.a.O., S. 27; *Bleicher*, K., Aufgabengliederung und Abteilungsbildung, a.a.O., S. 232 f.; *ders.*, Zentralisation und Dezentralisation von Aufgaben, a.a.O., S. 71 ff.; *ders.*, Grundlagen der Abteilungsbildung, a.a.O., S. 108; *Baumberger*, H. U., Organisationsstruktur, a.a.O., S. 46.

80 *Bleicher*, K., Aufgabengliederung und Abteilungsbildung, a.a.O., S. 233.

81 Ebd., S. 233.

82 Vgl. ebd., S. 233; *ders.*, Zentralisation und Dezentralisation von Aufgaben, a.a.O., S. 72.

83 Vgl. *Groß*, H. F., a.a.O., S. 39; *Albach*, H., Zur Theorie der Unternehmensorganisation, a.a.O., S. 242, S. 243; *Pankoke*, W., Die Anpassung der Führungsorganisation an wachsende Betriebsaufgaben, Zürich 1964, S 16; *Ulrich*, H., Delegation, in: HdO, a.a.O., Sp. 433.

Abbildung 6

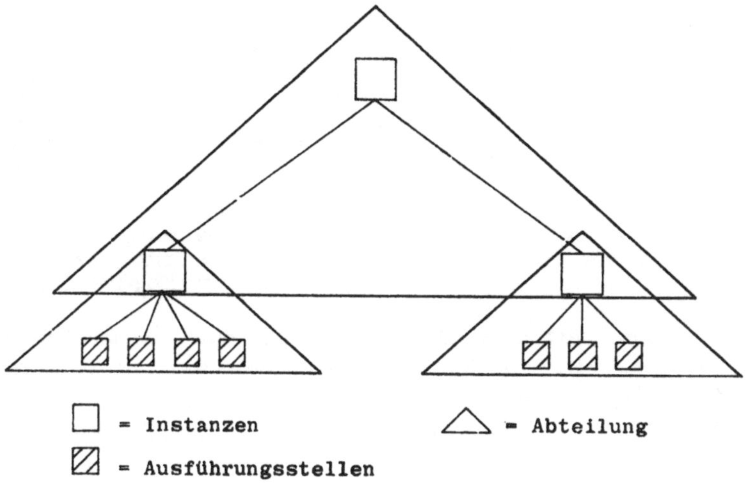

Das Delegationsmodell eignet sich vorzüglich zur Erläuterung der organisatorischen Anpassung bei Unternehmenswachstum. Zur Veranschaulichung möge das folgende einfache Beispiel dienen[84]. In einem Einmann-Betrieb werden die betrieblichen Aufgaben ex definitione von einer Person, dem Unternehmer, erfüllt. Tritt eine quantitative Veränderung im Leistungsprogramm des Betriebs ein und ist der Unternehmer bereits vollständig ausgelastet, so kann er den erweiterten Aufgabenumfang auf Grund seiner begrenzten Arbeitszeit nicht mehr allein bewältigen. Es wird angenommen, daß der veränderten Situation mit dem Einsatz zusätzlicher Arbeitskräfte begegnet werden soll[85]. Die Aufgaben, die von den neuen Betriebspersonen erfüllt werden müssen, ergeben sich aus einer Aufspaltung des ursprünglich vom Unternehmer wahrgenommenen Aufgabenkomplexes. Unterstellt man, daß sein Aufgabenkombinat aus Entscheidungs- und Ausführungsaufgaben bestand, so kann die organisatorische Anpassung beispielsweise durch Zuordnung von Ausführungsaufgaben an rangniedrigere Stellen erfolgen[86]. Der Unternehmer „delegiert" bestimmte Aufgaben an andere Personen. Die Abbildung 7 zeigt diesen Sachverhalt.

---

[84] Eine ähnliche Darstellung findet sich auch bei *Fischer*, G., Die Führung von Betrieben, a.a.O., S. 57 f.

[85] Eine andere Anpassungsmaßnahme bestünde darin, Aufgaben aus dem Betrieb auszugliedern und ihre Erfüllung betriebsexternen Personen zu überantworten.

[86] Des weiteren ist denkbar, daß neben Ausführungsaufgaben auch geringwertigere Entscheidungsaufgaben den rangniedrigeren Stellen zugewiesen werden.

Abbildung 7

Aufgabenbereiche des Unternehmers vor der Anpassung

Aufgabenbereiche der Betriebspersonen nach vollzogener Anpassung

Neben dieser „vertikalen Delegation" muß eine „horizontale Delegation" berücksichtigt werden. Diese Delegationsform ist zwar primär bei der Erweiterung bestehender Abteilungen relevant, sie tritt jedoch zusammen mit der vertikalen Delegation auch bei der Abteilungsbildung in Erscheinung, wenn Führungshilfsstellen eingerichtet werden. Insofern erscheint es gerechtfertigt, sie an dieser Stelle zu behandeln.

Zur Verdeutlichung des Wesens horizontaler Delegation wird das Beispiel des Einmann-Betriebs fortgeführt und zunächst der Fall der Abteilungsvergrößerung diskutiert. Es wird angenommen, daß der Unternehmer nach der organisatorischen Anpassung über freie quantitative Kapazität verfügt, während die Inhaber der Ausführungsstellen zeitlich voll beansprucht werden. Eine erneute Betriebserweiterung führt auf beiden Ebenen zu einer Aufgabenvermehrung. Auf Grund der bisherigen Kapazitätsauslastung kann der Unternehmer die zusätzlichen Aufgaben wahrnehmen, sofern die Betriebsgrößenvariation bestimmte Grenzen nicht überschreitet. Die Zahl der Ausführungsstellen hingegen muß erhöht werden.

Die naheliegende Maßnahme einer „multiplen Anpassung"[87] durch Schaffung neuer Ausführungsstellen, die den gleichen Aufgabenkomplex wie die bisherigen umschließen und daher mit ihnen identisch sind, kann nicht als Delegationsvorgang angesehen werden. Die Delegation erfordert wesensgemäß eine Aufgabenausgliederung, die bei multipler Anpassung nicht gegeben ist. Demgegenüber muß die „separative Anpassung"[88], die auf der Aufteilung von Aufgaben basiert, eindeutig als Möglichkeit horizontaler Delegation klassifiziert werden. Für unser Beispiel kann die horizontale Delegation folgendermaßen graphisch dargestellt werden.

---

[87] *Pankoke*, W., a.a.O., S. 31.

[88] Ebd., S. 32. Er wählt als Beispiel die Zweiteilung der Stelle „Kalkulation" in „Vorkalkulation" und „Nachkalkulation".

Abbildung 8

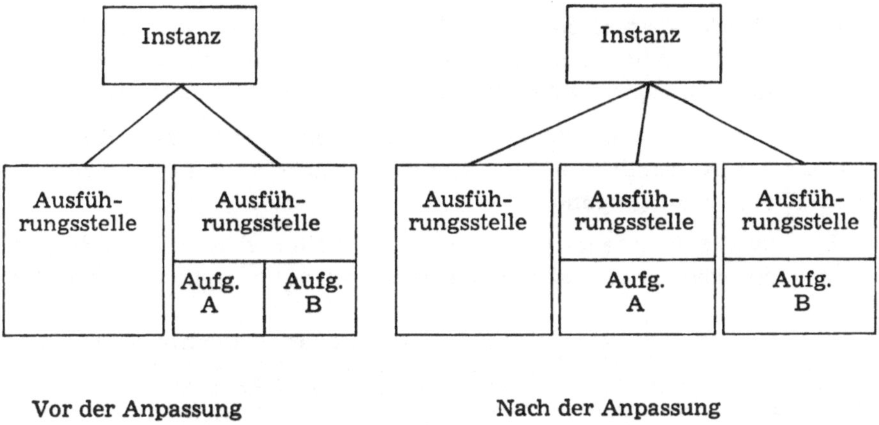

Es ist offensichtlich, daß sich die Bildung von Führungshilfsstellen in der gleichen Weise erläutern läßt. Ansatzpunkt dieser Form horizontaler Delegation ist im Gegensatz zum erörterten Fall der Abteilungserweiterung die Instanz. Aus ihr werden auf Nebenentscheidungen basierende Aufgaben ausgegliedert und in einer neuen Stelle, der Führungshilfsstelle, zusammengefaßt.

12. Die Subordinationsspanne als Ausdruck für die Abteilungsgröße

Für jede hierarchisch strukturierte Organisation[1] ist die Frage relevant, wieviele Personen einer anderen untergeordnet werden können. Obwohl es sich also um keine unternehmungsspezifische Frage handelt[2], setzt sich die betriebswirtschaftliche Literatur seit längerer Zeit[3] intensiv damit auseinander. Dennoch ist es bis heute nicht zu einer einheitlichen Begriffsbildung gekommen. Aus diesem Grunde erscheint ein Literaturüberblick angebracht[4].

---

1 Unter Organisation wird hierbei im Sinne von *Mayntz* ein zielgerichtetes soziales System verstanden. Vgl. *Mayntz*, R., Soziologie der Organisation, Reinbek bei Hamburg 1963, S. 40 ff.

2 *Koontz / O'Donnell* weisen darauf hin, daß das Problem so alt sei wie die Organisation selbst und zitieren in diesem Zusammenhang das 2. Buch Moses. (Vgl. *Koontz*, H. / *O'Donnell*, C., Principles of Management, New York—Toronto—London 1955, S. 87 f.)

3 Angeregt wurde die betriebswirtschaftliche Diskussion u. E. durch eine 1921 erschienene Veröffentlichung des Generals *Hamilton* (vgl. *Urwick*, L. F., The Manager's Span of Control, in: HBR, Vol. 34, 1956, S. 39).

4 Die nachfolgenden Erörterungen basieren auf einer umfangreichen Literaturstudie. In die Untersuchung konnten knapp 80 Quellen einbezogen werden; die Zahl der angloamerikanischen Autoren macht etwas mehr als die Hälfte aus.

121. Begriffsbezeichnungen in der Literatur

Im angelsächsischen Sprachraum findet sich weitaus am häufigsten der Ausdruck „span of control“[5]. Dem Wort „control“ wird hierbei die Bedeutung Aufsicht, Überwachung beigemessen; andere Autoren sprechen daher von „span of supervision“[6] oder „range of supervision“[7].

Im Deutschen sind analoge Bezeichnungen vorhanden: „Kontrollspanne“[8], „Kontrollbereich“[9], „Kontrollbreite“[10], „Aufsichtsbereich“[11] und „Überwachungsspanne“[12].

Eine zweite Autorengruppe wählt eine weiter gefaßte Bezeichnung, „since the span is one of management and not merely of control“[13].

---

[5] So z. B. bei *Urwick*, L. F., The Manager's Span of Control, a.a.O., S. 39; *Haynes*, W. W. / *Massie*, J. L., Management-Analysis, Concepts and Cases, 3. Aufl., Englewood Cliffs/N.J. 1963, S. 40; *Katz*, D. / *Kahn*, R. L., The Social Psychology of Organizations, New York—London—Sydney 1967, S. 210; *Starbuck*, W. H., Organizational Growth and Development, in: *March*, J. G. (Hrsg.), Handbook of Organizations, Chicago 1965, S. 496; *Shepard*, H. A., Changing Relationships in Organizations, in: *March*, J. G. (Hrsg.), Handbook of Organizations, a.a.O., S. 1120; *Tillmann*, R. / *Kirkpatrick*, C. A., Promotion — Persuasive Communication in Marketing, Homewood/Ill. 1968, S. 33; *o. V.*, Introduction to Part IV: Organizing, in: *Greenwood*, W. T. (Hrsg.), Management and Organizational Behavior Theories, Cincinnati—Chicago—New Rochelle—Burlingame—Dallas 1965, S. 452; *Krupp*, S., Pattern in Organization Analysis, New York—Chicago—San Francisco—Toronto—London 1961, S. 81; *Mc Farland*, D. E., Management: Principles and Practices, 2. Aufl., New York—London 1964, S. 249; *Argyris*, Ch., Personality and Organization, New York 1957, S. 64, *Meij*, J. L., The Span of Control — Fact and Fundamental Principle, in: Advanced Management, Vol. XXII, 1957, S. 14; *Morris*, W. T., Management Science in Action, Homewood/Ill. 1963, S. 46.

[6] *Brech*, E. F. L., Management in Principle, in: *Brech*, E. F. L. (Hrsg.), The Principles and Practice of Management, 4. Aufl., London—New York—Toronto 1956, S. 36; *Udell*, J. G., An Empirical Test of Hypotheses Relating to Span of Control, in: Administrative Science Quarterly, Vol. 12, 1967, S. 420; *Newman*, W. H., Administrative Action, 9. Aufl., London 1958, S. 257 und passim.

[7] *Yoder*, D., Personnel Principles and Policies, 2. Aufl., Englewood Cliffs/N.J. 1959, S. 67.

[8] Diese Bezeichnung ist am gebräuchlichsten. Sie wird z. B. verwendet von *Gutenberg*, E., Die Produktion, a.a.O., S. 253; *Lohmann*, M., Einführung in die Betriebswirtschaftslehre, 4. Aufl., Tübingen 1964, S. 276; *Ulrich*, H., Kontrollspanne und Instanzenaufbau, in: *Schnaufer*, E. / *Agthe*, K. (Hrsg.), Organisation, a.a.O., S. 267; *Illetschko*, L. L., Unternehmenstheorie — Elemente rationaler Betriebslenkung, Wien 1964, S. 78; *Arnold*, G., a.a.O., S. 116; *Hoffmann*, F., Organisation der Führungsgruppe, Berlin 1969, S. 46; *Berger*, K. H., Unternehmensgröße und Leitungsaufbau, Berlin 1968, S. 49.

[9] *Gater*, R., Wieviele Menschen unterstehen Ihrer direkten Kontrolle?, in: ZfO, 26. Jg., 1957, S. 41; *Hartmann*, H., Funktionale Autorität — systematische Abhandlung zu einem soziologischen Begriff, Stuttgart 1964, S. 107.

[10] *Mellerowicz*, K., Unternehmenspolitik, Bd. I, Freiburg 1963, S. 149.

[11] *Mayntz*, R., Soziologie der Organisation, a.a.O., S. 119.

[12] *Allen*, L. A., Management und Organisation, Gütersloh (o. J.), S. 80.

[13] *Koontz*, H. / *O'Donnell*, C., a.a.O., S. 83.

Von einigen amerikanischen Autoren wird daher der Ausdruck „span of management" verwendet[14]. Diesem Terminus entsprechen in der deutschen Literatur die Bezeichnungen „Leitungsspanne"[15], „Leitungsbreite"[16], „Lenkungsbereich"[17].

Eine weitere Kategorie bilden Begriffe, die an der Verantwortung des Vorgesetzten anknüpfen: „span of managerial responsibility"[18], „span of responsibility"[19], „range of delegation of responsibility"[20].

Während die bisher angeführten Termini als gemeinsames Merkmal die Orientierung an Rechten und Pflichten des Stelleninhabers aufweisen, ohne daß der Objektbezug deutlich zum Ausdruck kommt, wird in anderen Bezeichnungen explizit das Über- und Unterordnungsverhältnis von Stellen bzw. Personen angesprochen. Als Beispiele seien genannt: „Subordinationsquote"[21], „Subordinationsbereich"[22], „Unterstellungsverhältnis"[23], „Direktunterstellung"[24].

---

14 Ebd., S. 83 und passim; *Koontz*, H., Making Sense of Management Theory, in: *Koontz*, H., Toward a Unified Theory of Management, New York—San Francisco—Toronto—London 1964, S. 13; *Fisch*, G. G., Stretching the Span of Management, in: HBR, Vol. 41, 1963, S. 74; *Albers*, H. H., Principles of Organization & Management, 2. Aufl., New York—London—Sydney 1965, S. 83; *Haimann*, Th., Professional Management, Cambridge—Boston—New York—Atlanta—Geneva/Ill.—Dallas—Palo Alto 1962, S. 138 und passim; *Stieglitz*, H., Optimizing Span of Control, in: Management Record, Vol. 24, 1962, S. 26.

15 z. B. *Nordsieck*, F., Betriebsorganisation — Betriebsaufbau und Betriebsablauf, Stuttgart 1961, S. 16; *Kosiol*, E., Organisation der Unternehmung, a.a.O., S. 108; *Heinen*, E., Einführung in die Betriebswirtschaftslehre, Wiesbaden 1968, S. 59; *Hill*, W., Zur Entwicklung der Theorie der Unternehmungsorganisation, in: *Angehrn*, O. / *Künzi*, H. P. (Hrsg.), Beiträge zur Lehre von der Unternehmung, Stuttgart 1968, S. 240; *Göldner*, J., Organisatorische Formen der Arbeitsteilung, in: *Grochla*, E. (Hrsg.), Organisation und Rechnungswesen, a.a.O., S. 170; *Grün*, O., Informale Erscheinungen in der Betriebsorganisation, Berlin 1966, S. 85; *Wild*, J., Neuere Organisationsforschung in betriebswirtschaftlicher Sicht, Berlin 1967, S. 61; *Sommer*, K., Die Bedeutung interpersonaler Beziehungen für die Organisation der Unternehmung, Berlin 1968, S. 46.

16 *Joschke*, H. K., Leitungsaufbau (Führungshierarchie) der Unternehmung, in: *Degelmann*, H. (Hrsg.), Organisationsleiterhandbuch, München 1968, S. 210.

17 *Gardner*, B. B. / *Moore*, D. G., Praktische Menschenführung im Betrieb, 1. deutsche Aufl., Köln/Opladen 1957, S. 148.

18 *Drucker*, P. F., Praxis des Managements, Düsseldorf 1956, S. 174. Der Ausdruck wird in der vorgenannten Ausgabe mit Verantwortungsbereich, -spanne übersetzt.

19 *Leibenstein*, H., Economic Theory and Organizational Analysis, New York—Evanston—London—Tokio 1965, S. 221; *Brech*, E. F. L., Management in Principle, a.a.O., S. 36; *ders.*, Organisation — The Framework of Management, London—New York—Toronto 1957, S. 77.

20 *Yoder*, D., a.a.O., S. 67.

21 *Gaugler*, E., Ergebnisse einer Untersuchung über Umfang, Stufung und personelle Zusammensetzung der Betriebsführung (Unternehmungsleitung), in: MuA, 10. Jg., 1958, S. 201; *ders.*, Instanzenbildung, a.a.O., S. 145; *Pankoke*,

Unter dem Blickwinkel der Weisungsgewalt wird die Unterordnung in den folgenden Bezeichnungen ausgedrückt: „span of authority“[25], „Spanne der Beherrschbarkeit“[26], „Beherrschbarkeit durch den Abteilungsleiter“[27].

Zusammenfassend kann festgestellt werden, daß diejenigen Begriffsbezeichnungen am gebräuchlichsten sind, in denen die Aufsicht bzw. die Leitung angesprochen wird. Innerhalb dieser Gruppe besitzen im amerikanischen Sprachgebrauch der Terminus „span of control“ und ähnliche Bezeichnungen ein starkes Übergewicht, während in der deutschen Literatur weniger häufig von Kontrolle die Rede ist.

Um die Vorzüge und Nachteile der einzelnen Bezeichnungen feststellen zu können, bedarf es einer Auseinandersetzung mit dem Begriffsinhalt.

122. Begriffsinhalte in der Literatur

Begriffsbezeichnung und Begriffsinhalt stehen in enger Beziehung zueinander. Es ist daher nicht weiter verwunderlich, wenn bezüglich der inhaltlichen Bestimmung des Untersuchungsgegenstandes ebenfalls unterschiedliche Ansichten vorgefunden werden. Beispielhaft seien einige Stellen zitiert.

Moore definiert den Begriff „span of control“ als „the number of direct subordinates whose work is supervised by any power-holder“[28]. Mit den Worten „the number of subordinates that a manager can manage effectively“[29] umschreibt *Terry* die „span of authority“. Nach *Arnold* behandelt man unter dem Begriff „Kontrollspanne“ die „Frage, wieviel Personen einem Vorgesetzten *direkt* unterstellt werden können“[30]. *Kosiol* ist der Ansicht, daß die „Leitungsspanne“ besagt, „wie-

W., a.a.O., S. 49; *Baumüller*, K., Kommunikation in der Führungsorganisation, München 1968, S. 33 und S. 114; *Köster*, J., Die Organisation und ihre Planung, Bern—Stuttgart 1969, S. 77 und S. 107.

[22] *Czayka*, L., Eine Typologie für Superordinationsstrukturen in Unternehmungen, in: ZfbF, 19. Jg., 1967, S. 257.

[23] *Baumüller*, K., a.a.O., S. 33.

[24] *Fischer*, G., Führungs- und Arbeitsstäbe in der betrieblichen Führungsorganisation, in: MuA, 19. Jg., 1967, S. 137.

[25] *Terry*, G. R., Principles of Management, 4. Aufl., Homewood/Ill. 1964, S. 322; *Yoder*, D., a.a.O., S. 67.

[26] Arbeitskreis Dr. *Krähe* der *Schmalenbach*-Gesellschaft, Unternehmungsorganisation, a.a.O., S. 18.

[27] *Schmalenbach*, E., Über Dienststellengliederung im Großbetriebe, Köln und Opladen 1959, passim.

[28] *Moore*, W. E., The Conduct of the Corporation, New York 1962, S. 48.

[29] *Terry*, G. R., a.a.O., S. 322.

[30] *Arnold*, G., a.a.O., S. 116.

viel Stellen von einer vorgesetzten Leitungsstelle geleitet werden können"[31].

Die angeführten Definitionen divergieren u. E. in vier wesentlichen Punkten:

1. hinsichtlich der in Relation gesetzten Kategorien;
2. hinsichtlich der vom Vorgesetzten gegenüber den Nachgeordneten wahrzunehmenden Aufgaben;
3. in bezug auf das Unterordnungsverhältnis;
4. hinsichtlich einer Limitierung der subordinierten Elemente.

Zu 1:

Am gebräuchlichsten ist die Version, das Unterordnungsverhältnis anhand der Stelleninhaber darzulegen. Dabei werden für die ranghöhere Person Bezeichnungen wie Vorgesetzter, superior, executive, manager, Abteilungsleiter, verwendet; die rangniedrigeren Personen werden Untergebene, subordinates oder nur persons, people genannt. Demgegenüber verwendet eine kleine Autorengruppe zur Charakterisierung des Unterstellungsverhältnisses den Ausdruck Stelle[32].

Versteht man in Anlehnung an die Literatur und gemäß den voranstehenden Erörterungen unter betrieblicher Stelle einen personenbezogenen Komplex betrieblicher Teilaufgaben, so müßte bei konsequenter Anwendung dieser Begriffsbestimmung das Unterordnungsverhältnis anhand der Relation von Aufgabenkombinaten unterschiedlichen Ranges charakterisiert werden. Allerdings kann eine solche Absicht bei keinem der Autoren exakt nachgewiesen werden; teilweise wird — so von *Kosiol* und *Bleicher* — in den Erörterungen die personalistische Betrachtungsweise mit verwendet, teilweise kann die Auslegung des Begriffs Stelle nicht exakt ermittelt werden.

Zu 2:

Die Aufgaben des Vorgesetzten werden — sofern überhaupt[33] — mehr oder minder umfassend in die Definition aufgenommen. In der

---

[31] *Kosiol*, E., Organisation der Unternehmung, a.a.O., S. 108.

[32] Zu dieser Gruppe gehören *Kosiol*, E., Organisation der Unternehmung, a.a.O., S. 108; *Heinen*, E., Einführung in die Betriebswirtschaftslehre, a.a.O., S. 59; *Bleicher*, K., Grundlagen der Abteilungsbildung, a.a.O., S. 116; *Czayka*, L., a.a.O., S. 257; *Joschke*, H. K., Leitungsaufbau (Führungshierarchie) der Unternehmung, in: *Degelmann*, A. (Hrsg.), Organisationsleiterhandbuch, München 1968, S. 210.

[33] Zum Teil wird nur das Unterordnungsverhältnis zum Ausdruck gebracht, was zumeist mit dem Wort „beherrschen" geschieht. Vgl. z. B. *Schmalenbach*, E., a.a.O., S. 42; *Bleicher*, K., Zentralisation und Dezentralisation von Aufgaben, a.a.O., S. 84; *Zimmermann*, H., Organisations-Gestaltungsfragen und Organisationspostulate der Betriebsführung, Diss. München 1962, S. 39; *Katz*, D. / *Kahn*, R. L., a.a.O., S. 216.

anglo-amerikanischen Literatur wird häufig die Überwachungsfunktion des Vorgesetzten („to supervise")[34] bzw. die Berichterstattungspflicht des Untergebenen („to report to")[35] hervorgehoben[36].

Yoder[37] verwendet in seiner Definition „to supervise" und „to direct" gleichrangig nebeneinander, während einige andere Autoren von führen, leiten („to manage, to direct") sprechen[38, 39].

Die deutschsprachige Literatur ist in ähnlicher Weise uneinheitlich. Völlig neutral sprechen *Baumberger* und *Gasser* von Erfüllung der „Vorgesetztenaufgabe"[40], ohne diese näher zu skizzieren. Eine Reihe von Autoren sieht die Vorgesetztenaufgabe in der Überwachung von

---

34 Vgl. z. B. *Moore*, W. E., a.a.O., S. 48; *Pfiffner*, J. M., The Supervision of Personnel, 2. Aufl., Englewood Cliffs 1959, S. 54; *Stieglitz*, H., Corporate Organization Structures, New York 1961, S. 8; *Urwick*, L. F., Organisation and Co-ordination: Principles, in: *Litterer*, J. A. (Hrsg.), Organizations: Structure & Behavior, 3. Aufl., New York—London—Sydney 1965, S. 73; *o. V.*, The Nature of Organization Theory, in: *Rubenstein*, A. H. / *Haberstroh*, C. J. (Hrsg.), Some Theories of Organization, 2. Aufl., Homewood/Ill. 1966, S. 12; *Davis*, R. C., The Fundamentals of Top Management, New York 1951, S. 272; *Dale*, E., Management: Theory and Practice, New York—St. Louis—San Francisco—Toronto—London—Sydney 1965, S. 253.

35 Vgl. z. B. *Janger*, A., Analyzing the Span of Control, in: Management Record, Vol. 22, 1960, S. 7; *Massie*, J. L. (Hrsg.), Management Theory, in: *March*, J. G., a.a.O., S. 398; *Schleh*, E. C., Successfull Executive Action, 3. Aufl., Englewood Cliffs/N.J. 1956, S. 65; *Suojanen*, W. W., The Span of Control — Fact or Fable?, in: Advanced Management, Vol. XX, 1955, S. 5.

36 Die in unserer Übersicht erfaßten Autoren verwenden — mit Ausnahme von G. G. *Fisch* (Organization for Profit, New York—San Francisco—Toronto —London 1964, S. 92) — alle die Begriffsbezeichnung span of control, wenn sie den oben erwähnten Aspekt betonen. Es liegt daher nahe zu vermuten, daß sie dem Ausdruck „control" die Bedeutung Kontrolle, Aufsicht beimessen. — *Wilkinson* / *Foster* machen darauf aufmerksam, daß der Begriff „control" als Soll-Ist-Vergleich interpretiert werden muß. (Vgl. *Wilkinson*, E. / *Foster*, R. S., Management — Principles and Practice, St. Albans—London 1963, S. 252.) Sie lehnen daher den Ausdruck „span of control" als zu eng ab (vgl. ebd., S. 104). — Zum Terminus „control" vgl. auch *Frese*, E., Kontrolle und Unternehmensführung, Wiesbaden 1968, S. 52 f.

37 Vgl. *Yoder*, D., a.a.O., S. 67.

38 Hierzu zählen: *Haire*, M., Biological Models and Empirical Histories of the Growth of Organizations, in: *Haire*, M. (Hrsg.,) Modern Organization Theory, 5. Aufl., New York—London—Sydney 1967, S. 294; *Hill*, L. S., The Application of Queuing Theory to the Span of Control, in: Academy of Management Journal, 1963, S. 58; *Albers*, H. H., a.a.O., S. 83; *Terry*, G. R., a.a.O., S. 322.

39 K. *Bleicher* (Zentralisation und Dezentralisation von Aufgaben, a.a.O., S. 85) äußert die Ansicht, daß dem Wort „control" die Bedeutung von Steuerung zukomme. Diese Auslegung kann in unserem Definitionskatalog nur bei *Leffingwell* / *Robinson* exakt nachgewiesen werden, die in ihrer Begriffsbestimmung die Ausdrücke „supervise" und „control" nebeneinander benutzen. Vgl. *Leffingwell*, W. H. / *Robinson*, E. M., Textbook of Office Management, 2. Aufl., New York—London 1943, S. 42.

40 *Baumberger*, H. U., Organisationsstruktur, a.a.O., S. 104; *Gasser*, C., Die optimale Organisationsstruktur, in: IO, 21. Jg., 1952, S. 325.

Untergebenen[41], andere Verfasser erwähnen neben der Kontrolle auch die Anleitung[42], von einer dritten Gruppe schließlich wird nur die Leitungsfunktion erwähnt[43]. Am differenziertesten ist *Druckers* Aussage. Er bezeichnet es als Aufgabe des Vorgesetzten, seine Untergebenen zu unterstützen, sie anzulernen und ihnen bei der Erfüllung der ihnen gestellten Aufgaben behilflich zu sein[44].

Zu 3:

In einem hierarchisch einstufigen Betrieb ist denknotwendigerweise die Zahl der Direktuntergebenen eines Vorgesetzten[45] identisch mit der Zahl seiner Gesamtunterstellungen; in einem hierarchisch mehrstufigen Betrieb weichen beide Größen voneinander ab. Diesem Tatbestand wird sowohl in der angelsächsischen als auch in der deutschen Literatur in unterschiedlicher Weise Rechnung getragen. In einer Definition, wie sie beispielsweise *Hill*[46] verwendet, erfolgt keine Unterscheidung zwischen Direkt- und Gesamtunterordnungen.

Orientiert man sich am Wortlaut der Begriffsbestimmung, so müssen die Formulierungen von *Hill* und anderen Autoren im Sinne von Gesamtunterstellungen interpretiert werden. Andere Definitionen wiederum lassen auf Grund inhaltlicher Unschärfen Deutungsversuche in beiden Richtungen zu. Hierzu zählt ein Teil der Literaturmeinungen, in denen die Überwachungs- bzw. Führungsaufgabe des Vorgesetzten angesprochen wird[47]. Zwar beziehen sich Anleitung und Kontrolle zu-

---

41 Vgl. *Goossens*, F., Leitende Angestellte richtig führen, München 1961, S. 59; *Gardner*, B. B. / *Moore*, D. G., Praktische Menschenführung im Betrieb, 1. dtsche. Aufl., Köln und Opladen 1957, S. 148; *Allen*, L. A., a.a.O., S. 80; *Junckerstorff*, K., Internationaler Grundriß der wissenschaftlichen Unternehmensführung, Berlin 1964, S. 124; *Rudolf*, R., Organisationstypen, Diss. Berlin 1958, S. 17 f.

42 Vgl. *Gater*, R., a.a.O., S. 41; *Gerwig*, E., Organisation und Führung industrieller Unternehmungen, 2. Aufl., Stuttgart 1955, S. 51; *Staerkle*, R., Stabsstellen in der industriellen Unternehmung, Bern 1961, S. 124 (Zitierweise: Stabsstellen); *Joschke*, H. K., a.a.O., S. 210; *Luhmann*, N., Funktionen und Folgen formaler Organisation, Berlin 1964, S. 194.

43 Vgl. *Gutenberg*, E., Unternehmensführung, a.a.O., S. 114; *Kosiol*, E., Organisation der Unternehmung, a.a.O., S. 108; *Meyer*, E., Bestimmungsfaktoren der Leitungsspanne, in: ZfO, 37. Jg., 1968, S. 122.

44 Vgl. *Drucker*, P. F., a.a.O., S. 174.

45 Der Fall der Pluralinstanz soll an dieser Stelle außer acht gelassen werden.

46 „Die Zahl der einer Leitungsinstanz untergebenen Stellen" (*Hill*, W., a.a.O., S. 240). — In ähnlicher Weise definieren auch: *Dale*, E., Organization, 2. Aufl., o. Verlagsort, 1967, S. 30; *Altfelder*, K., Stabsstellen und Zentralabteilungen als Formen der Organisation der Führung, Berlin 1965, S. 28; *Hartmann*, H., a.a.O., S. 107; *Heinen*, E., Einführung in die Betriebswirtschaftslehre, a.a.O., S. 59.

47 Vgl. die in Punkt 12. Anm. 34 angegebenen Stellen bei *Stieglitz*, *Rubenstein* / *Haberstroh*, die in Punkt 12. Anm. 38 angeführten Quellen, die in

nächst nur auf die unmittelbar Untergeordneten, jedoch darf nicht unberücksichtigt bleiben, daß die Tätigkeit höherer Vorgesetzter auch mittelbar untergebene Personen erfaßt.

In diesem Zusammenhang ist darauf hinzuweisen, daß einige Autoren die Unterstellung unter einen einzelnen Vorgesetzten betonen[48], während *Zimmermann* interessanterweise von der „Beherrschbarkeit einer Abteilung durch *ihre* Vorgesetzten"[49] spricht. Sofern es sich nicht lediglich um einen Druckfehler handelt, kann die Aussage dahingehend interpretiert werden, daß den Rangniedrigeren mehrere in einer Pluralinstanz zusammengefaßte Personen übergeordnet sind.

Zu 4:

In der Literatur wird oftmals hervorgehoben, daß die ranghöhere Person ihre umfangmäßig unterschiedlich umschriebenen Vorgesetztenaufgaben nur gegenüber einer begrenzten Zahl von Untergebenen *wirksam* erfüllen kann[50]. Zahlreich sind auch die Äußerungen, die auf diese Optimalzahl nicht eingehen, sondern jede Größe zulassen[51]. Eine dritte Literaturmeinung basiert auf der Vorstellung, daß eine Aufgabe erst bei Erreichen einer bestimmten Minimalleistung als erfüllt anzusehen ist. Diese Betrachtungsweise bewirkt die Festlegung einer maximalen Unterstellungszahl[52].

Punkt 12. Anm. 41 angegebenen Stellen bei *Gardner / Moore, Allen* und *Junckerstorff*.

48 Vgl. *Massie*, J. L., a.a.O., S. 399; *Yoder*, D., a.a.O., S. 67; *Baumberger*, H. U., Organisationsstruktur, a.a.O., S. 104; *Gasser*, C., Die optimale Organisationsstruktur, a.a.O., S. 325; *Dale*, E., Planning and Developing the Company Organization Structure, 6. Aufl., New York 1959, S. 69.

49 *Zimmermann*, H., a.a.O., S. 39 (Hervorhebung vom Verfasser).

50 Vgl. *Altfelder*, K., a.a.O., S. 28; *Fox*, W. M., The Management Process, Homewood/Ill. 1963, S. 96; *Koontz*, H. / *O'Donnell*, C., a.a.O., S. 88; *Pfiffner*, J. M., a.a.O., S. 54; *Johnson*, R. A. / *Kast*, F. E. / *Rosenzweig*, J. E., The Theory and Management of Systems, New York—St. Louis—San Francisco—Toronto —London—Sydney 1967, S. 56; *Schmalenbach*, E., a.a.O., S. 42; *Jerome III*, W. T., Executive Control — The Catalyst, New York—London 1961, S. 129.

51 Vgl. z. B. *Krupp*, S., a.a.O., S. 81; *Litterer*, J. A., The Analysis of Organizations, New York—London—Sydney 1965, S. 308; *Schleh*, E. C., a.a.O., S. 65; Arbeitskreis Dr. *Krähe* der *Schmalenbach*-Gesellschaft, Unternehmungsorganisation, a.a.O., S. 18; *Ulrich*, H., Kontrollspanne und Instanzenaufbau, a.a.O., S. 267.

52 Der Aspekt eines Unterstellungsmaximums wird angesprochen bei *Haire*, M., a.a.O., S. 294; *Wright*, F. J., The Elements of Modern Industrial Organisation, London 1958, S. 36; *Goossens*, F., Leitende Angestellte richtig führen, a.a.O., S. 59; *Gutenberg*, E., Unternehmensführung, a.a.O., S. 114; *Kosiol*, E., Organisation der Unternehmung, a.a.O., S. 108; *Meij*, J. L., Some Fundamental Principles of a General Theory of Management, in: The Journal of Industrial Economics, Vol. IV, 1955, S. 18; *ders.*, Human Relations and Fundamental Principles of Management, in: *Hugh-Jones*, E. M. (Hrsg.), Human Relations and Modern Management, Amsterdam 1958, S. 1.

123. Kritik der Literatur und eigene Begriffsbildung

Gemeinsames Anliegen der zitierten Autoren ist es, ein Kriterium der hierarchischen Struktur eines Betriebes zu finden. Die dargestellte Vielfalt der Meinungen zwingt jedoch zu einigen grundsätzlichen Überlegungen.

Als unbrauchbar erweist sich eine Definition, die nicht zwischen Direkt- und Gesamtunterstellungen differenziert. Betrachtet man beispielsweise die ranghöchste betriebliche Instanz, der sämtliche Stellen untergeordnet sind, dann kann bei fehlender Unterscheidung zwar die Betriebsgröße (gemessen an der Zahl der Betriebsangehörigen bzw. Stellen) angegeben werden. Eine Aussage über die Zahl der Rangstufen und damit über die hierarchische Struktur ist jedoch nicht möglich. Der Begriff muß daher auf Organisationseinheiten abgestellt werden, die durch zwei Ränge charakterisiert sind. Diese Bedingung erfüllt die Einheit „Abteilung", die als Kombination einer Vollinstanz mit einer oder mehreren Stellen (Ausführungsstellen oder nachgeordnete Instanzen) definiert wurde. Ihre Größe, ausgedrückt durch die zahlenmäßige Relation zwischen den organisatorisch zusammengefaßten rangverschiedenen Stellen, kann zur Charakterisierung der hierarchischen Struktur verwendet werden[53].

Da die Zahl der ranghöheren abteilungszugehörigen Stellen definitionsgemäß stets den Zahlenwert 1 annimmt, dient als Kriterium der Abteilungsgröße die Zahl derjenigen Stellen, die einer Vollinstanz direkt untergeordnet sind. Unter diesem Aspekt kann von einer „Subordinationsspanne" gesprochen werden. Der Begriff Subordinationsspanne wird somit als die Zahl der einer *Vollinstanz* unmittelbar nachgeordneten *Stellen* definiert[54].

Die in der Praxis am häufigsten vertretene Organisationsform besitzt zwei Kennzeichen:

— *jedem* einzelnen Aufgabenträger ist nur *eine* Stelle zugeordnet;

— *jeder* Stelleninhaber besitzt nur *einen* unmittelbaren Vorgesetzten.

Im Hinblick auf diese Situation kann die Subordinationsspanne personalistisch aufgefaßt und als die Zahl der einem *Abteilungsleiter* direkt untergeordneten *Stelleninhaber* definiert werden.

Mit Hilfe der personalistischen Betrachtungsweise lassen sich auch die Abteilungsleiteraufgaben begrifflich zum Ausdruck bringen. Nach den Darlegungen in Punkt 113. bestehen sie aus zwei Komponenten:

---

[53] Die Zahl der Rangstufen kann ohne Schwierigkeiten ermittelt werden, wenn die Betriebsgröße bekannt und die Zahl der Direktunterstellungen konstant ist.

[54] Der Ausdruck Subordinationsquote ist sprachlich falsch, weil Quote Anteil bedeutet. Korrekt wäre hingegen „Quotient".

— Entscheidungsaufgaben, durch die andere Stellen determiniert werden;

— Aufgaben, durch deren Erfüllung das Verhalten abhängiger Stelleninhaber beim Leistungsvollzug und gegenüber anderen Stelleninhabern sowie betriebsexternen Personen beeinflußt werden soll.

Für die zweite Aufgabenkategorie kann der Begriff Personalführung verwendet werden[55]. Unter einer Subordinationsspanne wird dementsprechend die Zahl der *Personen* verstanden, deren Verhalten vom unmittelbar vorgesetzten *Inhaber einer Vollinstanz* beeinflußt werden kann.

Für den Begriff Personalführung im definierten Sinn wird des öfteren auch der Ausdruck Leitung benutzt[56]. Dies erklärt die Verwendung der Begriffsbezeichnungen „Leitungsspanne", „Leitungsbreite".

Die voranstehenden Aussagen lassen die Ablehnung der Bezeichnung „Kontrollspanne" verständlich werden[57]. Die Kontrolle stellt nur einen Teilbereich der Personalführung dar[58].

In den bisherigen Erörterungen wurde die Frage des Aufgabenerfüllungsgrades bewußt ausgeklammert. Es ist aber offensichtlich, daß der Abteilungsleiter nur einen begrenzten Personenkreis führen kann. Die Zahl der Personen, die in einer Abteilung zusammengefaßt werden kann, bestimmt sich nach deren Eignungspotential. Als optimal ist die *Subordinationsspanne* zu bezeichnen, wenn die vom Abteilungsleiter zu erfüllenden Aufgaben so dimensioniert sind, daß

---

[55] Vgl. zum Begriff der Personalführung z. B. *Goossens*, F., Personalleiter-Handbuch, a.a.O., S. 629.

[56] Wie uneinheitlich die Begriffe Führung und Leitung gebraucht werden, zeigt folgender Überblick:

a) Der Begriff Führung dient zur Kennzeichnung der Aufgaben einer ranghöchsten betrieblichen Instanz, so z. B. *Meier*, A., a.a.O., S. 57 f.; *Schnutenhaus*, O. R., Absatzpolitik und Unternehmungsführung, Freiburg 1961, S. 31.

b) Die Aufgaben der ranghöchsten Instanz werden als Leitung bezeichnet. Arbeitskreis Dr. *Krähe* der *Schmalenbach*-Gesellschaft, Leitungsorganisation, Köln und Opladen 1963, S. 13; *Fischer*, G., Die Betriebsführung, Bd. 1, a.a.O., S. 104.

c) Führung umfaßt personenbezogene Aufgaben; Leitung ist sachorientiert. Vgl. *Schuh*, W., Ursachen der Führerkrise in den Betrieben und Konsequenzen für die Personalorganisation, in: MuA, 10. Jg., 1958, S. 69.

d) Leitung wird — wie oben angeführt — als Synonym für Führung verwendet. Vgl. *Kosiol*, E., Organisation der Unternehmung, a.a.O., S. 101.

[57] Ein weiterer Mangel des Begriffs Kontrollspanne besteht darin, daß das Kontrollobjekt nicht bestimmt wird. So versteht *Rother* im Gegensatz zu den bisher zitierten Autoren unter der „Überwachungsspanne" die Vorgänge und Tatbestände, über die sich der Leiter persönlich ausreichend unterrichten kann. (Vgl. *Rother*, N., Die Organisation der Innenrevision, in: *Schnaufer*, E. / *Agthe*, K. [Hrsg.], Organisation, a.a.O., S. 879 f.)

[58] Vgl. auch *Ulrich*, H., Kontrollspanne und Instanzenaufbau, a.a.O., S. 276.

bei ihm weder Überlastung noch mangelnde Auslastung in qualitativer und quantitativer Hinsicht eintritt[59]. Die Optimierung der Subordinationsspanne ist daher ein organisatorisches Postulat der Abteilungsbildung.

Besondere Aspekte der Subordinationsspanne ergeben sich aus den verschiedenen Instanzenarten bzw. Möglichkeiten der Aufgabenzuordnung. Es wurde betont, daß die Zuweisung eines Aufgabenträgers zu einer Stelle den Normalfall bildet. Von dieser Situation geht auch implizit die gesamte einschlägige Literatur aus[60]. Wird jedoch die Existenzmöglichkeit einer *Pluralinstanz* anerkannt, so kann sich die Größe der optimalen Subordinationsspanne — wie zu zeigen sein wird — im Vergleich zur Singularinstanz verändern. Außerdem ist zu beachten, daß unter bestimmten Voraussetzungen mehrere Stellen in *Personalunion* von einem Aufgabenträger wahrgenommen werden können. Wird die Subordinationsspanne in personalistischer Sicht definiert, dann ist zur Explikation einer vorgefundenen, vergleichsweise großen Subordinationsspanne die Existenz einer Personalunion zu untersuchen. Schließlich muß darauf geachtet werden, daß Stellen auch *Fachinstanzen* untergeordnet sein können[61]. Da Inhaber von Fachinstanzen einerseits gegenüber der „Linie“[62] kein disziplinarisches Weisungsrecht besitzen, andererseits ihre Fachkompetenz sich auf sämtliche Linienstellen erstrecken kann, braucht die ihnen untergeordnete Zahl von Stellen der Subordinationsspanne des Abteilungsleiters nicht kongruent zu sein[63].

Zusammenfassend kann die Subordinationsspanne eines Abteilungsleiters als die Zahl seiner direkt nachgeordneten Stelleninhaber definiert werden. Wird die Subordinationsspanne als organisatorisches Gestaltungsprinzip anerkannt, dann ist auf eine optimale Abteilungsgröße zu achten. Quantitative Aussagen über die Subordinationsspanne

---

[59] Dieses Optimum der Subordinationsspanne wird nicht verwirklicht, wenn die Zahl der Untergeordneten „falsch“ gewählt wurde, und/oder wenn die nachgeordneten Stellen „nicht richtig“ dimensioniert sind.

[60] Die einzige Ausnahme bildet, wie bereits hervorgehoben, *Zimmermann*.

[61] In den folgenden Darlegungen bleibt dieser Fall entsprechend der Themenstellung unberücksichtigt.

[62] Die Darstellung des sogenannten Linienprinzips erfolgt in Punkt 21.

[63] Die Einrichtung von Fachinstanzen bewirkt, daß die rangniedrigeren Stelleninhaber der („Linien“-)Abteilung mehreren Vorgesetzten untergeordnet sind.

Neben Fachinstanzen sind auch „Fachabteilungen“ möglich, deren sämtliche Mitglieder gegenüber der Linie mit fachlichem Weisungsrecht ausgestattet sind. Der Leiter der Fachabteilung besitzt zusätzlich zur fachlichen Kompetenz gegenüber der Linie innerhalb seiner Abteilung fachliches und disziplinarisches Weisungsrecht.

sind stets dahingehend zu analysieren, welche Form der Aufgabenzuordnung realisiert ist.

13. Ziele und Methodik der Untersuchung

In der vorliegenden Untersuchung wird das Problem der Abteilungsgröße unter organisatorischen Gesichtspunkten analysiert. Weitere Problemaspekte, insbesondere die Beziehungen zwischen Abteilungsgröße und Arbeitsklima, können im Rahmen der Arbeit nicht erörtert werden[1].

Organisatorische Fragen der Subordinationsspanne werden in der Fachliteratur bereits seit geraumer Zeit diskutiert. Angeregt durch *Urwick*[2] hat *Graicunas* auf mathematischem Wege eine Begrenzung der Subordinationsspanne zu begründen versucht[3]. Er ist der Ansicht, daß die Zahl der Beziehungen innerhalb der Abteilung[4] die Arbeitsbelastung des Vorgesetzten bestimme. Wie er nachweist, erhöht sich diese Zahl überproportional zur Zahl der Abteilungsmitglieder[5]. Deshalb werde die Kapazitätsgrenze des Vorgesetzten bereits mit wenigen Direktunterstellten erreicht.

Die Darlegungen *Graicunas* sind nicht unwidersprochen geblieben. In der Kritik wird hervorgehoben, daß die Kontaktmöglichkeiten nicht erschöpfend aufgeführt werden[6] und daß insbesondere nicht auf die Häufigkeit der Inanspruchnahme von Beziehungen eingegangen wird[7].

Dem zweiten Kritikpunkt wird in den neueren Beiträgen zur Subordinationsspanne in der Weise entsprochen, daß die Einflußfaktoren

---

1 Diese Fragen werden ausführlich von Worthy untersucht. Vgl. *Worthy*, J. C., Organization Structure and Employee Morale, in: *Litterer*, J. A. (Hrsg.), Organizations: Structure & Behavior, a.a.O., S. 264 ff.; *ders.*, Organizational Structure and Employee Morale, in: *Sutermeister*, R. A. (Hrsg.), People and Productivity, New York—San Francisco—Toronto—London 1963, S. 207 ff.

2 Vgl. *Urwick*, L. F., The Manager's Span Control, in: HBR, a.a.O., S. 40.

3 Vgl. *Graicunas*, V. A., Gestaltung der Beziehungen im Betriebe, in: Mitteilungen des internationalen Rationalisierungsinstitutes, 7. Jg., Genf 1933, S. 41 ff. Dem Verfasser stand der Wiederabdruck des Aufsatzes zur Verfügung. Vgl. *Graicunas*, V. A., Relationship in Organization, in: *Gulick*, L. / *Urwick*, L., Papers on the Science of Administration, New York 1937, S. 181 ff.

4 Mit dieser Frage beschäftigt sich auch *Kephart*, W. M., A Quantitative Analysis of Intragroup Relationships, in: The American Journal of Sociology, Chicago 1950, S. 544 ff.

5 Vgl. auch *Barnard*, C. I., The Functions of the Executive, 11. Aufl., Cambridge/Mass. 1954, S. 108.

6 Vgl. *Albers*, H. H., a.a.O., S. 90; *Fox*, W. M., a.a.O., S. 97; *Koontz*, H. / *O'Donnell*, C., a.a.O., S. 90.

7 Vgl. *Koontz*, H. / *O'Donnell*, C., a.a.O., S. 91; *Haimann*, Th., a.a.O., S. 144; *Fox*, W. M., a.a.O., S. 98; *Massie*, J. L., a.a.O., S. 398.

der Frequenz abteilungsinterner Beziehungen untersucht werden[8]. Eine einfache Überlegung zeigt, daß trotz der erweiterten Sicht noch keine umfassende Themenbehandlung erfolgt. Im Aufgabenkomplex des Abteilungsleiters bildet die Personalführung nur *eine* Komponente[9]. Für die Erfüllung des gesamten Aufgabenbereiches steht die (begrenzte) Arbeitszeit zur Verfügung[10]. Aus diesen beiden Tatsachen muß gefolgert werden, daß zur Festlegung einer optimalen Subordinationsspanne die Kenntnis der Art und der Häufigkeit von „Nicht-Führungsaufgaben" erforderlich ist. Außerdem muß die Erfüllungsdauer der Personalführungsaufgaben und der Nicht-Führungsaufgaben bekannt sein[11].

Der kurze Überblick über den Stand der Literatur veranschaulicht die Notwendigkeit einer weiteren Problemdiskussion. Da die Subordinationsspanne das Ergebnis der Abteilungsbildung darstellt, können die Fragenkomplexe Abteilungsbildung und Abteilungsgröße nur geschlossen untersucht werden.

Für die Erörterung der Abteilungsbildung stehen zwei Modelle zur Verfügung (vgl. Punkt 114.), von denen in dieser Arbeit das Kombinationsmodell zur Anwendung gelangt. Hierfür ist die folgende Überlegung maßgeblich. Eine Abteilungsstrukturierung „von unten" her ergibt sich als logische Konsequenz, wenn die Aufgabenanalyse befürwortet wird[12]. Die Anwendung des Kombinationsmodells bietet den Vorteil, daß die Existenz der rangniedrigeren Stellen einer Abteilung vorausgesetzt werden kann und ihre Strukturierung nicht gesondert diskutiert zu werden braucht. Sofern der niedrigere Rang von Nicht-

---

[8] Vgl. z. B. *Bleicher,* K., Zentralisation und Dezentralisation von Aufgaben, a.a.O., S. 87 ff.; *Albers,* H. H., a.a.O., S. 87 ff.; *Janger,* A., a.a.O., S. 8 ff.; *Meyer,* E., a.a.O., S. 123 ff.

[9] Vgl. Punkt 123. dieser Arbeit.

[10] Für eine Abteilung mit fünf Mitarbeitern ergeben sich nach der Berechnungsmethode von *Graicunas* mindestens 41 Beziehungen. (Vgl. *Graicunas,* V. A., Relationship in Organization, a.a.O., S. 185.) *Mac Niece* weist darauf hin, daß dem Vorgesetzten nur wenig Zeit für die Wahrnahme anderer Aufgaben verbleibt, wenn für jede der 41 Beziehungen 1 Stunde wöchentlich aufgewendet werden muß. (Vgl. *Mac Niece,* E. H., Production Forecasting, Planning and Control, 3. Aufl., New York—London 1961, S. 278.)

[11] Auf den Faktor Zeit als Einflußgröße der Subordinationsspanne wird hingewiesen von *Allen,* L. A., a.a.O., S. 81; *Dale,* E., Planning and Developing the Company Organization Structure, a.a.O., S. 73; *Goossens,* F., Leitende Angestellte richtig führen, a.a.O., S. 59; *Haimann,* Th., a.a.O., S. 147; *Healey,* J. H., Executive Coordination and Control, Columbus/Ohio 1956, S. 27 f.; *Pfiffner,* J. M., a.a.O., S. 54; *Meyer,* E., a.a.O., S. 42; *Tittes,* T., Die Gruppenarbeit in betriebswirtschaftlicher und organisatorischer Sicht, Diss. München 1958, S. 140.

[12] Zur Aufgabenanalyse vgl. Punkt 112. Durch eine Stellenbildung im Anschluß an die Analyse mindert sich die Gefahr, daß Bestandteile der Betriebsaufgabe nicht oder doppelt zugeordnet werden.

Instanzen eingenommen wird, kann auf die Darstellung im Punkt 112. verwiesen werden. Handelt es sich dagegen um Instanzen, so werden zwar besondere Strukturierungsprobleme aufgeworfen. Diese Fragen wiederholen sich aber „auf höherer Ebene" bei der Bildung der Abteilungsleiterstelle. Auf eine gesonderte Erörterung kann daher verzichtet werden[13].

Die Instanz des Abteilungsleiters besitzt wie jede Stelle eine qualitative und eine quantitative Dimension. Diese Tatsache findet in der Fachliteratur zur Subordinationsspanne bislang nicht entsprechend Berücksichtigung[14]. Des öfteren beschränken sich Autoren auf die Enumeration von Bestimmungsfaktoren der Subordinationsspanne und überlassen die Interpretation der Auswirkungen und die Begründung dem Leser[15].

In der vorliegenden Arbeit wird eine eingehendere Analyse vorgenommen. U. E. hängt die Subordinationsspanne in entscheidendem Maße von der Antwort auf die Frage ab, *welche* Aufgaben dem Abteilungsleiter zugeordnet werden können. Deshalb müssen die Aufgabenarten differenziert untersucht werden. Ein globaler Hinweis auf die Kontroll- bzw. Führungsfunktion des Vorgesetzten ermöglicht keine brauchbaren Aussagen. Aus dem angeführten Grund wird das problemrelevante Spektrum möglicher Abteilungsleiteraufgaben untersucht (Punkt 22.). Außerdem werden Kriterien der qualitativen Dimension erörtert (Punkt 23.).

Nach Vornahme der qualitativen Stellenstrukturierung ist es noch nicht ohne weiteres möglich, die Größe der Subordinationsspanne anzugeben. Es muß zusätzlich geklärt werden, welche Aufgabenquanten vom Abteilungsleiter wahrgenommen werden können. Da die Aufgabenerfüllung im Zeitablauf erfolgt, sind zeitliche Aspekte zu berücksichtigen (Punkt 24.). Auf der Grundlage der quantitativen Dimension kann schließlich die Subordinationsspanne festgelegt werden. Ihre Größe wird durch einen Vergleich der zur Erfüllung der Abteilungsleiteraufgaben erforderlichen Zeitspanne mit der üblichen Arbeitszeit des Abteilungsleiters ermittelt.

---

[13] Es wird ausdrücklich betont, daß aus Gründen sprachlicher Vereinfachung bezüglich der untergeordneten Stelle nur von Stelle gesprochen werden soll. Es erfolgt also keine Differenzierung zwischen Instanz und Nicht-Instanz. Damit werden die Strukturunterschiede nicht übersehen. Das hohe Abstraktionsniveau der Arbeit ermöglicht es aber, auf die Unterscheidung zu verzichten.

[14] Die einzige bekannte Ausnahme stellt *Ulrich* dar. Vgl. *Ulrich*, H., Kontrollspanne und Instanzenaufbau, a.a.O., S. 276 ff.

[15] So z. B. bei folgender Formulierung: „Die Kontrollspanne hängt von der Art der Aufgaben ab, die von den Untergeordneten erfüllt werden."

In der vorliegenden Untersuchung wird das Problem der Abteilungsbildung und der Abteilungsgröße unter der Prämisse „funktionale Organisation“ diskutiert, die für alle abteilungszugehörigen Stellen gelten soll. Unter dieser Voraussetzung können bestimmte Fragen der Instanzenbildung erörtert werden (Punkt 232.), die bei personaler Organisation nicht auftreten. Die Untersuchungsergebnisse zum Problem der Subordinationsspanne lassen sich mit Hilfe eines Analogieschlusses auf die personale Organisation übertragen; die personale Organisation braucht daher nicht gesondert behandelt zu werden. Mit der Erörterung der funktionalen Organisation wird die Tatsache berücksichtigt, daß in der Praxis die Bildung von Instanzen häufig unter diesem Aspekt vorgenommen wird. Gleichwohl darf nicht übersehen werden, daß vor allem bei höheren Instanzen die personale Organisation zur Anwendung kommen kann.

Eine weitere Prämisse ist die statische Betrachtungsweise. Es werden die Auswirkungen von Veränderungen der Betriebsgröße (Wachstum, Schrumpfung) außer acht gelassen. Obwohl mit dieser Einschränkung ein wichtiger Problemaspekt der Subordinationsspanne unberücksichtigt bleibt, läßt sich die Annahme insofern rechtfertigen, als die zusätzliche Abhandlung dieser Fragen den Rahmen der Arbeit sprengen würde.

Die organisatorischen Fragen der Abteilungsgröße können nicht unabhängig von den verschiedenen Arten der Instanz bzw. von den Möglichkeiten der Stellenverknüpfung erörtert werden. Es soll jeweils von derjenigen Alternative ausgegangen werden, die im Hinblick auf die Abteilungsgröße die einfacher zu lösenden Probleme aufwirft. Daher müssen in Punkt 21. Prämissen gesetzt werden, die für den gesamten Punkt 2. Gültigkeit besitzen. In Punkt 3. werden die Annahmen aufgehoben; die daraus entstehenden Konsequenzen werden dargelegt.

2. Die Ermittlung der Subordinationsspanne im Rahmen des kombinatorischen Grundmodells der Abteilungsbildung

21. Modellprämissen

Zur Explikation der Abteilungsbildung in einem Grundmodell müssen zwei Prämissen gesetzt werden: Singularinstanz, Linienprinzip.

Der Begriff der Singularinstanz wurde bereits diskutiert[1]. Die Singularinstanz ist dadurch charakterisiert, daß sie von einem einzelnen Aufgabenträger wahrgenommen werden kann. Das Eignungspotential *einer* Person dient somit als Kriterium der qualitativen und der quantitativen Stellendimensionierung.

Das Linienprinzip, das von *Kosiol* als „Einliniensystem"[2] bezeichnet wird, stellt ein bestimmtes Organisationssystem dar[3]. Es ist dadurch gekennzeichnet, daß die eine nachgeordnete Stelle betreffenden Entscheidungsaufgaben nicht artmäßig geteilt und mehreren unmittelbar superordinierten Instanzen zugeordnet, sondern in einer einzigen Vollinstanz konzentriert werden. Damit wird jedoch nicht ausgeschlossen, daß Entscheidungsaufgaben entsprechend ihrem Bedeutungsgehalt Vollinstanzen unterschiedlicher Rangstufen zugewiesen werden; die Existenz eines hierarchisch mehrstufigen Betriebes wird also nicht verneint.

In dem hier erörterten Sinne ist auch eine Formulierung *Kosiols* zu interpretieren. Er betrachtet das Linienprinzip dann als verwirklicht, wenn „alle oder auch nur ein Teil der mit den Ausführungsaufgaben einer Stelle zusammenhängenden Entscheidungsaufgaben nur in einer einzigen übergeordneten Stellenaufgabe erscheinen, nicht jedoch auch anderen Instanzen Entscheidungsaufgaben in bezug auf die untergeordnete Stelle zugewiesen werden"[4]. Nicht berücksichtigt wird von

---

[1] Vgl. S. 15 dieser Arbeit.

[2] *Kosiol*, E., Organisation der Unternehmung, a.a.O., S. 110.

[3] Vgl. die Darstellung des Linienprinzips bei *Fischer*, G., Die Betriebsführung, Bd. 1, a.a.O., S. 81 f.; *Oetiker*, A. G., a.a.O., S. 14 ff.; *Gutenberg*, E., Unternehmensführung, a.a.O., S. 118 ff.; *Kosiol*, E., Organisation der Unternehmung, a.a.O., S. 110 f.; *Mellerowicz*, K., Betriebswirtschaftslehre der Industrie, 1. Bd., a.a.O., S. 302. Gegen die Erörterung des Prinzips bei M. *Lohmann* (Einführung in die Betriebswirtschaftslehre, a.a.O., S. 276) müssen starke Bedenken erhoben werden.

[4] *Kosiol*, E., Organisation der Unternehmung, a.a.O., S. 111.

Kosiol, daß — wie oben dargestellt — bei Existenz einer „Entscheidungshierarchie" im Aufgabenkomplex der untergeordneten Stelle ebenfalls Entscheidungsaufgaben vorhanden oder dominant sein können.

Als logische Konsequenz ergibt sich aus dieser organisatorischen Verbindung von Stellen, daß der Inhaber der Vollinstanz gegenüber den ihm unmittelbar nachgeordneten Aufgabenträgern Weisungskompetenz besitzt[5]. Diese Anordnungsbefugnis ist nicht nur fachlicher, sondern auch disziplinarischer Natur. Mit dem Linienprinzip ist der Grundsatz einheitlicher Auftragserteilung[6] realisiert[7].

Weitere Annahmen brauchen nicht gemacht zu werden, weil die Arbeit grundlegender Natur ist und sich auf einem hohen Abstraktionsniveau bewegt. Insbesondere können aus diesem Grunde Fragen, die durch die Betriebsgröße und die Branche hervorgerufen werden, unberücksichtigt bleiben. Desgleichen ist unbeachtlich, ob eine betriebliche Neu- oder eine unter funktionalen Aspekten vorgenommene Reorganisation vorliegt, da die *organisatorischen* Probleme sich nicht wesentlich unterscheiden. Im Fall der Reorganisation lassen sich lediglich die zu bewältigenden Aufgabenarten und -mengen leichter überblicken.

22. Das Spektrum möglicher Aufgaben des Abteilungsleiters

Die bisherige Literatur zur Subordinationsspanne hat in den Kriterien der Frequentierung abteilungsinterner Beziehungen einen brauchbaren Ansatz für die Themenbehandlung geboten. Er soll aufgegriffen, fortgeführt und vertieft werden. Unter diesem Aspekt muß die folgende Darstellung der Abteilungsleiteraufgaben gesehen werden. Da die Häufigkeit der Beziehungen von den Aufgaben der abteilungszugehörigen Personen, vor allem denen des Abteilungsleiters abhängig ist, werden mit diesem Punkt die Grundlagen für die quantitativen Erörterungen gewonnen.

Versuche zur allgemeinen Charakterisierung instanzieller Aufgaben wurden schon von mehreren Autoren unternommen[1]. Noch zahlreicher sind die Ansätze zur Aufgabendarstellung speziell der ranghöchsten

---

[5] Vgl. *Lehmann,* M., Leitungssysteme, in: HdO, a.a.O., Sp. 932.

[6] Vgl. *Fayol,* H., Allgemeine und industrielle Verwaltung, München und Berlin 1929, S. 21.

[7] Da mit der Verwirklichung des Linienprinzips neben den Vollinstanzen keine weiteren Instanzenarten existieren (z. B. Fachinstanzen), genügt es, in Punkt 2. die Stelle des Abteilungsleiters als Instanz (ohne nähere Kennzeichnung) anzusprechen.

[1] Vgl. dazu die Übersicht bei E. *Gaugler* (Instanzenbildung, a.a.O., S. 69) und seine Begriffsbestimmung (S. 76 ff.).

Instanz[2]. Wie *Wunderer* im Hinblick auf die von ihm untersuchten Verfasser kritisiert, wird häufig der „Eindruck einer *einfallsbestimmten Charakterisierung*“[3] erweckt, da die Aufgabenkataloge nicht selten „methodisch ungleichwertige Elemente“[4] aufweisen. Ergeben sich also bereits Schwierigkeiten, die Aufgaben einer Instanz inhaltlich zu umschreiben, so wiederholen sich diese Probleme bei der Definition der Führungshilfsstellen, auf die später eingegangen werden muß[5].

Die Schwierigkeiten können umgangen werden, indem die Aufgaben nach formalen Kriterien dargestellt werden. Da die Untersuchungsziele der von *Gaugler* und *Wunderer* erwähnten Verfasser von denen der vorliegenden Arbeit abweichen, ist diese methodische Entscheidung u. E. gerechtfertigt.

Zur Gliederung des Aufgabenbereichs einer Instanz unter formalen Aspekten soll der Handlungsablauf genetisch in einzelne Phasen aufgespalten werden[6]. Die (noch zu präzisierenden) Phasen „sind in *jeder* Aufgabe bereits als Zielsetzung enthalten“[7]. Phasenaufgaben sind daher von jedem Instanzeninhaber zu erfüllen, unabhängig davon, wie sein Aufgabenbereich inhaltlich abgegrenzt wird.

Neben die Phasenaufgaben, die auch Basisaufgaben genannt werden können, tritt unter bestimmten Voraussetzungen eine zweite Aufgabenkategorie. Werden zwei aufeinanderfolgende Phasenaufgaben verschiedenen Personen zugewiesen, so muß der Aufgabenträger der nachgeordneten Phase über die Aufgabenerfüllung in der vorgeordneten Phase unterrichtet werden. Das Ergebnis der Aufgabenerfüllung muß ihm daher in irgendeiner Form mitgeteilt werden. Verwendet man für diesen Vorgang den Begriff „Kommunikation“, so erhält man eine weitere Aufgabe. Da die Erfüllung dieser Aufgabe für die Wahrnahme der Basisaufgaben notwendig ist, besitzt sie keinen eigenständigen, sondern instrumentalen Charakter.

Im Hinblick auf die Frequentierung von Kontaktmöglichkeiten ist eine weitere Untergliederung der Abteilungsleiteraufgaben erforderlich. Diejenigen Aufgaben, die nur kooperativ erfüllbar sind, müssen von jenen getrennt werden, für die eine Zusammenarbeit mehrerer Stelleninhaber nicht notwendig ist. Die Aufgaben der ersten Kategorie

---

[2] Vgl. die von R. *Wunderer* (a.a.O., S. 224 ff.) vorgenommene Auswertung und die Tabelle bei E. *Gaugler* (Instanzenbildung, a.a.O., S. 68). *Wunderer* entwickelt eine eigene Definition (a.a.O., S. 191 ff.).

[3] *Wunderer*, R., a.a.O., S. 225.

[4] Ebenda, S. 228.

[5] Vgl. Punkt 3. dieser Arbeit.

[6] Vgl. *Kosiol*, E., Organisation der Unternehmung, a.a.O., S. 56. Er weist darauf hin, daß die Phasenfolge nicht primär zeitlich gedacht ist.

[7] Ebenda, S. 56 (Hervorhebung vom Verfasser).

werden als interpersonale Aufgaben bezeichnet, für die zweite Gruppe wird der Ausdruck intrapersonale Aufgaben verwendet[8].

221. Die Basisaufgaben bei genetischer Betrachtung des Handlungsablaufs

Die Gliederung der Aufgaben nach dem Phasenkriterium wurde u. W. von *Fayol* in die Literatur eingeführt[9]. Er differenziert zwischen Vorausplanung, Organisation, Anordnung, Zuordnung und Kontrolle[10]. Dieselbe Unterscheidung verwendet beispielsweise auch *Stratoudakis*. Er verweist darauf, daß diese Differenzierung heute „allgemeine Ansicht"[11] sei.

Gegen den Katalog kann eingewendet werden, daß er nicht sämtliche Phasen des Handlungsablaufs erfaßt; vermißt wird die Phase des Entscheidungsvollzugs. Möglicherweise liegt dies darin begründet, daß *Fayol* lediglich die Verwaltung näher umreißen, jedoch nicht den Handlungsablauf als solchen darstellen wollte. Ein weiterer Mangel der Einteilung besteht darin, daß Planung und Koordination nicht notwendigerweise getrennt sein müssen (die Gesamtplanung umfaßt auch die Koordination von Teilplänen).

Eine Berücksichtigung der Vollzugsphase findet sich bei *Kosiol*, der zwischen *„Planung, Realisation* (Verwirklichung) und *Kontrolle"*[12] differenziert. Die Planungsphase umschließt nach seiner Anschauung die Entscheidungsvorbereitung und die Entscheidung[13]. Im Hinblick auf die organisatorischen Zuordnungsmöglichkeiten von Aufgaben und wegen der unterschiedlichen Auslegung des Begriffs Planung[14] soll die Planungsphase in die genannten Komponenten unterteilt werden.

Damit erhält man folgende Phasengliederung, die der vorliegenden Untersuchung zugrunde gelegt wird[15]:

---

8 Diese Einteilung basiert auf einem Vorschlag von Herrn Dr. R. *Wunderer*. — E. *Kosiol* (Organisation der Unternehmung, a.a.O., S. 31) verwendet das Begriffspaar intrapersonal — interpersonal in bezug auf die Aufgabenteilung.

9 Vgl. *Fayol*, H., a.a.O.

10 Vgl. ebenda, S. 34. — E. S. L. *Goodwin* (Control: A Brief Excursion on the Meaning of a Word, in: Michigan Business Review, Ann Arbor 1960) weist nach, daß der *Fayol*sche Begriff „contrôler" zu Unrecht mit „control" übersetzt wurde (S. 16). Er erläutert, daß unter „contrôler" „kontrollieren" verstanden wird (S. 16), während dem Wort „control" in erster Linie die Bedeutung „steuern, lenken" beigelegt wird (S. 15). Als adäquaten Ausdruck für „contrôle" betrachtet er das Wort „surveillance" (S. 28).

11 *Stratoudakis*, P., Organisation der Unternehmensführung, Wiesbaden 1961, S. 55. — Ähnlich gliedert *Schlenzka*, P., Management, Führung und Ausführung, in: Der Betrieb, 5. Jg., 1952, S. 658.

12 *Kosiol*, E., Organisation der Unternehmung, a.a.O., S. 56. — Auch M. *Lohmann* (a.a.O., S. 278) nennt diese Einteilung.

13 Vgl. *Kosiol*, E., Organisation der Unternehmung, a.a.O., S. 58.

14 Vgl. dazu Punkt 22. Anm. 16 der Arbeit.

15 Diese Einteilung wird auch bereits anhand der Ausführungen auf S. 17 f. dieser Arbeit erkennbar.

Entscheidungsvorbereitung — Entscheidung — Realisation (Entscheidungsvollzug) — Vollzugskontrolle.

2211. Entscheidungsvorbereitung

Die Phase der Entscheidungsvorbereitung[16] kann verschieden tief untergliedert werden[17]. Im Hinblick auf die organisatorische Relevanz des entscheidungsvorbereitenden Prozesses erscheint eine Aufspaltung in folgende Tätigkeiten zweckmäßig und ausreichend:

— Erkennen eines Problems

— Analyse der Problemursachen

— Bestimmung von Lösungsmöglichkeiten

— Bildung einer Rangordnung der Alternativen.

---

[16] In der Literatur wird die Entscheidungsvorbereitung zum Teil mit Planung identifiziert. Vgl. dazu *Weber*, H., Die Spannweite des betriebswirtschaftlichen Planungsbegriffes, in: ZfbF, 16. Jg., 1964, S. 723; *ders.*, Die Planung in der Unternehmung, Berlin 1963, S. 34 ff.; *Wild*, J., Grundlagen und Probleme der betriebswirtschaftlichen Organisationslehre, Berlin 1966, S. 93; *Agthe*, K., Das Problem der unsicheren Erwartungen bei unternehmerischen Planungen und Entscheidungen, in: *Agthe*, K. / *Schnaufer*, E. (Hrsg.), Unternehmensplanung, Baden-Baden 1963, S. 83; *Albach*, H., Entscheidungsprozeß und Informationsfluß in der Unternehmensorganisation, in: *Schnaufer*, E. / *Agthe*, K. (Hrsg.), Organisation, a.a.O., S. 355; *Fischer*, G., Die Betriebsführung, Bd. 1, a.a.O., S. 127 f.; *ders.*, Politik der Betriebsführung, Stuttgart 1962, S. 25 f.; *ders.*, Methodik und Probleme der Betriebspolitik, in: Rechnungswesen und Betriebswirtschaftspolitik, Berlin 1969, S. 81; *Fischer* bezeichnet den Tatbestand als Planen. — Nach H. *Koch* (Betriebliche Planung, Wiesbaden 1961, S. 9) ist diese Betrachtungsweise „in der Betriebswirtschaftslehre weniger gebräuchlich". Er gibt der Version den Vorzug, die die Entscheidung einbezieht (a.a.O., S. 11); vgl. auch *ders.*, Planung, in: HdB, 3. Bd., 3. Aufl., Stuttgart 1960, Sp. 4341; Seine Ansicht vertreten auch *Kosiol*, E., Organisation der Unternehmung, a.a.O., S. 58; *ders.*, Die Unternehmung als wirtschaftliches Aktionszentrum, a.a.O., S. 187; *ders.*, Planung als Lenkungsinstrument der Unternehmungsleitung, in: ZfB, 35. Jg., 1965, S. 389 f.; *Grochla*, E., Planung, betriebliche, in: HdSW, 8. Bd., Stuttgart—Tübingen—Göttingen 1964, S. 314 f.; *Sandig*, C., Betriebswirtschaftspolitik, a.a.O., S. 10 f.; *Mellerowicz*, K., Allgemeine Betriebswirtschaftslehre, 4. Bd., 10. Aufl., Berlin 1959, S. 158 f.; *Berthel*, J., Informationen und Vorgänge ihrer Bearbeitung in der Unternehmung, Berlin 1967, S. 38; *Wacker*, J., a.a.O., S. 45; *Hax*, K., Planung und Organisation als Instrumente der Unternehmungsführung, in: ZfhF, 11. Jg., 1959, S. 606 ff.

[17] Vgl. die Literaturangaben bei *Heinen*, E., Das Zielsystem der Unternehmung, a.a.O., S. 20; *Witte*, E., Phasen-Theorem und Organisation komplexer Entscheidungsverläufe, in: ZfbF, 20. Jg., 1968, S. 626. — Wie *Witte* anhand einer umfangreichen empirischen Untersuchung nachweist, besitzt das Phasen-Theorem (soweit es als zeitliche Abfolge aufgefaßt wird) zumindest für novative, komplexe Entscheidungsprobleme keine Gültigkeit (vgl. *Witte*, E., Phasen-Theorem, a.a.O., besonders S. 632). Deshalb soll in dieser Abhandlung nicht von Phasen, sondern von Aktionen die Rede sein, wobei die zeitliche Folge ihrer Vornahme offengelassen wird. Vgl. zur Methode seiner empirischen Untersuchung *Witte*, E., Die Organisation komplexer Entscheidungsverläufe — ein Forschungsbericht, in: ZfbF, 20. Jg., 1968, S. 590 ff.

Eine Entscheidung ist als Entgegnung auf ein Problem aufzufassen. Sie hat infolgedessen die Existenz einer offenen Fragestellung zur Voraussetzung. Das bloße Vorhandensein einer Problemsituation vermag aber noch keinen Vorgang der Willensbildung zu initiieren. Erst bei Wahrnahme der Situation wird das Individuum zu einer Wahlhandlung stimuliert[18]. Informationen[19], die der Erkenntnis eines Entscheidungsproblems dienen und einen Entscheidungsprozeß auslösen, können als „Anregungs-“[20], „Impuls-“[21] oder „Initial-Informationen“[22] bezeichnet werden. Die mit der Entscheidungsvorbereitung betraute Person vermag diese Informationen einerseits durch Kommunikationen mit anderen Personen, andererseits durch eigenständige Ermittlungsakte zu erlangen.

Es lassen sich verschiedene Aktivitätsgrade einer Person bezüglich der Problemerkenntnis feststellen. Zunächst ist denkbar, daß sich die Tätigkeit des Aufgabenträgers auf die Entgegennahme einer Information beschränkt. Sein Verhalten ist als passiv zu bezeichnen. (Unbeachtlich ist, ob die Informationsentgegennahme auf Grund einer Verpflichtung oder freiwillig erfolgt.) Eine aktive Beteiligung des Individuums an der Erlangung von Anregungsinformationen ist in zwei Intensitätsstufen möglich. Eine schwache Beteiligungsintensität ist gegeben, wenn eine Kommunikation auf Veranlassung der mit der Entscheidungsvorbereitung betrauten Person zustandekommt. (Zumeist wird hierzu eine Verpflichtung vorliegen.) Die zweite Intensitätsstufe ist erreicht, wenn der Aufgabenträger bemüht ist, selbständig durch Erarbeitung von

---

18 Implizit vorausgesetzt wird hierbei ein Unbefriedigtsein über die Situation, verbunden mit der Erkenntnis, daß sie geändert werden müßte (Vorentscheidung).

19 Im Anschluß an W. *Wittmann* (Unternehmung und unvollkommene Information, Köln und Opladen 1959, S. 14) wird Information als „zweckorientiertes Wissen“ definiert. Der Terminus Wissen umfaßt im Gegensatz zum allgemeinen Sprachgebrauch nicht nur Beobachtungen und Erfahrungen, sondern auch zukünftige Ereignisse, für deren Eintritt eine bestimmte Wahrscheinlichkeit existiert. (Vgl. *Wittmann*, W., a.a.O., S. 14 f.; *Angermann*, A., Entscheidungsmodelle, Frankfurt 1963, S. 19.) Der Ausdruck Information dient daneben auch zur Bezeichnung einer Tätigkeit, der Wissensübermittlung. Vgl. z. B. *Kosiol*, E., Organisation der Unternehmung, a.a.O., S. 149; *Mertens*, P., Maßnahmen zur Verbesserung des Informationsstandes industrieller Betriebswirtschaften unter besonderer Berücksichtigung der organisatorischen Aspekte, Diss. Darmstadt 1961, S. 24 f.

20 *Heinen*, E., Das Zielsystem der Unternehmung, a.a.O., S. 21.

21 *Bleicher*, K., Zur Zentralisation und Dezentralisation des Entscheidungsprozesses in der Unternehmungsorganisation, in: *Grochla*, E. (Hrsg.), Organisation und Rechnungswesen, a.a.O., S. 132 (Zitierweise: Zur Zentralisation und Dezentralisation des Entscheidungsprozesses); *ders.*, Zentralisation und Dezentralisation von Aufgaben, a.a.O., S. 160.

22 *Billeter*, E. P., Der praktische Einsatz elektronischer Rechenautomaten, 2. Aufl., Wien 1964, S. 128.

Informationen die Problemsituation wahrzunehmen (z. B. durch Errechnung bestimmter Marktdaten). Welche der beiden Aktionsarten anzuwenden ist, bestimmt sich nach dem Sachverhalt.

Ein vollständiges Erkennen des gegebenen Problems ist zumeist erst mit Hilfe einer Analyse der Problemursachen möglich. Es ist zu untersuchen, welche Tatbestände die Problemexistenz hervorgerufen haben. Die Qualität und die Vollständigkeit der hierüber erzielten Informationen beeinflussen die Möglichkeiten, erste Ansatzpunkte zur Problemlösung zu umreißen.

Zweifelsohne sind Entscheidungssituationen — vor allem bei „Ja-Nein-Entscheidungen“[23] — existent, in denen mühelos eine dem gegebenen Ziel entsprechende Alternative zu erkennen ist. Die weitaus größere Zahl der Fälle ist jedoch dadurch gekennzeichnet, daß mehr als zwei Alternativen für eine Problemlösung vorliegen[24]. Um eine rationale[25] Wahl vornehmen zu können, bedarf es einer möglichst exakten Kenntnis der verschiedenen Alternativen.

Daher sind zwei Fragen zu beantworten:

— Welche Möglichkeiten existieren?

— Welche Konsequenzen rufen sie hervor?

Zunächst ist erforderlich, einen Katalog der zur Zielerreichung geeignet erscheinenden — sich gegenseitig ausschließenden — Alternativen[26] zu erstellen[27]. Ist das Feld der Möglichkeiten abgesteckt, so bedarf es der Überlegung, ob eine gefundene Alternative mit dem Ziel kompatibel ist (Ja-Nein-Entscheidung) bzw. welche Unterschiede zwischen gleichartigen Möglichkeiten existieren und welche Alternative im Hinblick auf das gesetzte Ziel als optimal betrachtet werden kann (Entweder-Oder-Entscheidung). Zu diesem Zweck müssen die Konsequenzen der Alternativen beschrieben werden[28].

---

[23] *Kosiol,* E., Modellanalyse als Grundlage unternehmerischer Entscheidungen, in: ZfhF, 13. Jg., 1961, S. 322.

[24] *Angermann* bezeichnet sie als „Entweder-Oder-Entscheidungen“. (*Angermann,* A., a.a.O., S. 117.)

[25] Im Sinne von zweckrational. Vgl. dazu *Gäfgen,* G., a.a.O., S. 31, der auch weitere Formen der Rationalität erörtert (a.a.O., S. 26 ff.).

[26] „Ein Entscheidungsproblem ist nur dann richtig gestellt, wenn jede Alternative alle anderen ausschließt.“ (*Engels,* W., Betriebswirtschaftliche Bewertungslehre im Licht der Entscheidungstheorie, Köln und Opladen 1962, S. 83.) Allerdings kann eine Alternative aus verschiedenen komplementären Teilalternativen bestehen.

[27] H. *Koch* (Betriebliche Planung, a.a.O., S. 80) bezeichnet dieses Vorgehen als „Prinzip der Kollektion“.

[28] Vgl. zu diesem Problemkreis vor allem *Gäfgen,* G., a.a.O., S. 105 ff.

Obgleich eine Alternative zumeist eine Reihe von Folgen hervorruft, ist es ein zulässiges Unterfangen, sich auf die Ermittlung und Formulierung der für die Entscheidungsperson relevanten Auswirkungen zu beschränken. „Aus der Vielzahl denkbarer Konsequenzen von Alternativen sind nur jene zu berücksichtigen, die sich aus den für ein bestimmtes Entscheidungsproblem bedeutsamen Entscheidungskriterien ergeben[29]." Als Entscheidungskriterien — die quantitativer oder qualitativer Natur sein können — finden einerseits die Zielsetzungen, andererseits der mit Hilfe von Nebenbedingungen in Ansatz gebrachte „Datenkranz"[30] Verwendung[31]. Als Datenkranz gilt die Gesamtheit derjenigen Größen, die durch das Entscheidungssubjekt nicht beeinflußbar sind, bei der Entscheidung aber Berücksichtigung finden müssen. Zulässig sind nur diejenigen Möglichkeiten, deren Konsequenzen innerhalb des durch die Daten abgesteckten Rahmens liegen; daher dient die Beachtung von Nebenbedingungen der Eliminierung unzulässiger Alternativen[32].

Inwieweit der Aufgabenträger in der Lage ist, die Alternativen zu erkennen und ihre Wirkungen zu prognostizieren, hängt vom „Informationsgrad"[33] ab. Der Informationsstand bestimmt den Sicherheitsgrad der Entscheidung.

Bei Vorliegen einer Ja-Nein-Entscheidung ist die zulässige Alternative festzustellen. Im Falle einer Entweder-Oder-Entscheidung hingegen müssen die Alternativen gemäß ihren Zielerreichungsgraden in eine transitive Rangreihe gebracht werden. Sofern die Konsequenzen der Handlungsmöglichkeiten lediglich in bezug auf ein einziges Kriterium beschrieben wurden, birgt die Aufstellung einer Rangordnung der Alternativen keine besonderen Probleme in sich. Schwierig ist die Situation, wenn mehrere Kriterien als relevant erkannt wurden. In diesem Fall ist die im Hinblick auf das formulierte Ziel vorteilhafteste Möglichkeit nur dann ohne weiteres feststellbar, wenn

a) die „Rangreihenprofile"[34] der Alternativen sich in eine Rangordnung bringen lassen, die keine Überschneidungen aufweist, oder

b) eine „lexikographische Ordnung"[35] gegeben ist. Diese Rangordnung ist dadurch gekennzeichnet, daß eine Reihenfolge festgelegt ist, in

---

[29] *Heinen*, E., Das Zielsystem der Unternehmung, a.a.O., S. 21.

[30] *Kosiol*, E., Organisation der Unternehmung, a.a.O., S. 103.

[31] Vgl. *Heinen*, E., Das Zielsystem der Unternehmung, a.a.O., S. 22.

[32] Vgl. hierzu auch *Grün*, O., Entscheidung, in: HdO, a.a.O., Sp. 477. — H. *Koch* (Betriebliche Planung, a.a.O., S. 81) spricht in diesem Zusammenhang von Selektion.

[33] *Wittmann*, W., Information, in: HdO, a.a.O., Sp. 702.

[34] Rangreihenprofile sind vor allem aus der Arbeitsbewertung bekannt.

[35] *Gäfgen*, G., a.a.O., S. 154.

der die einzelnen Kriterien Beachtung finden müssen. Läßt sich eine Alternative feststellen, die hinsichtlich des dominanten Kriteriums (das in der Reihenfolge an erster Stelle steht) einen höheren Wert aufweist als die anderen Handlungsmöglichkeiten, so ist die zu treffende Entscheidung fixiert. Liegen dagegen mehrere Alternativen vor, die bezüglich des dominanten Merkmals gleichwertig sind, so wird unter ihnen anhand des nächstwichtigen Kriteriums die zu realisierende Alternative bestimmt. Sofern mit Hilfe des zweiten Kriteriums ebenfalls noch keine Entscheidung herbeigeführt werden kann, wird der Auswahlprozeß fortgesetzt.

In Entscheidungssituationen, die von den beiden genannten abweichen, bedarf es zur Feststellung der vorteilhaftesten Alternative einer zusätzlichen Tätigkeit. Die verschiedenen Kriterien müssen „zu einem einzigen Maßstab zusammengefaßt, ‚amalgamiert', werden"[36]. Die Schwierigkeiten der Amalgamation werden durch die Zahl der zu berücksichtigenden Kriterien und besonders durch den Umfang der Widersprüchlichkeiten der Alternativen hinsichtlich einzelner Kriterien determiniert[37]. Als Möglichkeiten der Bildung einer Rangordnung der Alternativen kommen in Betracht: Subsumtion der Kriterien unter einem ranghöheren Kriterium, irgendeine Form des Kompromisses.

Die Entscheidung ist eindeutig, wenn sich nach der Amalgamation eine Handlungsmöglichkeit als am vorteilhaftesten erweist. Sofern gleichwertige Alternativen gefunden werden (und man die endgültige Entscheidung nicht dem Zufall überlassen will), bedarf es zur Ermittlung der zielgerechtesten Lösung einer Abänderung des geschlossenen Kompromisses oder der Berücksichtigung zusätzlicher Kriterien.

2212. Entscheidung

Die Entscheidungsaufgabe umfaßt primär ein Plazet zugunsten einer bestimmten Alternative. Unter diesem Gesichtspunkt kann auch von einem Entscheidungsakt gesprochen werden.

Weitere Aspekte der Entscheidungsphase sind in psychischer Hinsicht gegeben. Da die Entscheidung den Abschluß eines Prozesses der Willensbildung darstellt, muß der Entscheidende sich mit der getroffenen Wahl identifizieren, ihren Vollzug befürworten und die Verantwortung für den Vollzug zu tragen bereit sein[38].

---

[36] Ebd., S. 137.

[37] Vgl. ebd., S. 137 f.

[38] Vgl. *Wild*, J., Grundlagen und Probleme der betriebswirtschaftlichen Organisationslehre, a.a.O., S. 98.

Im Hinblick auf die Darlegungen zur Abteilungsgröße sollen verschiedene Entscheidungsarten erörtert werden. Auf die Unterteilung in Haupt- und Nebenentscheidungen wurde bereits in Punkt 111. eingegangen.

Eine weitere wichtige Einteilung in Entscheidungsarten knüpft an die instanzielle Kompetenz an. Der Instanzeninhaber kann befugt sein, Ziele, Mittel und Verfahren zu bestimmen. Mit Hilfe einer „Zielentscheidung“[39] oder „Zielsetzungsentscheidung“[40] wird „ein zu verwirklichender Zustand“[41] in seinen Dimensionen[42] Inhalt, Ausmaß und zeitlicher Bezug festgelegt.

Um den erwünschten Zustand zu erreichen, müssen zweckentsprechende Mittel zum geigneten Zeitpunkt eingesetzt werden; die Wahl zwischen möglichen Mitteln wird Mittel- oder Zielerreichungsentscheidung[43] genannt. Die Mittelentscheidung läßt sich auch unter dem Blickwinkel der Aufgaben als Entscheidung über die Aufgaben*stellung* betrachten. Da die Aufgabe eine Aufforderung darstellt, das gesetzte Ziel zu erreichen[44], wird bei einer Mittelwahl entschieden, *welche* Aufgabe erfüllt werden muß.

Bei einer Verfahrensentscheidung wird darüber befunden, in welcher Art und Weise die ausgewählten Mittel zur Erreichung eines Ziels verwendet werden müssen. Dieser Wahlakt ist identisch mit einer Entscheidung über die Aufgaben*erfüllung.*

Ein Instanzeninhaber ist grundsätzlich dazu berechtigt, über die Aufgabenerfüllung der eigenen Stelle sowie anderer betrieblicher Stellen zu bestimmen[45]. Des weiteren ist er für die Aufgabenstellung anderer Stellen und evtl. für die seines eigenen Bereiches zuständig[46]. Gleiches gilt für die Zielsetzung.

---

[39] *Heinen,* E., Das Zielsystem der Unternehmung, a.a.O., S. 18; vgl. auch *Gaugler,* E., Betriebswirtschaftspolitik, in: *Tautscher,* A. / *Pöschl,* A. E. (Hrsg)., Handbuch der österreichischen Wirtschaftspolitik, Wien 1961, S. 498.

[40] *Schmidt,* R. B., Die Delegation der Unternehmerleistung, in: ZfhF, 15. Jg., 1963, S. 67.

[41] *Pankoke,* W., a.a.O., S. 13.

[42] Vgl. *Heinen,* E., Das Zielsystem der Unternehmung, a.a.O., S. 59.

[43] Vgl. ebd., S. 19; *Schmidt,* R. B., a.a.O., S. 68.

[44] Vgl. *Pankoke,* W., a.a.O., S. 13; *Kosiol,* E., Organisation der Unternehmung, a.a.O., S. 100. — Die Qualität der Aufgabenerfüllung determiniert den Grad der Zielerreichung

[45] Die für die eigene Stelle wirksame Entscheidung über die Aufgabenerfüllung wird vom Arbeitskreis *Hax* der *Schmalenbach*-Gesellschaft (a.a.O., S. 687) wenig glücklich als „Ausführungsentscheidung“ bezeichnet. Zu beachten ist, daß diese „Ausführungsentscheidungen“ nur in Kombination mit den anderen Entscheidungsaufgaben den Instanzencharakter prägen. Ausführungsentscheidungen sind auch im Aufgabenkombinat von Ausführungsstellen enthalten, wie E. *Gaugler* (Instanzenbildung, a.a.O., S. 28) betont.

[46] Vgl. *Gaugler,* E., Instanzenbildung, a.a.O., S. 28.

Eine Gliederung in Entscheidungsarten läßt sich auch unter dem Aspekt vornehmen, ob sich die Konsequenzen der Entscheidung auf ein Ressort beschränken oder andere Unternehmensbereiche tangieren[47]. Die erste Gruppe von Entscheidungen kann als „Ressortentscheidungen (Bereichsentscheidungen)“[48] bezeichnet werden. Die zweite Kategorie wird von *Kosiol* nochmals unterteilt[49]. Entscheidungen, „die von vornherein das Ganze oder mehrere Bereiche der Unternehmung umfassen“[50], nennt er umgreifende Entscheidungen. Zu ihnen zählen stets die sogenannten „Ganzheitsentscheidungen“, die „sich ihrem Wesen nach auf die gesamte Unternehmung“[51] auswirken.

Als übergreifend werden Entscheidungen bezeichnet, deren Wirkungen primär auf einen einzelnen Bereich konzentriert sind, daneben aber auch andere Ressorts berühren.

Schließlich soll darauf hingewiesen werden, daß auch die Zahl der bei der Entscheidungsfindung beteiligten Personen als Einteilungskriterium herangezogen werden kann. Dies ermöglicht eine Gliederung in Individual-(Einzel-)entscheidung und Kollektiv-(Gruppen-)entscheidung[52].

2213. Realisation

Jede Entscheidung erfordert zu ihrem Vollzug ein entscheidungsadäquates Verhalten der entsprechenden Person. So ist beispielsweise ein zieladäquates Handeln gegeben, wenn ein zweckentsprechendes Mittel gewählt wird. Auf diese Weise wird die Zielentscheidung durch eine Mittelentscheidung konkretisiert. Eine derartige Form des Entscheidungsvollzugs wird in der vorliegenden Untersuchung nicht als Realisation anerkannt. Unter Entscheidungsvollzug ist eine durch Ziel-, Mittel- und Verfahrensentscheidung determinierte Handlungsweise zu verstehen. Dabei ist unbeachtlich, über welchen Ermessensspielraum der Vollziehende verfügt.

---

47 *Bleicher* spricht vom „Umfang“ bzw. von der „Breite“ der Entscheidung. (*Bleicher*, K., Zur Zentralisation und Dezentralisation des Entscheidungsprozesses, a.a.O., S. 140 bzw. S. 141.)

48 *Kosiol*, E., Organisation der Unternehmung, a.a.O., S. 121; vgl. auch *Gutenberg*, E., Unternehmensführung, a.a.O., S. 75 f.; *Bender*, K., a.a.O., S. 32.

49 Vgl. *Kosiol*, E., Organisation der Unternehmung, a.a.O., S. 121.

50 Ebd., S. 121.

51 *Kosiol*, E., Organisation der Unternehmung, a.a.O., S. 121. Von R. *Wunderer* (a.a.O., S. 191) wird diese Gruppe „Gesamtführungsentscheidungen“ genannt. K. *Bender* (a.a.O., S. 32) bezeichnet sie als „Gesamtbetriebs-Entscheidungen“.

52 Vgl. z. B. Arbeitskreis *Hax* der *Schmalenbach*-Gesellschaft, a.a.O., S. 711 ff.; *Heinen*, E., Das Zielsystem der Unternehmung, a.a.O., S. 25; *Bender*, K., a.a.O., S. 34.

Unter Berücksichtigung der beiden Formen von Nicht-Instanzen muß der Entscheidungsvollzug untergliedert werden. Es wurde festgestellt, daß Nicht-Instanzen von der Instanz her fremdbestimmt werden. Diese Determinierung geschieht in Form von Haupt- oder Nebenentscheidungen. Das Aufgabenkombinat der Nicht-Instanzen umfaßt primär den Entscheidungsvollzug. Aus dieser Sicht erweist es sich als notwendig, zwischen dem Vollzug von Hauptentscheidungen und der Realisation von Nebenentscheidungen zu differenzieren. Für die erste Form des Vollzugs soll die Bezeichnung Ausführung Verwendung finden.

2214. Vollzugskontrolle

Mit *Kosiol* wird unter Kontrolle „jede Art von Überwachung, Prüfung oder Revision“[53] verstanden[54].

Der Kontrollprozeß läßt sich in zwei Phasen gliedern[55]. Der erste Schritt besteht in der Ermittlung von Informationen über das „Ist“, das Seiende. Dazu bedarf es der Feststellung betrieblicher Zustände bzw. Vorgänge. Der Bestandsaufnahme folgt als zweite Stufe ein Vergleich des Seienden mit dem Sein-Sollenden; dem realisierten Ist wird das gewünschte Soll gegenübergestellt. Das Wesen der Kontrolle besteht somit in einem Soll-Ist-Vergleich[56].

---

[53] *Kosiol*, E., Organisation der Unternehmung, a.a.O., S. 56; vgl. auch *Szyperski*, N., Zur Problematik der quantitativen Terminologie in der Betriebswirtschaftslehre, Berlin 1962, S. 154.

[54] In der Literatur wird des öfteren die Kontrolle anhand unterschiedlicher Merkmale von der Revision getrennt. Bei G. *Danert* (Betriebskontrollen, Essen 1952, S. 14) und R. *Ronneberger* (Das innerbetriebliche Kontroll-System [Internal Control-System] als Organisations-Grundsatz, in: ZfO, 30. Jg., 1961, S. 19) findet die zeitliche Relation zwischen Ausführung und Kontrolle als Gliederungsmerkmal Verwendung. G. *Fischer* (Die Führung von Betrieben, a.a.O., S. 79); W. *Hasenack* (Zur Wesensproblematik der Betriebskontrolle, in: BFuP, 4. Jg., 1952, S. 348); A. *Isaac* (Revision und Wirtschaftsprüfung, Wiesbaden 1951, S. 8) und H. *Blohm* (Organisation, Information und Überwachung, Wiesbaden 1969, S. 166) benutzen die Frequenz der Überwachungstätigkeit als Entscheidungskriterium. E. *Zimmermann* (Theorie und Praxis der Prüfungen im Betriebe, Essen 1954, S. 19) stellt auf die Betriebszugehörigkeit des Prüfers ab. K. *Mellerowicz* (Betriebswirtschaftslehre der Industrie, 2. Bd., 3. Aufl., Freiburg 1958, S. 318) nimmt eine Einteilung nach der Stellung des Prüfers gegenüber dem Prüfungsbereich vor; in seinem Werk Unternehmenspolitik, Bd. I, a.a.O., S. 255 f. berücksichtigt er als weitere Kriterien die zeitliche Relation und die Frequenz.

[55] Die beiden Phasen werden von G. *Danert* (a.a.O., S. 14 f.) hervorgehoben.

[56] Diese Anschauung wird in der Literatur einhellig vertreten. Vgl. *Danert*, G., a.a.O., S. 14 f.; *Zimmermann*, E., a.a.O., S. 19; *Hasenack*, W., Zur Wesensproblematik der Betriebskontrolle, a.a.O., S. 339; *Scheuchzer*, R., Der Faktor Mensch in der Betriebswirtschaftslehre, Bern 1957, S. 190; *Pöhlmann*, G., Der Prozeß der Unternehmensführung, Berlin 1964, S. 110; *Fischer*, G., Die Führung von Betrieben, a.a.O., S. 79; *Blohm*, H., a.a.O., S. 166; *Koontz*, H. / *O'Donnell*, C., a.a.O., S. 545; *Baumberger*, H. U., Organisationsstruktur,

Aus dem Gesagten ergibt sich, daß eine Kontrollmöglichkeit nur unter zwei Voraussetzungen gegeben ist. Erstens müssen Normen existieren, denen das Ist gegenübergestellt werden kann[57]; zweitens müssen die Kontrollobjekte (qualitative, quantitative oder zeitliche Tatbestände) einem kardinalen oder zumindest ordinalen Messen zugänglich sein.

Die Kontrolle kann danach unterteilt werden, welche Stellung die Kontrollperson zum Kontrollobjekt einnimmt. Dieses Kriterium ermöglicht eine Einteilung in Selbstkontrolle und Fremdkontrolle[58]. Selbstkontrolle liegt vor, wenn der zu kontrollierende Vorgang bzw. Zustand vom Prüfer selbst bewirkt wurde; Fremdkontrolle ist gegeben, wenn dies nicht der Fall ist. Als fremdkontrollierende Personen kommen in einem nach dem Linienprinzip organisierten Betrieb der unmittelbar übergeordnete Abteilungsleiter und/oder der (die) mittelbare(n) Vorgesetzte(n) in Betracht[59].

Eine Gliederung nach dem Kontrollobjekt läßt die beiden Kategorien Verfahrenskontrolle und Ergebniskontrolle entstehen[60]. Mit Hilfe der Verfahrenskontrolle werden betriebliche Vorgänge überprüft; die Methode der Aufgabenerfüllung wird einer Kontrolle unterzogen[61]. Ver-

---

a.a.O., S. 92 und S. 93; *Bierfelder,* W. H., Ansätze zu einer Typologie der unternehmerischen Entscheidungen, a.a.O., S. 525; *Szyperski,* N., a.a.O., S. 153; *Stratoudakis,* P., Organisation der Unternehmensführung, a.a.O., S. 70; *Mellerowicz,* K., Unternehmenspolitik, Bd. I, a.a.O., S. 254; *Maddock,* J., Control, in: *Brech,* E. F. L. (Hrsg.), The Principles and Practice of Management, a.a.O., S. 547; *Newman,* W. H. / *Logan,* J. P., Business Policies and Central Management, 5. Aufl., Cincinnati/Ohio 1965, S. 663.

57 Zu den Arten der Normen vgl. *Fischer,* G., Die Führung von Betrieben, a.a.O., S. 80; *Hasenack,* W., Zur Wesensproblematik der Betriebskontrolle, a.a.O., S. 340.

58 Vgl. *Fischer,* G., Die Führung von Betrieben, a.a.O., S. 80; *Danert,* G., Betriebskontrollen, a.a.O., S. 16 ff.

59 Von *Danert* und *Fischer* wird — von Kontrollstäben abgesehen — nur der obersten Linieninstanz ein Recht zur Fremdkontrolle zugestanden. Es wird also unbeachtet gelassen, daß bei mehrstufiger Betriebsführung auch die Zwischenvorgesetzten Fremdkontrolle ausüben. (Vgl. *Danert,* G., Betriebskontrollen, a.a.O., S. 19; *Fischer,* G., Die Führung von Betrieben, a.a.O., S. 80.)

60 E. *Frese* (Kontrolle, Organisation der, in: HdO, a.a.O., Sp. 874) nennt die beiden Kontrollarten ergebnisorientierte und verfahrensorientierte Kontrolle.

61 Die Verfahrenskontrolle deckt sich in etwa mit der Dienstaufsicht, wie sie *Höhn* anführt. Beide Prüfungen erstrecken sich auf die zur Aufgabenerfüllung verwendete Methode. Die Dienstaufsicht wird darüber hinaus dadurch charakterisiert, daß sie stichprobenmäßig auf eine Reihe gleichartiger Vorfälle angewandt wird. Zur Dienstaufsicht vgl. *Höhn,* R., Menschenführung im Handel, Bad Harzburg 1964, S. 49 f.; *ders.,* Die Dienstaufsicht und ihre Technik, Bad Harzburg 1967, S. 41 ff. — Einen anderen Sinngehalt besitzen dagegen die von K. *Mellerowicz* (Unternehmenspolitik, Bd. I, a.a.O., S. 259 und S. 261) erwähnte Ausführungskontrolle sowie die

fahrenskontrollen sind stets dann anzuwenden, wenn die Verwirklichung von Verfahrensentscheidungen überwacht werden soll.

Gegenstand der Ergebniskontrolle ist der auf Grund eines teilweisen oder vollständigen Entscheidungsvollzugs erreichte Zustand; die zur Herbeiführung des Teil- oder Endergebnisses angewandte Methode wird im Kontrollprozeß nicht analysiert. Die Ergebniskontrolle kann sowohl unmittelbar am Objekt der Aufgabenerfüllung (typisches Beispiel: Qualitätskontrolle) als auch mittelbar anhand des zahlenmäßigen Niederschlags der betrieblichen Tätigkeit vorgenommen werden[62, 63]. Ergebniskontrollen sind demzufolge dann angebracht, wenn Informationen über die Erreichung des durch Ziel- oder Mittelentscheidungen determinierten Soll-Zustands gewünscht sind.

Es wurde dargestellt, daß der Soll-Ist-Vergleich das Wesen der Kontrolle ausmacht. Der Kontrollprozeß könnte daher mit der Gegenüberstellung von Seiendem und Sein-Sollendem als abgeschlossen gelten. Ergeben sich jedoch zwischen Soll und Ist artmäßige Diskrepanzen und/oder treten bestimmte ordinal bzw. kardinal meßbare Abweichungen in positiver oder negativer Richtung auf, so wird sich der Kontrollierende zumeist nicht mit deren Feststellung begnügen. Vielmehr wird er um weitere Informationen bemüht sein, um eine Analyse der Abweichungsursachen vornehmen zu können. Dazu ist stets ein Studium des angewandten Verfahrens erforderlich. Eine Abweichungsanalyse bietet sich von selbst an, wenn die Aufgabe noch nicht vollständig erfüllt ist und der Abweichung möglicherweise entgegengewirkt werden kann. Desgleichen ist eine Abweichungsanalyse auch nach Erreichen des Endergebnisses sinnvoll, wenn es sich um Daueraufgaben handelt. Es besteht dann die Möglichkeit, bei Aufgabenwiederholung das Augenmerk auf bestimmte Abweichungsursachen zu richten. In abgeschwächter Form gilt dies auch für Aufgaben, deren Wiederholung mit einer gewissen Wahrscheinlichkeit voraussehbar ist.

---

von P. *Riebel* (Die Gestaltung der Kostenrechnung für Zwecke der Betriebskontrolle und Betriebsdisposition, in: ZfB, 26. Jg., 1956, S. 278) behandelte Durchführungskontrolle.

[62] Zur Unmittelbarkeit bzw. Mittelbarkeit der Kontrolle im hier verstandenen Sinne vgl. *Danert*, G., a.a.O., S. 22; *Fischer*, G., Die Führung von Betrieben, a.a.O., S. 80; *Pöhlmann*, G., a.a.O., S. 112. — Dagegen wird von R. *Scheuchzer*, a.a.O., S. 191 f. und S. 194 ff. der unmittelbaren Kontrolle eine andere Bedeutung zugemessen.

[63] Die Erfolgskontrolle in der Betrachtungsweise von *Höhn* stellt eine spezielle, durch den Führungsstil geprägte Form der Ergebniskontrolle dar. Vgl. *Höhn*, R., Menschenführung im Handel, a.a.O., S. 50 f.; *ders.*, Führungsbrevier der Wirtschaft, 2. Aufl., Bad Harzburg 1967, S. 110 ff.; *ders.*, Die Dienstaufsicht und ihre Technik, a.a.O., S. 46 ff.

Abweichungen zwischen Soll und Ist initiieren „Anpassungsentscheidungen“[64], die sich entweder auf die gegenwärtige Aufgabenerfüllung (sofern die Aufgabe erst teilweise erledigt ist) oder auf künftige Aufgabenerfüllungen auswirken. Sofern sich die Abweichungsursachen der Beeinflussung durch den Betrieb entziehen, konzentrieren sich die Anpassungsentscheidungen auf das im ursprünglichen Entschluß postulierte Soll. Sind die Abweichungsursachen dagegen durch den Betrieb beeinflußbar, so werden die Bemühungen darauf gerichtet sein, durch deren Beseitigung bzw. künftige Vermeidung das Ist dem Soll anzunähern[65].

Die Kontrolle bildet im genetischen Zusammenhang der Aufgaben die letzte Phase. Im Betriebsprozeß stellt sie nur dann die letzte Tätigkeit dar, wenn sie der Überprüfung des Endergebnisses dient, das durch den Vollzug einer einmaligen Entscheidung erreicht wurde. Demgegenüber müssen Kontrollen von Zwischenergebnissen sowie Kontrollen im Rahmen von Entscheidungssequenzen als Bindeglieder für nachfolgende Entscheidungen beurteilt werden[66]. In diesen Fällen bilden die drei Phasen Entscheidung (einschließlich Vorbereitung), Vollzug und Kontrolle einen Regelkreis und gestatten, den Betrieb als kybernetisches System aufzufassen[67] (vgl. Abb. 9).

Abbildung 9

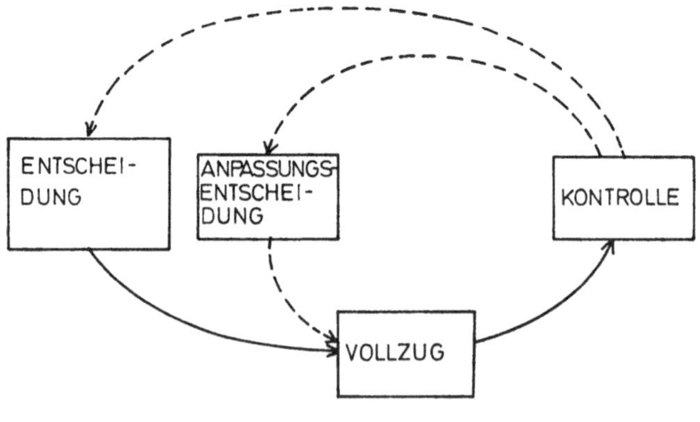

[64] Arbeitskreis *Hax* der *Schmalenbach*-Gesellschaft, a.a.O., S. 706 und besonders S. 709 f.

[65] Vgl. auch *Hasenack*, W., Zur Wesensproblematik der Betriebskontrolle, a.a.O., S. 340 f. sowie *Gutenberg*, E., Unternehmensführung, a.a.O., S. 133.

[66] Vgl. auch *Nordsieck*, F., Rationalisierung der Betriebsorganisation, a.a.O., S. 37; *Scheuchzer*, R., a.a.O., S. 191; *Baumberger*, H. U., Organisationsstruktur, a.a.O., S. 92.

[67] Die kybernetische Betrachtungsweise des Betriebes hat in den letzten Jahren stark an Bedeutung gewonnen. Vgl. zu diesem Problemkreis u. a.

222. Die Kommunikation als instrumentale Aufgabe

2221. Begriff und Wesen der Kommunikation

Die Annahme, daß eine Betriebsperson a priori über sämtliche zur Aufgabenerfüllung notwendigen Informationen verfügt und — evtl. auf Grund eines Lernprozesses — sich stets richtig zu verhalten vermag, ist für die Konstruktion bestimmter betriebswirtschaftlicher Basismodelle eine geeignete Arbeitshypothese.

Die betriebliche Wirklichkeit ist jedoch durch unvollkommene Information und Dynamik der Umwelt gekennzeichnet. Daher ist in vielen Fällen die Verbesserung des Informationsstandes eine unabdingbare Voraussetzung für ein möglichst zweckentsprechendes Handeln. Informationen müssen entweder durch die Betriebspersonen erarbeitet werden oder — sofern sie bereits existent sind — vom Ort der Verfügbarkeit beschafft werden. Beide Vorgänge werden von *Kramer* und *Baumüller* unter dem Begriff Kommunikation subsumiert[68].

Eine zweite Autorengruppe vertritt die Ansicht, daß nur der Übertragungsprozeß als Kommunikation betrachtet werden kann[69]. Trotz dieser grundsätzlichen Übereinstimmung divergieren die Definitionen in zwei Punkten. Diskrepanzen sind zunächst hinsichtlich des Kommunikationsobjekts vorhanden. Nach *Coenenberg*[70] umfaßt der Kommunikationsbegriff sowohl die Übertragung zweckorientierten Wissens als auch die Übermittlung nicht zweckgebundener Wissenskomplexe. Von anderen Verfassern wird lediglich das zweckorientierte Wissen als Kommunikationsobjekt anerkannt[71]. Weiterhin wird eine Differenzierung zwischen Anordnungen und Informationen vorgenommen. Gegenstand der Kommunikation ist nach Ansicht der betreffenden Autoren die Information[72], die jedoch nicht in dem hier vorgetragenen Sinne,

---

Koreimann, D., Kybernetische Grundlagen der Betriebswirtschaft, in: BFuP, 17. Jg., 1965, S. 626 ff.; *Nürck*, R., Unternehmensführung — ein Regelungsproblem, in: BFuP, 12. Jg., 1960, S. 230 ff.; *ders.*, Funktions- und strukturbedingte Regelungsmaßnahmen der Unternehmung, in: ZfB, 30. Jg., 1960, S. 744 ff.; *Flik*, H., Kybernetische Ansätze zur Organisation des Führungsprozesses der Unternehmung, Berlin 1969; *Mirow*, H. M., Kybernetik, Grundlage einer allgemeinen Theorie der Organisation, Wiesbaden 1969.

[68] Vgl. *Kramer*, R., Information und Kommunikation, Berlin 1965, S. 35; *Baumüller*, K., a.a.O., S. 61.

[69] Bei E. *Kosiol* (Organisation der Unternehmung, a.a.O., S. 147 f. und S. 178) erstreckt sich der Begriff nicht nur auf die Wissensübermittlung, sondern auch auf den Transport körperlicher Gegenstände.

[70] Vgl. *Coenenberg*, A. G., Die Kommunikation in der Unternehmung, Wiesbaden 1966, S. 34 ff.

[71] Vgl. *Berthel*, J., Informationen und Vorgänge ihrer Bearbeitung in der Unternehmung, a.a.O., S. 31; *Wild*, J., Grundlagen und Probleme der betriebswirtschaftlichen Organisationslehre, a.a.O., S. 99.

[72] Vgl. *Albach*, H., Organisation, betriebliche, in: HdSW, 8. Bd., Stuttgart—

sondern lediglich als Wissen (ohne Zweckorientierung) definiert wird[73]. Schließlich ist auf Autoren hinzuweisen, die ebenfalls die Information als Kommunikationsobjekt betrachten, ohne den Informationsbegriff näher zu erläutern[74].

In den bisher angeführten Literaturmeinungen wird die Frage der Kommunikationspartner nicht erörtert. *Albach* und *Holzinger* hingegen klammern die Kommunikation zwischen betriebsinternen und betriebsexternen Personen aus ihren Betrachtungen aus. Der Kommunikationsbegriff wird auf die innerbetriebliche Informationsweitergabe eingeengt[75].

Eine den Zielen der vorliegenden Untersuchung entsprechende Bestimmung des Kommunikationsbegriffs kann aus dem voranstehenden Definitionenkatalog übernommen werden. Maßgebender Gesichtspunkt bei der Wahl ist die Überlegung, daß die Übertragung zweckorientierten Wissens[76] wegen der Bedeutung für die Aufgabenerfüllung zumeist institutionalisiert werden muß. Demgegenüber steht die Übermittlung anderer Wissenskomplexe außerhalb des *organisatorischen* Interesses.

Für eine Einbeziehung der Befehlsübermittlung und des Wissensaustauschs zwischen Betrieb und Umwelt in den Kommunikationsbegriff sprechen folgende Gründe. Der Betriebszweck kann ohne kommunikative Verbindung von Betrieb und Außenwelt nicht erreicht werden. Weiterhin sind Stelleninhaber auf Grund der betrieblichen Ziel- und Aufgabenhierarchie häufig erst nach Weisungsempfang zur Aufgabenerfüllung befähigt. Daher wird die betriebliche Kommunikation als Übermittlung von Informationen innerhalb des Betriebs (Übertra-

---

Tübingen—Göttingen 1964, S. 113; *Wardenberg*, J., Trennung und Identität von Kompetenz und Kommunikationssystem im Rahmen der Unternehmensorganisation, in: ZfB, 33. Jg., 1963, S. 122; *Stratoudakis*, P., Das Kommunikationssystem als organisatorisches Problem, in: ZfB, 32. Jg., 1962, S. 212 (*Stratoudakis* widerspricht sich jedoch selbst, S. 209).

[73] Vgl. *Albach*, H., Organisation, betriebliche, a.a.O., S. 113; *Wardenberg*, J., a.a.O., S. 123; *Stratoudakis*, P., Das Kommunikationssystem als organisatorisches Problem, a.a.O., S. 205.

[74] Vgl. *Pietzsch*, J., Die Information in der industriellen Unternehmung, Köln und Opladen 1964, S. 13; *Bössmann*, E., Die ökonomische Analyse von Kommunikationsbeziehungen in Organisationen, Berlin—Heidelberg—New York 1967, S. 54; *Grün*, O., Informale Erscheinungen in der Betriebsorganisation, a.a.O., S. 88.

[75] Vgl. *Albach*, H., Entscheidungsprozeß und Informationsfluß in der Unternehmensorganisation, a.a.O., S. 377. Der Informationsbegriff wird in diesem Aufsatz als Wissen definiert. — Vgl. auch *Holzinger*, D., Die organisatorischen Verbindungswege und Probleme ihrer allgemeinen und gegenseitigen Abhängigkeiten in kaufmännischen Unternehmungen, Berlin 1962, S. 16.

[76] Die Zweckorientiertheit muß zum *Übertragungszeitpunkt* als gegeben erachtet werden. Es ist daher irrelevant, ob sich Wissenskomplexe zu einem späteren Zeitpunkt als unbrauchbar erweisen.

gung von „Eigen-Eigen-Informationen"[77]) oder zwischen Betrieb und Außenwelt (Übermittlung von „Fremd-Eigen-Informationen" bzw. „Eigen-Fremd-Informationen"[77]) definiert.

Die Kommunikation ist grundsätzlich durch drei Elemente charakterisiert[78]: Sender, Kommunikationsweg und Empfänger.

Aus den Darlegungen über den Aufgabenträger ergibt sich zwingend, daß nur Menschen als Sender bzw. Empfänger in Betracht kommen. Damit wird die in der Literatur teilweise vertretene Ansicht[79] einer Kommunikation zwischen Mensch und Maschine nicht geteilt. Sender und Empfänger (auf beiden Seiten sind auch Personenmehrheiten denkbar) sind durch den Kommunikationsweg verbunden[80], der in Anlehnung an *Kramer* als die nicht notwendigerweise sichtbare, organisatorisch regelbare Möglichkeit zur Informationsübertragung definiert werden soll[81].

Der Kommunikationsprozeß vollzieht sich in den drei Phasen der Informationsabgabe, des Nachrichtentransports[82] und der Informationsaufnahme.

---

[77] *Niederberger*, A. R. V., Das betriebliche Informationssystem, Wiesbaden 1967, S. 37.

[78] Vgl. z. B. *Albach*, H., Organisation, betriebliche, a.a.O., S. 113; *ders.*, Entscheidungsprozeß und Informationsfluß in der Unternehmensorganisation, a.a.O., S. 378 f.

[79] Vgl. *Albach*, H., Entscheidungsprozeß und Informationsfluß in der Unternehmensorganisation, a.a.O., S. 379; *Kosiol*, E., Die Unternehmung als wirtschaftliches Aktionszentrum, a.a.O., S. 185; *Berthel*, J., Informationen und Vorgänge ihrer Bearbeitung in der Unternehmung, a.a.O., S. 29. — Technische Hilfsmittel können nur die Funktion von Zwischenspeichern übernehmen.

[80] An Stelle des Ausdrucks Kommunikationsweg werden in der Literatur auch andere Bezeichnungen verwendet, so zum Beispiel „Nachrichtenübermittlungsweg" (*Schnutenhaus*, O. R., Allgemeine Organisationslehre, a.a.O., S. 153), „Verkehrsweg" (*Ulrich*, H., Organisatorische Aspekte der innerbetrieblichen Information, in: *Ackermann*, A. / *Feurer*, W. / *Ulrich*, H., Innerbetriebliche Information als Führungsaufgabe, Bern 1959, S. 43; *Acker*, H., die organisatorische Stellengliederung im Betrieb, a.a.O., S. 107 und passim; *Altfelder*, K., a.a.O., S. 51 und passim; Arbeitskreis Dr. *Krähe* der *Schmalenbach*-Gesellschaft, Unternehmungsorganisation, a.a.O., S. 22), „Verbindungsweg" (*Holzinger*, D., a.a.O., S. 14 ff.).

[81] Vgl. *Kramer*, R., Information und Kommunikation, a.a.O., S. 114.

[82] *Berthel* weist zu Recht darauf hin, daß nicht Informationen, sondern Nachrichten befördert werden. (Vgl. *Berthel*, J., Informationen und Vorgänge ihrer Bearbeitung in der Unternehmung, a.a.O., S. 31).

Der Prozeß der Informationsabgabe durch den Sender umschließt zwei Teilphasen:

a) die Entscheidung zugunsten einer bestimmten Kommunikationsform und — sofern bestimmte Freiheitsgrade existieren — die Wahl eines Kommunikationsmittels;

b) die Transformation des zweckbezogenen Wissens[83] in eine übertragungsform-adäquate und für den Empfänger verständliche Nachricht und ihre Eingabe in den Kommunikationsweg.

Zu a):

Unter Kommunikationsform soll die Art und Weise der Nachrichtenübermittlung verstanden werden. Dem Menschen stehen drei Kommunikationsformen zur Verfügung[84]: mündliche, schriftliche und demonstrierende Kommunikation. Der Begriff Kommunikationsmittel wird als das bei der Informationsübermittlung Verwendung findende Transportmittel interpretiert. Er umfaßt sowohl technische Einrichtungen (Telefon, Lautsprecheranlage, Fernschreiber, Rohrpostanlage, Förderband etc.)[85] als auch zum Transport der Nachricht eingesetzte Personen (Boten).

Zu b):

Der Sender hat darauf zu achten, daß seine Nachricht vom Empfänger verstanden wird. Es muß daher eine ausdrückliche oder stillschweigende Konvention über Syntax und Semantik der Nachricht zwischen den beiden Kommunikationspartnern existieren. Die Konvention kann für einen größeren Personenkreis Gültigkeit besitzen (z. B. natürliche Sprachen) oder speziell zwischen Sender und Empfänger getroffen worden sein[86].

---

[83] In der Literatur wird dieser Vorgang als Objektivierung des Wissens bezeichnet. Vgl. *Berthel*, J., Informationen und Vorgänge ihrer Bearbeitung in der Unternehmung, a.a.O., S. 29; *Coenenberg*, A. G., a.a.O., S. 54.

[84] Vgl. dazu *Altfelder*, K., a.a.O., S. 63; *Acker*, H., Die organisatorische Stellengliederung im Betrieb, a.a.O., S. 113 ff.; *Schnutenhaus*, O. R., Allgemeine Organisationslehre, a.a.O., S. 153.

[85] Einen Überblick über die technischen Kommunikationsmittel findet man bei *Meller*, F., Kommunikationsmittel, in: HdO, a.a.O., Sp. 838.

[86] Eine speziell zwischen Sender und Empfänger getroffene Übereinkunft liegt stets bei Codierung (Verschlüsselung) vor. In der Literatur wird der Begriff der Codierung allerdings mit verschiedenen Inhalten belegt. Während einzelne Autoren unter Codierung die Übertragung der Nachricht in eine Kurzsprache verstehen, interpretieren andere Verfasser Codierung als Zuordnung von Signalen zu Gegenständen bzw. Sachverhalten. Vgl. zur ersten Anschauung, die auch hier vertreten wird, z. B. *Kramer*, R., Information und Kommunikation, a.a.O., S. 54; *Albach*, H., Entscheidungsprozeß und Informationsfluß in der Unternehmensorganisation, a.a.O., S. 386.

Die zweite Ansicht wird vertreten von *Berthel*, J., Informationen und

Die Informationsaufnahme stellt das Pendant zur Informationsabgabe dar. Sie wird durch folgende Phasen gekennzeichnet:

a) Entnahme der Nachricht aus dem Kommunikationsweg;

b) Rückwandlung der Nachricht in eine Information.

Auf dem Kommunikationsweg muß die Distanz zwischen Sender und Empfänger durch Weiterleitung der Nachricht überwunden werden. Die Distanzüberbrückung erfolgt *unmittelbar*[87], wenn zum Nachrichtentransport keine Kommunikationsmittel erforderlich sind (z. B. mündliche Kommunikation). In diesem Fall wird die Nachricht direkt an den „Kommunikationskanal"[88] abgegeben. Sofern dagegen zum Nachrichtentransport der Einsatz irgendwelcher Kommunikationsmittel erforderlich ist, kann man von *mittelbarer Kommunikation*[89] sprechen.

Als Kommunikationssystem (Kommunikationsnetz) eines Betriebes wird die Gesamtheit der Kommunikationswege definiert[90]. Unter Heranziehung des Begriffspaares formal-informal[91] läßt es sich in zwei Teile gliedern. Das formale Kommunikationssystem umfaßt sämtliche auf expliziten Vorschriften basierende Übertragungswege[92]. Demgegenüber umschließt das informale Kommunikationssystem diejenigen Kommunikationswege, deren Existenz nicht auf organisatorische Tätigkeit zurückzuführen ist[93]. Informale Kommunikationswege bewirken eine Überlagerung und/oder Abänderung des formalen Kommunikationssystems.

In der Literatur ist es üblich, zwischen freiem und gebundenem Kommunikationssystem zu unterscheiden[94]. Das freie Kommunikationssystem ist dadurch gekennzeichnet, daß jeder Stelleninhaber jedem

Vorgänge ihrer Bearbeitung in der Unternehmung, a.a.O., S. 44; *Coenenberg*, A. G., a.a.O., S. 54; *Koreimann*, D., Zum Informationsbegriff und seine Beziehung zur Betriebswirtschaft, in: Neue Betriebswirtschaft, 16. Jg., 1963, S. 50.

87 Vgl. dazu auch *Altfelder*, K., a.a.O., S. 63; *Schweiker*, K. F., Grundlagen einer Theorie betrieblicher Datenverarbeitung, Wiesbaden 1966, S. 144 f.

88 „Der Kommunikationskanal ist das Medium, das der Übertragung der Signale vom Sender zum Empfänger dient." (*Coenenberg*, A. G., a.a.O., S. 41.)

89 Vgl. dazu *Schweiker*, K. F., a.a.O., S. 145; *Altfelder*, K., a.a.O., S. 63. *Altfelder* berücksichtigt bei der mittelbaren Kommunikation nur technische Apparaturen als Kommunikationsmittel.

90 Vgl. auch *Albach*, H., Organisation, betriebliche, a.a.O., S. 113; *Coenenberg*, A. G., a.a.O., S. 19.

91 Vgl. dazu *Fischer*, G., Die Führung von Betrieben, a.a.O., S. 21.

92 Vgl. *Simon*, H. A., Administrative Behavior, New York—London 1965, S. 157.

93 Vgl. hierzu auch *Kramer*, R., Informationswege, in: HdO, a.a.O., Sp. 715. — Die von A. G. *Coenenberg* (a.a.O., S. 137 f.) vertretene Meinung weicht von der hier vorgetragenen Auffassung ab.

94 Vgl. *Albach*, H., Organisation, betriebliche, a.a.O., S. 113; *ders.*, Ent-

anderen Aufgabenträger Informationen beliebiger Art übermitteln darf[95]. Ein gebundenes Kommunikationssystem liegt vor, wenn die theoretisch mögliche Zahl der betrieblichen Kommunikationswege in irgendeiner Weise begrenzt wird[96].

Beschränkungen können sich beziehen auf[97]:

a) den Kommunikationspartner;
b) den Kommunikationsinhalt;
c) die Informationsflußrichtung[98];
d) das Kommunikationsmittel und die Kommunikationsform;
e) die anzuwendende Sprache;
f) den Kommunikationszeitpunkt.

2222. *Arten von Kommunikationswegen*

Kommunikationswege lassen sich nach unterschiedlichen Gesichtspunkten gruppieren[99]. Im Hinblick auf die Abteilungsstrukturierung ist das Kriterium Kommunikationsrichtung von besonderer Bedeutung.

Es kann in die beiden Teilkriterien „Informationsflußrichtung" und „Rangstufe der am Kommunikationsprozeß beteiligten Betriebspersonen" gegliedert werden.

Die Informationsflußrichtung läßt die beiden anhand des folgenden Beispiels verdeutlichten Arten von Kommunikationswegen entstehen. Zwei Kommunikationspartner (*A* und *B*) seien durch einen Kommunikationsweg miteinander verbunden. Übernimmt *A* die Funktion des Senders und *B* die des Empfängers, so wird der Kommunikationsweg nur in einer Richtung zur Übermittlung von Informationen benutzt:

scheidungsprozeß und Informationsfluß in der Unternehmensorganisation, a.a.O., S. 377. — Analoge Unterscheidungen finden sich bei *Gutenberg*, E., Unternehmensführung, a.a.O., S. 135; *Kramer*, R., Information und Kommunikation, a.a.O., S. 127.

95 Vgl. *Gutenberg*, E., Unternehmensführung, a.a.O., S. 135; *Albach*, H., Organisation, betriebliche, a.a.O., S. 113.

96 Vgl. *Kramer*, R., Information und Kommunikation, a.a.O., S. 129.

97 Vgl. *Albach*, H., Entscheidungsprozeß und Informationsfluß in der Unternehmensorganisation, a.a.O., S. 377; *Hax*, H., Kommunikationssysteme, in: HdO, a.a.O., Sp. 847.

98 Auf diesen Begriff wird im nächsten Abschnitt eingegangen.

99 Vgl. z. B. die von R. *Kramer* (Information und Kommunikation, a.a.O., S. 116 ff. und *ders.*, Informationswege, a.a.O., Sp. 716 ff.) gegebene Übersicht.

Es liegt ein *einseitiger* Kommunikationsweg vor[100].

Ist dagegen organisatorisch vorgesehen, daß sowohl *A* als auch *B* als Sender bzw. Empfänger auftreten, dann kann der Kommunikationsweg als *zweiseitig* bezeichnet werden[101]:

Der einseitige Kommunikationsweg besitzt den Vorteil einer — im Vergleich zur zweiseitigen Kommunikation — raschen Informationsübermittlung, weil für den Empfänger keine Möglichkeit zur Verzögerung des Informationsflusses durch Rückfragen etc. besteht. Andererseits weist der einseitige Kommunikationsweg den Nachteil der Gefahr von Verständigungsschwierigkeiten auf, da der Empfänger keine Möglichkeit besitzt, sich der richtigen Aufnahme der übermittelten Information zu vergewissern. Semantische Störungen auf Grund mangelhafter Konvention zwischen Sender und Empfänger über den Bedeutungsgehalt der Nachricht sowie technische Störungen im Kommunikationskanal („noise")[102] können zu Informationsverlusten führen[103].

Das Kriterium der Rangstufe der am Kommunikationsprozeß beteiligten Partner ermöglicht eine Gliederung der *innerbetrieblichen* Kommunikation in *vertikale* und *horizontale* Kommunikation. Vertikale

---

[100] Vgl. *Gutenberg,* E., Unternehmensführung, a.a.O., S. 138; *Kramer,* R., Information und Kommunikation, a.a.O., S. 117; *Hax,* H., Kommunikation, in: HdO, a.a.O., Sp. 825.

[101] Vgl. ebd.

[102] Mit dem Problem der Störungen befassen sich *Albach,* H., Entscheidungsprozeß und Informationsfluß in der Unternehmensorganisation, a.a.O., S. 379; *Coenenberg,* A. G., a.a.O., S. 48 ff. und S. 55 ff.; *Kramer,* R., Information und Kommunikation, a.a.O., S. 55 ff.; *Hax,* H., Kommunikation, a.a.O., Sp. 829 ff.; *Stahlmann,* J., Organisation, Entscheidung und Kommunikation, Diss. Göttingen 1960, S. 158 ff.; *Ulrich,* H., Die Unternehmung als produktives soziales System, Bern—Stuttgart 1968, S. 130.

[103] Eine Möglichkeit zur Begegnung technischer Störungen ist in der Redundanz gegeben. Mit Redundanz werden die zusätzlichen Signale bezeichnet, die über die Anzahl der zum Nachrichtenverständnis unbedingt erforderlichen Signale hinausgehen. Vgl. hierzu *Kramer,* R., Information und Kommunikation, a.a.O., S. 59 ff.; *Coenenberg,* A. G., a.a.O., S. 51 f.; *Koreimann,* D., Zum Informationsbegriff und seine Beziehung zur Betriebswirtschaft, a.a.O., S. 50; *Cherry,* C., Kommunikationsforschung, 2. Aufl., Frankfurt 1967, S. 162; *Ulrich,* H., Die Unternehmung als produktives soziales System, a.a.O., S. 131.

Kommunikation ist gegeben, wenn Betriebspersonen verschiedener Rangstufen Kommunikationsbeziehungen aufnehmen dürfen. Es ist dabei unbeachtlich, ob die Kommunikationspartner unmittelbar oder mittelbar aufeinanderfolgenden Rangstufen angehören[104]. Horizontale Kommunikation ist demgegenüber dadurch gekennzeichnet, daß Sender und Empfänger auf der gleichen betrieblichen Rangstufe stehen.

Beide Kommunikationsarten können abteilungsinterner Natur sein oder verschiedene Abteilungen miteinander verbinden (vgl. Abb. 10)[105,106].

Abbildung 10

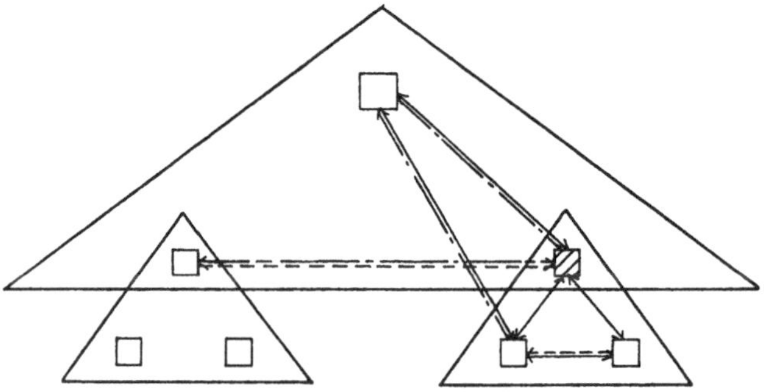

223. Die Gliederung der Aufgaben nach dem Kriterium handlungsbeteiligter Personen

Im Hinblick auf das Problem der Abteilungsgröße ist eine zweite Aufgabengliederung bedeutsam, der in der Literatur bisher nicht Beachtung geschenkt wurde. Wie bereits angedeutet wurde, sollen unter dem Aspekt der Kooperation bzw. unter dem Kriterium der zur Aufgabenerfüllung erforderlichen Zahl von Personen intrapersonale Aufgaben von interpersonalen Aufgaben getrennt werden. Die Einteilung baut auf der angeführten Phasengliederung auf.

---

[104] Eine Sonderform der vertikalen Kommunikation stellt die diagonale Kommunikation dar. Die Kommunikationspartner gehören verschiedenen Rangstufen *und* verschiedenen Linien an.

[105] In einer Pluralinstanz sind daneben stelleninterne horizontale und/oder vertikale Kommunikationen möglich.

[106] Zur Darstellung der Kommunikationswege wird in zunehmendem Maße die Graphentheorie benutzt. Vgl. dazu *Fischer*, H., Information und Kommunikation, in: IO, 28. Jg., 1959, S. 161 ff.; *Cartwright*, D., The Potential Contribution of Graph Theory to Organization Theory, in: *Haire*, M. (Hrsg.), Modern Organization Theory, a.a.O., S. 254 ff.; *Dubin*, R., Stability of Human Organizations, in: *Haire*, M. (Hrsg.), Modern Organization Theory, a.a.O., S. 218 ff.; *Mag*, W., Die quantitative Erfassung der Kommunikationsstruktur und ihre Bedeutung für die Gestaltung der Unternehmensorganisation, in: ZfbF, 22. Jg., 1970, S. 22 ff.

Gegenstand der Phasen Entscheidungsvorbereitung, Entscheidung, Vollzugskontrolle sowie der instrumentalen Aufgabe bilden Informationen, die in irgendeiner Weise „bearbeitet“[107] werden. Diese Bearbeitungsvorgänge lassen sich in eine intra- und eine interpersonale Komponente gliedern. Die Realisation kann ebensowohl intra- als auch interpersonal erfüllt werden.

2231. Intrapersonale Aufgaben

Als Vorgänge der Informationsbearbeitung, die eine intrapersonale Tätigkeit erfordern, können Informationsgewinnung, -verarbeitung und -speicherung angesehen werden.

Informationsgewinnung liegt vor, wenn sich der Aufgabenträger „durch eigene Feststellungsoperationen (z. B. Beobachtung)“[108] Informationen beschafft. Als Beispiele können genannt werden: Warenbestandsaufnahme im Rahmen der Inventur, Feststellung der Maße eines Werkstücks, Beobachtung des Kundenstroms in einem Einzelhandelsgeschäft.

Unter Informationsverarbeitung (-transformation) soll die inhaltliche Umwandlung von Wissen bzw. von Informationen verstanden werden. Im Gegensatz zur Literatur wird der Begriff einerseits enger, andererseits weiter definiert. Die engere Auslegung ist insofern gegeben, als Veränderungen des Signalsystems und der Signalträger nicht zur Verarbeitungsphase gerechnet werden[109]. Wie *Kosiol* selbst feststellt, bildet die inhaltliche Umwandlung von Informationen das Hauptproblem[110]. Die Erweiterung im Vergleich zur Literaturmeinung[111] besteht darin, daß nicht nur die Umwandlung *zweckorientierten* Wissens als Transformation anerkannt wird. Als Begründung läßt sich anführen, daß Informationen veralten und daß dadurch ihre Zweckbeziehung aufgehoben wird. Andererseits können Aufgabenträger in den Besitz von Wissen gelangen, dessen Zweckorientierung noch nicht festliegt.

Im Rahmen der Transformationsphase werden Wissenstatbestände zu Informationen kombiniert, oder es werden Wissenskomplexen In-

---

107 Der Begriff deckt sich nicht mit der Auslegung bei *Berthel*, J., Informationen und Vorgänge ihrer Bearbeitung in der Unternehmung, a.a.O., S. 30.

108 *Berthel*, J., Informationen und Vorgänge ihrer Bearbeitung in der Unternehmung, a.a.O., S. 30.

109 Vgl. dazu *Kosiol*, E., Die Unternehmung als wirtschaftliches Aktionszentrum, a.a.O., S. 182 f.

110 Vgl. ebd., S. 184.

111 Vgl. ebd., S. 184; *Berthel*, J., Informationen und Vorgänge ihrer Bearbeitung in der Unternehmung, a.a.O., S. 31.

formationen entzogen. Beispiele dafür sind: Operationen im Rahmen von Investitionsrechnungen oder bei der Aufstellung eines Absatzplans.

Als Informationsspeicherung wird die Lagerung bezeichnet. Dieser Vorgang dient der Zeitüberbrückung[112].

Wendet man die gewonnenen Erkenntnisse auf die Phasenaufgaben an, so ergeben sich folgende Konsequenzen. In den Phasen Entscheidungsvorbereitung und Vollzugskontrolle werden im wesentlichen Informationen gewonnen und verarbeitet. Beispiele für die Informationsgewinnung sind: Marktanalyse, Qualitätskontrolle. Als Beispiele für Verarbeitungstätigkeiten seien genannt: Rechenoperationen zur Erreichung der Entscheidungsreife, Rechenvorgänge zur Ermittlung des Ist-Zustandes (z. B. im Rahmen des Jahresabschlusses). Bei beiden Phasen können auch Speicherungsvorgänge auftreten.

Im Rahmen des intrapersonal vorgenommenen Entscheidungsakts sind vor allem die in Punkt 2212. angeführten psychischen Vorgänge von Bedeutung. Zwischen den Phasen Entscheidungsvorbereitung und Entscheidung bzw. Vollzugskontrolle und Anpassungsentscheidung können wiederum Speicherungsvorgänge eingeschoben werden.

Intrapersonale Ausführungsaufgaben liegen beispielsweise vor im Werkstattbereich eines Betriebes (z. B. Drehen, Fräsen), bei der Ausarbeitung eines Angebots, bei der Abfassung eines Geschäftsbriefs, bei der Buchung von Geschäftsvorfällen, bei der Bedienung von Datenverarbeitungsanlagen, an der Kassenstelle eines Handelsbetriebs etc., soweit der Ausführende keinen Kontakt mit anderen Personen aufnehmen muß.

2232. Interpersonale Aufgaben

Die wichtigste interpersonale Aufgabe im Rahmen dieser Untersuchung ist die Kommunikation. Sie wurde bereits ausführlich erörtert[113] und braucht an dieser Stelle nicht erneut abgehandelt zu werden.

Interpersonal zu erfüllen sind möglicherweise auch Ausführungsaufgaben. Es sei hier nur daran gedacht, daß ein Arbeitsgerät von mehreren Personen bedient werden muß (z. B. Bedienungsmannschaft eines Hochofens). Hierauf soll in dieser Arbeit jedoch nicht näher eingegangen werden.

---

[112] In der Literatur ist auch von zeitlicher Informationstransformation die Rede. Vgl. *Coenenberg*, A. G., a.a.O., S. 37.

[113] Vgl. Punkt 222. dieser Arbeit.

23. Einflußfaktoren der qualitativen Dimension intrapersonaler Aufgaben

231. Aufgabenstruktur subordinierter Stellen

Wird die Abteilungsbildung mit Hilfe des Kombinationsmodells erklärt, dann ist der Aufgabenbereich der Instanz von der Struktur der direkt nachgeordneten Stellen abhängig. Dies ergibt sich aus der Gestaltungsrichtung „von unten nach oben" und aus der aufgabenmäßigen Verknüpfung betrieblicher Stellen.

Infolge des fremdbestimmenden Charakters der Instanz bilden zunächst *Entscheidungsaufgaben,* die von Inhabern bestimmter Stellen wegen ihres Eignungspotentials nicht getroffen werden können, prinzipiell den Inhalt einer diesen Stellen überzuordnenden Instanz. Um diese Aussage präzisieren zu können, muß an die Existenz einer Entscheidungshierarchie erinnert werden.

Entscheidungen divergieren hinsichtlich ihrer Wertigkeit. Daher vermögen Fremdentscheidungsaufgaben der Instanz eine unmittelbare oder eine mittelbare Beziehung zu untergeordneten Stellen aufzuweisen. Außerdem stellt die Entscheidungsfindung unterschiedliche Anforderungen an einen Aufgabenträger. Ohne Erörterung der Qualifikation des potentiellen Instanzeninhabers ist es demzufolge nicht möglich, eine definitive Antwort auf die Frage zu geben, welche Entscheidungsaufgaben das Kombinat der Instanz umschließen wird. Unsere Darlegungen gestatten jedoch die Schlußfolgerung, daß die bestimmte Stellen *unmittelbar* betreffenden Entscheidungsaufgaben im Aufgabenkomplex der Instanz vertreten sein müssen[1].

Würde eine Stelle beispielsweise ausschließlich Ausführungsaufgaben umfassen, so wären die damit in unmittelbarem Zusammenhang stehenden Verfahrensentscheidungen in den Aufgabenkomplex der überzuordnenden Instanz aufzunehmen. Analog muß eine Instanz höherwertige Zielentscheidungsaufgaben umfassen, wenn in den nachrangigen Stellen auf Unterziele gerichtete Entscheidungsaufgaben vorhanden sind[2].

Die Teilaktivitäten des Prozesses zur *Vorbereitung* instanzieller *Entscheidungen* sind insoweit der Instanz zuzuweisen, als nachgeordnete Aufgabenträger wegen ihres begrenzten Eignungspotentials nicht zu deren Wahrnahme befähigt sind. Unter dieser Voraussetzung reicht die denkmögliche Spannweite der Zuordnungsalternativen von einer voll-

---

[1] Inwieweit die Instanz mittelbare Entscheidungsaufgaben umfassen kann, ist von der Normaleignung des Aufgabenträgers abhängig. Darauf wird im folgenden Punkt eingegangen.

[2] In der Literatur ist diesbezüglich — allerdings unter Umkehrung der Blickrichtung — von Suboptimierung die Rede. Vgl. *Engels,* W., a.a.O., S. 50 ff.

ständigen Zentralisation der Teilaktivitäten in der Instanz bis zu einer weitgehenden Zuweisung der Operationen an subordinierte Stellen.

Die erste Extremsituation ist unter zwei Voraussetzungen gegeben:

a) die Inhaber direkt subordinierter Stellen sind auf Grund ihrer begrenzten qualitativen Kapazität nicht dazu befähigt, irgendwelche für die Entscheidungsvorbereitung notwendige Informationen zu ermitteln.

b) weder sie noch sonstige betriebsinterne bzw. -externe Personen haben entscheidungsrelevante Informationen gespeichert, die vom Instanzeninhaber abgerufen werden könnten.

Unter diesen Bedingungen kann die Entscheidungsvorbereitung ausschließlich vom Instanzeninhaber intrapersonal vorgenommen werden; der Prozeß muß zwangsläufig der Instanz zugeordnet werden.

Der zweite Extremfall ist durch folgende Situationen gekennzeichnet:

a) einzelne Teilentscheidungen als Komponenten eines umfassenderen Entscheidungsprozesses können nachgeordneten Stellen zugewiesen werden. Die Inhaber der betreffenden Stellen werden mit der Vorbereitung und dem Fällen von Teilentscheidungen beauftragt, die der übergeordnete Aufgabenträger in seiner Letztentscheidung entsprechend zu berücksichtigen hat.

b) der rangniedrigere Stelleninhaber ist dazu befähigt, eine große Zahl von entscheidungsvorbereitenden Aktivitäten zu übernehmen. Seine Qualifikation reicht jedoch zur Formulierung einer eindeutigen und endgültigen Rangordnung von Entscheidungsalternativen nicht aus.

Der Instanzeninhaber muß in beiden Fällen mit der Aufgabe betraut werden, die ihm von Mitarbeitern unterbreiteten Ergebnisse aufzubereiten und zu vervollständigen.

Eine solch weitgehende Zuweisung der Entscheidungsvorbereitung an subordinierte Stellen ist erforderlich, wenn deren Inhaber im Gegensatz zum Vorgesetzten zur Aufgabenerfüllung erforderliche Detailkenntnisse und spezifische Fähigkeiten besitzen. Verfügt der Instanzeninhaber hingegen ebenfalls über die Informationen, die zur Entscheidungsvorbereitung erforderlich sind, dann lassen Wirtschaftlichkeitsüberlegungen[3] eine Zuweisung im angeführten Umfang an nachgeordnete Stellen ratsam erscheinen. Diese auf Wirtschaftlichkeitsaspekten basierende Organisationsmaßnahme setzt voraus, daß sich die Qualifikationen des Instanzeninhabers und des Stelleninhabers überschneiden. Dies bedingt wiederum — wie im nachfolgenden Punkt noch ein-

---

[3] Vgl. *Pietzsch*, J., a.a.O., S. 31.

gehend darzustellen sein wird —, daß die Qualifikation eines Aufgabenträgers nicht punktuell, sondern als Bandbreite aufgefaßt wird.

Die skizzierte Situation zeigt somit folgendes Bild[4] (Abb. 11):

Abbildung 11

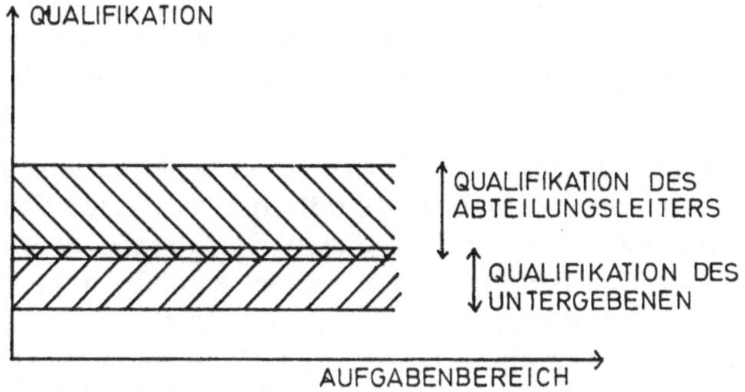

Zwischen den beiden Extremen liegen verschiedene Möglichkeiten einer Beteiligung untergeordneter Stellen am entscheidungsvorbereitenden Prozeß der Instanz. Die Inhaber der rangniedrigeren Stellen können auf Grund ihrer Qualifikation in unterschiedlichem Ausmaß durch Informationsermittlung an der Entscheidungsvorbereitung mitwirken[5], z. B. durch:

— Gewinnung von Anregungsinformationen,

— Erarbeitung von Informationen über Alternativen oder Alternativenkomponenten,

— Ermittlung von Informationen über Konsequenzen einzelner Entscheidungsalternativen.

[4] Betrachtet man die Möglichkeit der Personalentwicklung, dann ist eine Befähigung des untergeordneten Aufgabenträgers zur Aufstellung einer widerspruchsfreien Rangordnung von Entscheidungsalternativen kein allzu seltener Fall. Durch seine vorbereitende Tätigkeit antizipiert er unter bestimmten Voraussetzungen die Entscheidung des Vorgesetzten. Zu den Bedingungen zählen insbesondere, daß die Informationen nicht mit allzu großer Ungewißheit belastet sind und daß der Instanzeninhaber sich mit der Tätigkeit des Untergebenen identifiziert.

[5] Untergeordnete Stellen besitzen somit gegenüber der Instanz Stabsfunktion, ohne dadurch ihren Charakter als Linienstelle zu verlieren. (Hierbei ist Voraussetzung — vgl. Punkt 3111. —, daß die Stabstätigkeit nur zeitweise anfällt.) Diese Anschauung steht im Widerspruch zur Literaturmeinung. Nach Ansicht von *Trauth* und *Altfelder* übt der Inhaber einer Linienstelle nur dann Stabsfunktion aus, wenn er seinem Vorgesetzten Informationen übermittelt, die seinen Aufgabenbereich nicht betreffen. Vgl. *Trauth*, P. J., Das Verhältnis von Linien- zu Stabsstellen, in: *Schnaufer*, E. / *Agthe*, K. (Hrsg.), Organisation, a.a.O., S. 292; *Altfelder*, K., a.a.O., S. 80. Nach E. *Kosiol* (Organisation der Unternehmung, a.a.O., S. 138) liegt keine Stabsfunktion, sondern „kooperativer Arbeitszusammenhang“ vor.

In den Instanzenbereich fällt — unabhängig von der Beteiligungsintensität — die Aufgabe, erhaltene Informationen bis zur Entscheidungsreife weiterzuverarbeiten.

Zusammenfassend muß festgestellt werden, daß die organisatorische Aktivitäten-Distribution der Entscheidungsvorbereitung von der Aufgabenstruktur der nachgeordneten Stellen abhängt. Welche Komponenten dieses Prozesses in den Aufgabenkomplex der Instanz fallen, bestimmt sich nach der Qualifikationsobergrenze der subordinierten Stelleninhaber[6], die je nach hierarchischer Stellung unterschiedlich sein kann.

Die Zuweisung von *Kontrollaufgaben* orientiert sich an der Zuordnung der Entscheidungsaufgaben. Da mit Hilfe der Kontrolle Informationen über das Erreichen einer gesetzten Norm erzielt werden sollen, sind Kontrollinformationen für denjenigen Aufgabenträger von Bedeutung, in dessen Aufgabenbereich die Sollsetzung fällt[7]. Es ist daher auf Kongruenz von Entscheidungsart und Kontrollart zu achten. Beispielsweise muß einem Instanzeninhaber, der mit Verfahrensentscheidungen betraut wurde, das Recht auf Vornahme von Verfahrenskontrollen zugestanden werden. Analog ist einem mit Zielentscheidungsaufgaben beauftragten Instanzeninhaber das Recht einzuräumen, sich mit Hilfe von Ergebniskontrollen über die Entscheidungsrealisation zu unterrichten[8].

Die Art der vom Instanzeninhaber wahrzunehmenden Komponenten des Kontrollprozesses ist wiederum eine Funktion der Aufgabenstruktur der untergeordneten Stellen und der Qualifikation ihrer Inhaber.

Zunächst ist es möglich, die Kontrollaufgabe vollständig aus den Kombinaten untergeordneter Stellen auszusondern und sie ausschließlich der Instanz zuzuweisen. Sämtliche Überwachungsphasen sind auf dem Wege intrapersonaler Tätigkeit des Instanzeninhabers zu durchschreiten. Eine derartige Zuweisung empfiehlt sich dann, wenn eine Beteiligung der zu kontrollierenden Personen an der Ist-Aufnahme

---

[6] Zwischen dem betrachteten Instanzeninhaber und den Inhabern äquiordinierter Instanzen kann eine analoge Aufgabenverteilung existieren. Es ist organisatorisch möglich, daß gleichgeordneten Instanzeninhabern Aktivitäten der Entscheidungsvorbereitung oder Teilentscheidungsprozesse zugeordnet werden. Werden dem Inhaber der zu untersuchenden Instanz Teilaufgaben im Hinblick auf gleichrangige Instanzeninhaber überantwortet, dann ergibt sich für ihn die gleiche Situation wie für seine Mitarbeiter im vorher betrachteten Fall. Sein Aufgabenkombinat umfaßt eine „Dienstleistungsfunktion"; die Darlegungen bezüglich subordinierter Stellen können analog Verwendung finden.

[7] Vgl. auch *Frese*, E., Kontrolle, Organisation der, a.a.O., Sp. 876.

[8] Das bereits erörterte Problem, daß Abweichungsursachen nur mit Hilfe von Verfahrenskontrollen erkannt werden können, bleibt hier unbeachtet.

üblicherweise die Gefahr von Verfälschungen der zu überprüfenden Tatbestände in sich birgt (z. B. Kassenbuchhaltung). Außerdem bietet die vom Instanzeninhaber intrapersonal vorgenommene Kontrolle den Vorteil, daß selbst geringfügige Abweichungen innerhalb des Prüfbereiches zu seiner Kenntnis gelangen können.

In Abhängigkeit vom Eignungspotential der zu überwachenden Aufgabenträger können Teile des Kontrollprozesses ihren Stellen zugeteilt werden. Als Möglichkeiten bieten sich an:

a) die zu kontrollierenden Aufgabenträger werden bei der Ist-Aufnahme in den Informationsprozeß eingeschaltet. Ihre Aufgabe besteht darin, Informationen über den Entscheidungsvollzug zu erarbeiten und sie an den Instanzeninhaber zu übermitteln. Dem Instanzeninhaber wird entsprechend die Aufgabe zugeordnet, die Ist-Aufnahme evtl. durch eigene Feststellungsoperationen zu vervollständigen, den Vergleich mit dem Soll vorzunehmen und beim Auftreten von Abweichungen deren Ursachen zu analysieren.

b) die zu kontrollierenden Personen werden angehalten, den Soll-Ist-Vergleich selbständig vorzunehmen und Informationen über Abweichungen bestimmter Größenordnungen dem Vorgesetzten zu übermitteln[9]. Abweichungen innerhalb bestimmter Toleranzgrenzen sind für den Vorgesetzten ohne Aussagewert und bedürfen daher nicht der Transmission[10]. — Dem Instanzeninhaber obliegt die Abweichungsanalyse.

In beiden Fällen ist es Aufgabe des Instanzeninhabers, eine auf Grund der Rückkoppelungsinformation evtl. erforderliche Anpassungsentscheidung zu treffen.

Zusammenfassend läßt sich feststellen, daß in der Aufgabenstruktur der nachgeordneten Stellen ein notwendiges, aber nicht hinreichendes Kriterium des Aufgabenkombinats der Instanz festgestellt werden konnte. Die in unmittelbarem Konnex zu rangniedrigeren Stellen stehenden Entscheidungsaufgaben gehören in den Aufgabenbereich der Instanz. In gleicher Weise müssen zumindest Teilaktivitäten der zu-

---

9 In der Literatur wird dieses Prinzip unter der Bezeichnung „management by exception" diskutiert. Vgl. z. B. *Ulrich*, H., Die Verteilung und Zusammenfassung von Leitungsfunktionen, in: BFuP, 17. Jg., 1965, S. 210 ff.; *Staehle*, W. H., Kennzahlen und Kennzahlensysteme als Mittel der Organisation und Führung von Unternehmen, Wiesbaden 1969, S. 129 f.; *Wheaton*, R. G., Aufgabengliederung und Übertragung von Vollmacht und Verantwortlichkeit, in: ZfB, 29. Jg., 1959, S. 18 ff.; *Frese*, E., Management by Exception, in: HdO, a.a.O., Sp. 956—959 und die dort angeführte Literatur. Im Ansatz wird dieses Prinzip bereits von H. *Ulrich* (Betriebswirtschaftliche Organisationslehre, a.a.O., S. 124) behandelt.

10 Vgl. *Frese*, E., Kontrolle, Organisation der, a.a.O., Sp. 867 f.

gehörigen Prozesse der Entscheidungsvorbereitung und der Vollzugskontrolle der Instanz zugewiesen werden. Ungeklärt ist dagegen, ob der Instanzeninhaber die in *mittelbarem* Zusammenhang mit nachgeordneten Stellen stehenden Aufgaben zu bewältigen vermag (bzw. bewältigen können muß). Zur Klärung dieses Problems ist auf die mehrfach angeschnittene Eignung eines Aufgabenträgers näher einzugehen.

232. Normaleignung des Instanzeninhabers

Das Kennzeichen funktionaler Organisation besteht darin, daß der Inhaber einer zu bildenden Stelle zum Zeitpunkt der Aufgabensynthese persönlich nicht bekannt ist[11]. Die Stelle kann damit keinem konkret vorhandenen Aufgabenträger zugeordnet werden. Um dennoch die Wahrnehmungsmöglichkeiten der Stelle sicherzustellen, bedarf es einer Trägerorientierung an „wesentlichen örtlich verfügbaren Eignungstypen"[12].

Es erscheint uns nicht zweckmäßig, auf die *örtliche* Verfügbarkeit von Eignungstypen abzustellen. Kleinere Betriebe dürften zwar mit einer gewissen Wahrscheinlichkeit einen relativ eng begrenzten „Beschaffungsraum" für Mitarbeiter besitzen. Mittel- und Großbetriebe dagegen haben — evtl. auf Grund eines gewissen akquisitorischen Potentials — teilweise die Möglichkeit, im In- und Ausland Mitarbeiter zu gewinnen[13]. Außerdem kann sich für größere Betriebe die Notwendigkeit einer Personalbeschaffung auf dem internationalen Arbeitsmarkt ergeben, wenn zur Wahrnehmung bestimmter Stellen besondere Spezialkenntnisse Voraussetzung sind.

Unter „Verfügbarkeit" soll daher das Vorhandensein von Aufgabenträgern zu Zeiten normaler Arbeitsmarktlage in einem Gebiet verstanden werden, dessen Grenzen für den Betrieb „vertretbar"[14] sind. Auf diese Weise ist nicht nur in räumlicher Hinsicht, sondern auch im Hinblick auf die Situation des Arbeitsmarkts eine Abgrenzung getroffen.

Den zweiten Aspekt will vermutlich auch *Ulrich* zum Ausdruck bringen. Nach seiner Ansicht muß die Organisation „auf *üblicherweise* vor-

---

[11] Vgl. dazu Punkt 112. dieser Arbeit.

[12] *Böhrs*, H., Organisation und Gestaltung der Büroarbeit, München—Bern 1960, S. 19; ähnlich *ders.*, Organisation des Industriebetriebes, a.a.O., S. 111.

[13] Ein Blick auf die Stellenangebote der Wochenendausgabe einer größeren Tageszeitung beweist die Richtigkeit dieser These, wenngleich nicht verkannt werden darf, daß eine prekäre Arbeitsmarktlage auch kleinere Betriebe zu überregionaler Mitarbeiterwerbung *zwingen* kann.

[14] Die Vertretbarkeit orientiert sich an den Personalbeschaffungsaufwendungen: z. B. Aufwendungen für die Mitarbeiterwerbung, Aufwendungen für den evtl. notwendigen Umzug des Mitarbeiters und für die Wohnungsbeschaffung.

handene menschliche Fähigkeiten und Eigenschaften abstellen und die Stellenaufgaben so bestimmen, daß dafür geeignete Menschen *in jeweils genügender Zahl* gefunden werden können"[15]. Diese Aussage verdeutlicht, was unter „wesentlichen Eignungstypen" zu verstehen ist. Im Hinblick auf Instanzen fordert *Gaugler* analog eine Ausrichtung des Aufgabenkombinats auf die „durchschnittliche Qualifikation der für die jeweilige Instanzenart üblichen Führungskräfte"[16].

Wie bereits aus dem Zitat von *Ulrich* ersichtlich ist, handelt es sich bei der „Normaleignung" üblicher Aufgabenträger um einen Komplex verschiedener Eignungsfaktoren[17]. Gebräuchlich, aber nicht ausreichend ist eine Differenzierung zwischen „fachlichen Fähigkeiten und menschlichen Eigenschaften"[18].

Diese beiden Kategorien sind noch zu global und ermöglichen keine Bestimmung der normalen Eignung. *Gaugler* schlägt deshalb folgenden Mindest-Katalog von Merkmalskategorien der Eignung vor:

„Aus- und fortbildungsbedingte Eignung,
erfahrungsabhängige Eignung,
geistige Qualifikation,
charakterliche Eignung,
körperliche Eignung"[19].

Gegen diese Aufzählung muß der Einwand erhoben werden, daß die Kategorien sich überschneiden. U. E. ist es erforderlich, folgende Differenzierung vorzunehmen:

Körperliche Eignung,
geistige Qualifikation,
charakterliche Eignung[20].

Ausbildungs-, fortbildungs- und erfahrungsabhängige Eignung bilden dann Unterpunkte.

Zur Feststellung der Normalqualifikation üblicher Instanzeninhaber sind Aussagen zu diesen Eignungskomplexen notwendig. Außerdem

---

[15] *Ulrich*, H., Die Verteilung und Zusammenfassung von Leitungsfunktionen, a.a.O., S. 212 (Hervorhebungen vom Verfasser).

[16] *Gaugler*, E., Instanzenbildung, a.a.O., S. 140.

[17] Vgl. ebd., S. 140.

[18] *Böhrs*, H., Organisation und Gestaltung der Büroarbeit, a.a.O., S. 20.

[19] *Gaugler*. E., Instanzenbildung, a.a.O., S. 143. Zu den Verfahren zur Ermittlung der normalen Eignung vgl. ebenfalls *Gaugler*, E., Instanzenbildung, a.a.O., S. 142 f. Die Möglichkeit der Eignungsbestimmung auf der Grundlage einer Personalbeurteilung scheidet für den betrachteten Fall der funktionalen Organisation aus.

[20] In ähnlicher Weise differenziert *Fischer*, G., Die Betriebsführung, Bd. 1, a.a.O., S. 190.

müssen die Eignungsmerkmale gewichtet werden. Selbstverständlich vermag die Gewichtung der Merkmalskomplexe von Instanz zu Instanz zu variieren.

Die Bildung des Aufgabenkombinats einer Instanz in Abhängigkeit von der Normaleignung des üblichen Inhabers erfordert eine Konfrontation der Anforderungsbilder betrieblicher Teilaufgaben mit den Eignungsmerkmalen des Aufgabenträgers. Dem „für die jeweilige Instanzenart üblichen"[21] Inhaber können nur diejenigen Aufgaben zugeordnet werden, deren Anforderungsbilder sich mit seinem Eignungsprofil decken. Dies ist der Fall, wenn die Höhe jeder einzelnen Anforderungsart dem Niveau des entsprechenden Eignungsmerkmals kongruent ist[22].

In Abbildung 12 entspricht ein normalgeeigneter Aufgabenträger hinsichtlich der Erfüllung des Eignungsmerkmals 2 nicht den Anforderungen, die für die Bewältigung der Teilaufgabe *C* an ihn gestellt werden. Die Teilaufgabe *C* kann daher im Gegensatz zu den Teilaufgaben *A* und *B* nicht dem Aufgabenkombinat der Instanz zugewiesen werden. Das Schaubild verdeutlicht auch, daß das Aufgabenkombinat einer Instanz keine inhaltlich allzu heterogenen Teilaufgaben umfassen darf. Je mehr der Homogenitätsgrad von Aufgabeninhalten abnimmt, desto größer wird die Wahrscheinlichkeit, daß die Anforderungbilder der einzelnen Teilaufgaben divergieren und sich nicht mehr mit der Normaleignung eines für die betrachtete Instanzenart üblichen Aufgabenträgers in Einklang bringen lassen[23].

Die bisherigen Darlegungen lassen drei Möglichkeiten erkennen, der Instanz mittelbar auf nachgeordnete Stellen gerichtete *Entscheidungsaufgaben* zuzuordnen:

a) Die Erfüllung mittelbarer Entscheidungsaufgaben stellt an den Aufgabenträger Anforderungen, denen der übliche Inhaber der zu bil-

---

[21] *Gaugler*, E., Instanzenbildung, a.a.O., S. 140.

[22] Dabei ist zu beachten, daß sich die Eignung während der Einarbeitungszeit des Instanzeninhabers positiv verändern kann. Demzufolge müßte exakt gefordert werden, daß die Anforderungen an den Instanzeninhaber die Normaleignung zuzüglich der üblicherweise zu erwartenden einarbeitungsbedingten Vergrößerung der Eignung nicht übersteigen dürfen. Die Veränderung der Eignung ist in Abb. 12 mit Hilfe der personalen Entwicklungskurve skizziert. Die Fortbildungsphase der Personalentwicklung wurde lediglich aus Gründen der Vollständigkeit eingezeichnet. Die während der Fortbildung realisierbare „latente Eignung" ist im Falle funktionaler Neuorganisation und statischer Betrachtung ohne Bedeutung. (Zum Begriff der latenten Eignung vgl. *Gutenberg*, E., Die Produktion, a.a.O., S. 12 f.)

[23] Vgl. dazu das instruktive Beispiel bei *Böhrs*, H., Organisation des Industriebetriebes, a.a.O., S. 111 f. — Mit dem Problem der Homogenität des Aufgabenkombinats setzt sich unter dem Aspekt der Leistungsbereitschaft auch E. *Gaugler* (Instanzenbildung, a.a.O., S. 156 ff.) intensiv auseinander.

Abbildung 12

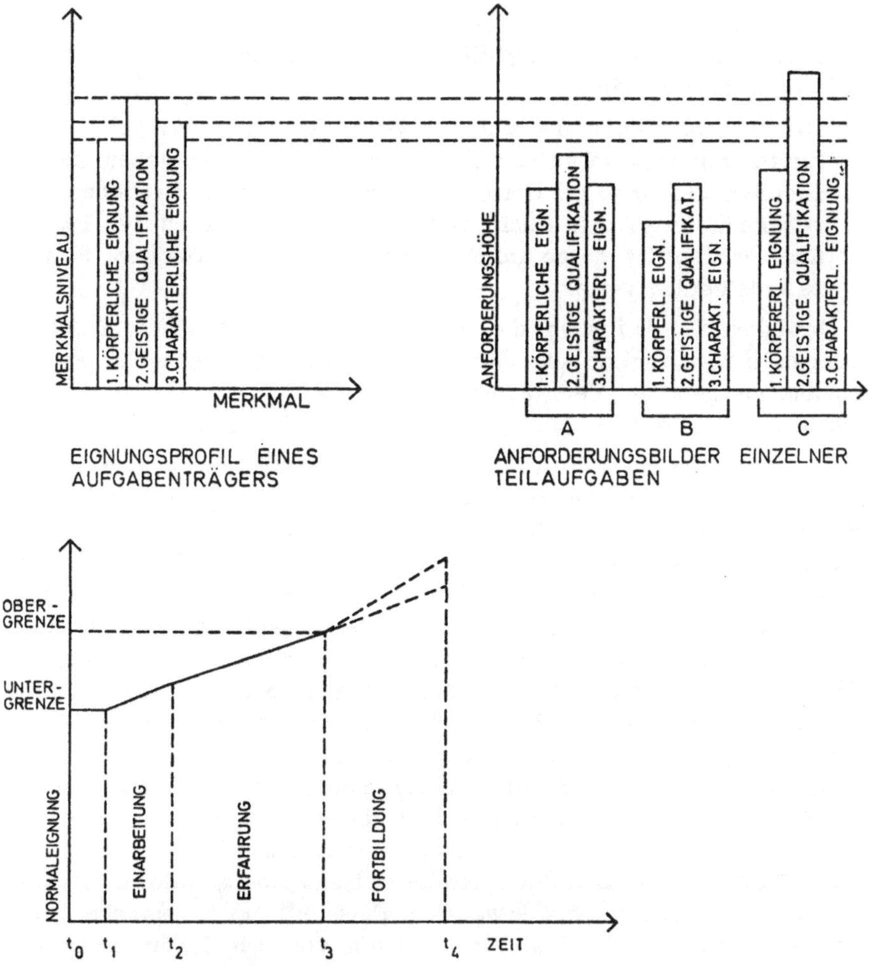

denden Instanz nicht entsprechen kann. Die Aufgaben zählen daher zum Kombinat der nächsthöheren Instanz. Diese Situation ist beispielsweise realisiert, wenn ein normalgeeigneter Instanzeninhaber die unmittelbar auf Ausführungsstellen gerichtete Verfahrensentscheidungen, nicht aber Mittelentscheidungen treffen kann.

b) Der normalgeeignete Inhaber der zu bildenden Instanz vermag auf Grund seiner Qualifikation einen Teil der mittelbaren Entscheidungsaufgaben wahrzunehmen. Die mittelbaren Entscheidungsaufgaben höheren Grades sind der übergeordneten Instanz zuzuweisen. Zur Erläuterung soll das Beispiel des Falles a) weitergeführt werden. Ein ranghöherer Instanzeninhaber, der zur mittleren Führungsschicht gehört, kann auf Grund seiner Normaleignung dazu befähigt sein, Mittelentscheidungen und Entscheidungen über geringerwertige betriebliche Teilziele zu fällen. Sachgerechte Entscheidungen über höherwertige Teilziele und über das betriebliche Oberziel sind ihm jedoch nicht möglich.

c) Die Normaleignung des üblichen Aufgabenträgers ermöglicht eine Zuordnung sämtlicher mittelbaren Entscheidungsaufgaben zu der zu bildenden Instanz. Dieser Fall ist in kleineren Betrieben verwirklicht, wenn den Ausführungsstellen nur eine einzige Instanz übergeordnet ist, deren Inhaber *auch* über das betriebliche Endziel zu entscheiden vermag.

Bezüglich der Aufgaben, die der *Vorbereitung mittelbarer Entscheidungen* dienen, gelten die Darlegungen des voranstehenden Punkts analog. (Wegen der Verschiedenartigkeit der Teilaktivitäten ist wiederum keine generelle Aussage über die Zuordnung möglich.)

Die *Kontrolle des Vollzugs mittelbarer Entscheidungen* kann der zu bildenden Instanz nur dann zugewiesen werden, wenn es sich um die oberste betriebliche Stelle handelt. (Die rechtlichen Besonderheiten und ihr Einfluß auf eine andersartige Verteilung der Kontrollaufgaben können hier vernachlässigt werden.) Die Kontrolle des Vollzugs mittelbarer Entscheidungen ist — analog den Darlegungen im voranstehenden Punkt — grundsätzlich demjenigen Instanzeninhaber zuzuordnen, der die Sollsetzung vornimmt. Diese Aussage gilt uneingeschränkt für die Inhaber der ranghöchsten Instanz, sofern man die Existenz besonderer Kontrollorgane (z. B. Aufsichtsrat) außer acht läßt. Andere zur Vornahme mittelbarer Entscheidungen befähigte Instanzeninhaber müssen daneben in bestimmten Zeitabständen, die verschieden lang sein können, vom Inhaber der nächsthöheren Instanz kontrolliert werden. Auf diese Weise soll die Erfüllung der Betriebsaufgabe gewährleistet werden. So ist in dem vorher erwähnten Beispiel[24] die Ergebniskontrolle über das Erreichen der Teilziele nicht nur von dem Instanzeninhaber der mittleren Führungsschicht, sondern auch von seinem unmittelbaren Vorgesetzten vorzunehmen.

An der Obergrenze der Normaleignung eines Instanzeninhabers orientiert sich auch die Anforderungshöhe übertragbarer *Selbstentscheidungs-* und *Ausführungsaufgaben.*

Eine an der normalen Qualifikation orientierte Aufgabenzuordnung hat zur Folge, daß die Aufgabenerfüllung mit einer normalen Intensität erfolgt. Im Hinblick auf die quantitative Dimensionierung der Instanz ist dies von großer Bedeutung[25].

---

[24] Vgl. Fall b) auf S. 81 dieser Arbeit.

[25] Darstellungsversuche der Aufgabenkombinate von Instanzen verschie-

233. Rechtliche Gründe und Wirtschaftlichkeitsmotive

Neben den beiden genannten Kriterien determinieren auch Rechtsvorschriften und Wirtschaftlichkeitsmotive den Bereich intrapersonaler Aufgaben der Instanz. Beide Faktoren bewirken, daß der Instanzeninhaber Aufgaben zu erfüllen hat, die auch von einem mit geringerer Normaleignung ausgestatteten Inhaber nachgeordneter Stellen wahrgenommen werden könnten[26].

Rechtsnormen zwingen beispielsweise Instanzeninhaber zu Unterschriftenleistungen bei bestimmten schriftlich formulierten Willenserklärungen, obwohl diese Aufgabe von geringer qualifizierten Personen mit adäquaten Mitteln (z. B. Faksimilestempel) erfüllt werden könnte[27]. Für die gesetzliche Vorschrift sind in erster Linie Haftungsgründe maßgeblich.

Wirtschaftlichkeitsüberlegungen wurden dafür verantwortlich gemacht[28], daß eine Stelle hinsichtlich der Anforderungen an ihren Inhaber nach unten hin abgegrenzt wird. Es soll dadurch vermieden werden, daß der Stelleninhaber Aufgaben wahrnimmt, für die er überqualifiziert ist. Wenn nunmehr unter Umkehrung der Blickrichtung ebenfalls die Wirtschaftlichkeit als Argument angeführt wird, so bedarf dies näherer Erörterung.

Bei der Stellenbildung wurde implizit angenommen, daß Daueraufgaben den Gegenstand der Strukturierung bilden. Daneben existieren jedoch betriebliche Aufgaben, die sich nur in größeren Zeitabständen wiederholen oder aperiodisch anfallen. Geht man von der Annahme aus, daß das zur Aufgabenerfüllung erforderliche Wissen beim Instanzeninhaber anfällt und situationsbedingt ist, dann verbietet sich eine Zuordnung der Aufgabe zum untergeordneten Stelleninhaber, wenn die Informationsübermittlung an die nachgeordnete Betriebsperson und der erforderliche Kontrollprozeß über die Aufgabenerfüllung mehr Zeit in Anspruch nimmt als die Ausführung[29]. Wie *Gaugler* zu Recht betont, sollten derartige Aufgaben nicht zu einer allzu starken

---

dener Rangstufen finden sich bei *Ulrich*, H., Kontrollspanne und Instanzenaufbau, a.a.O., S. 278 ff.; *Kosiol*, E., Organisation der Unternehmung, a.a.O., S. 122 ff.; *Faßbender*, S., Kennzeichen und Aufgaben der typischen Führungsgruppen, in: MuA, 9. Jg., 1957, S. 243 f.; *Gaugler*, E., Instanzenbildung, a.a.O., S. 211 ff. (im Hinblick auf die Kompetenz). — Der Aufgabenbereich einer mittleren Instanz wird charakterisiert von *Meier*, A., Organisation der Unternehmungsführung, a.a.O., S. 76 f.

26 Wunderer spricht im Hinblick auf die oberste Instanz von nicht delegierbaren höchstpersönlichen Ausführungsaufgaben. (Vgl. *Wunderer*, R., a.a.O., S. 194 f.)

27 Vgl. *Wunderer*, R., a.a.O., S. 194.

28 Vgl. Punkt 1121. dieser Arbeit.

29 Vgl. *Wunderer*, R., a.a.O., S. 194.

Heterogenität des Aufgabenkombinats der Instanz führen, weil dadurch die Leistungsbereitschaft des Aufgabenträgers möglicherweise gemindert werden kann[30].

24. Kriterien der vom Abteilungsleiter erfüllbaren Aufgabenquanten

Neben das qualitative Problem der Dimensionierung einer Instanz tritt der quantitative Aspekt. Unter diesem Blickwinkel ist die Frage zu erörtern, welche Mengen der unter qualitativen Gesichtspunkten zugeordneten Aufgaben von einem für die betrachtete Instanzenart üblichen Aufgabenträger innerhalb eines bestimmten Zeitraums[1] bei „Normalbeschäftigung"[2] bewältigt werden können.

In der vorliegenden Arbeit ist es nicht möglich, diese Frage eindeutig zu beantworten. Es können lediglich Kriterien der erfüllbaren Aufgabenquanten untersucht werden.

Die Aufgabenmengen der Instanz werden durch zwei Faktoren bestimmt: durch die *Aufgabenfrequenz*[3] und die *Aufgabenerfüllungsdauer*. Beide Kriterien sind ihrerseits von bestimmten Größen abhängig, die danach unterschieden werden müssen, ob intra- oder interpersonale Aufgaben betrachtet werden. An dieser Stelle zeigt sich somit die Notwendigkeit der vorgenommenen Unterteilung.

241. Bestimmungsgrößen der Menge intrapersonaler Aufgaben

Die *Häufigkeit* der einer Instanz zuzuweisenden intrapersonalen Aufgaben hängt wesentlich von ihrem Inhalt und von der Flexibilität der instanziellen „Umwelt" ab[4]. Generell kann davon ausgegangen werden, daß die vom Instanzeninhaber beherrschbaren Aufgaben mit unterschiedlicher Periodizität bzw. aperiodisch anfallen.

---

[30] Vgl. *Gaugler*, E., Instanzenbildung, a.a.O., S. 158.

[1] Die hierfür in Frage kommende Periode kann deshalb nicht mit einem Arbeitstag identisch sein, weil die einer Instanz zuzuordnenden Aufgaben zumeist nicht täglich anfallen und außerdem häufig nicht innerhalb eines Tages erfüllt werden können. Dies gilt um so mehr, je höher die Instanz rangmäßig einzustufen ist. Als „normaler Arbeitszeitraum" kann die Zeitspanne von einem Monat angesehen werden. Allerdings muß berücksichtigt werden, daß Aufgaben auch eine größere Periodizität haben können.

[2] Ohne auf Instanzen Bezug zu nehmen, verwendet diesen Begriff *Mechler*, H., Die betriebswirtschaftliche Organisationsprüfung, a.a.O., S. 66. Mit dem „Arbeitspensum" setzt sich vor allem auch E. *Gaugler* (Instanzenbildung. a.a.O., S. 113 ff.) auseinander.

[3] F. *Nordsieck* (Rationalisierung der Betriebsorganisation, a.a.O., S. 33 f.; *ders.*, Organisation, in: HdB, 3. Bd., 3. Aufl., Stuttgart 1960, Sp. 4237) spricht in diesem Zusammenhang von Rhythmus.

[4] Die Richtigkeit dieser These kann weitgehend mit Hilfe von Stellenbeschreibungen nachgewiesen werden. Beispiele für Stellenbeschreibungen finden sich z. B. bei *Acker*, H. B., Organisationsanalyse, Baden-Baden—Bad Homburg v. d. H. 1966, S. 101 ff.

Auf die *Aufgabenerfüllungsdauer* wirken sich zwei näher zu untersuchende Aufgabeneigenschaften aus: der *Umfang* der Aufgaben und der *Schwierigkeitsgrad* der Aufgaben.

Der Umfang intrapersonaler Aufgaben wird durch zwei Komponenten geprägt:

a) durch die Länge von Entscheidungs- und Kontrollprozessen. Die Länge der Prozesse wird ihrerseits bestimmt durch die Anzahl der Teilaktivitäten, die dem Instanzeninhaber auf Grund seiner Normaleignung zugewiesen werden konnten, und durch die Anzahl der im Rahmen dieser Aktivitäten vom Abteilungsleiter zu gewinnenden Informationen;

b) durch die Anzahl der zur Erfüllung von Ausführungsaufgaben erforderlichen Operationen.

Offensichtlich korreliert die Aufgabenerfüllungsdauer mit dem Umfang in positiver Richtung. Allgemeine Aussagen darüber, daß beispielsweise Entscheidungsaufgaben umfangreicher als Ausführungsaufgaben seien oder Zielentscheidungen einen größeren Umfang als Verfahrensentscheidungen aufweisen würden und demzufolge einen größeren Anteil am normalen Arbeitszeitraum in Anspruch nehmen würden, sind nicht möglich.

Der Schwierigkeitsgrad der einem Instanzeninhaber zuzuordnenden Aufgaben kann innerhalb eines bestimmten Bereichs streuen, da die Qualifikation eines Aufgabenträgers als Bandbreite aufgefaßt wurde[5]. Unterschiedliche Schwierigkeiten treten sowohl bei der Informationsgewinnung und -transformation im Rahmen von Entscheidungs- und Kontrollprozessen als auch bei Ausführungsaufgaben zutage. Bei gegebener Leistungsintensität und gegebenem Aufgabeninhalt wird zur Erfüllung einer Aufgabe, deren Schwierigkeitsgrad die obere Grenze der Normalqualifikation erreicht, ein längerer Zeitraum in Anspruch genommen, als wenn dies nicht der Fall ist. Umgekehrt nimmt die Aufgabenerfüllungsdauer mit sinkendem Schwierigkeitsgrad ab.

242. Einflußfaktoren des Kommunikationsvolumens

Der Abteilungsleiter verfügt stets über vertikale Kommunikationswege. Dies ergibt sich einerseits aus seiner Weisungskompetenz gegenüber nachgeordneten Stelleninhabern, andererseits aus der Tatsache, daß er — zumeist[6] — in der unmittelbar ranghöheren Abteilung Unter-

[5] Vgl. Punkt 231. dieser Arbeit.

[6] Eine Ausnahme besteht dann, wenn der betrachtete Abteilungsleiter Inhaber der ranghöchsten Instanz ist. Dieser Sonderfall wird im folgenden nicht mehr hervorgehoben.

gebener ist[7]. Ebenso sind zumeist horizontale Kommunikationswege erforderlich, um dem Abteilungsleiter direkte Kontaktmöglichkeiten mit betriebsinternen und außerbetrieblichen Personen einzuräumen.

Frequenz und Dauer von Informationsübertragungen bilden die Komponenten des Kommunikationsvolumens. Sie werden durch unterschiedliche Faktoren beeinflußt.

Bei den Bestimmungsgrößen der Kommunikationshäufigkeit muß (teilweise) danach unterschieden werden, ob abteilungsinterne Informationsübertragung oder Kommunikation mit abteilungsexternen Personen (abteilungstraversierende Kommunikation) vorliegt. Eine allgemeine Betrachtung ist daher nicht möglich. Demgegenüber sind die Einflußgrößen der Kommunikationsdauer von der Art der analysierten Kommunikationswege unabhängig. Sie können deshalb einer generellen Erörterung unterzogen werden.

2421. Die Kommunikationstechnik als Bestimmungsgröße der Kommunikationsdauer

Determinanten der Kommunikationsdauer sind der *Umfang* der zu übermittelnden Information und die *Technik* der Übertragung.

Bei gegebener Kommunikationstechnik wird die Kommunikationsdauer durch den Informationsumfang determiniert. Diese Aussage mag lapidar erscheinen. Es erweist sich jedoch als äußerst schwierig, Bestimmungsgrößen des Informationsumfangs festzustellen. Allenfalls können vage Beziehungen zwischen Kommunikationsart (z. B. Anordnung, Mitteilung, Vorschlag) und Kommunikationsdauer festgestellt werden. So ist es beispielsweise möglich, daß eine Anordnung im Vergleich zu einer Mitteilung im Rahmen des Entscheidungsprozesses einen geringeren Zeitraum in Anspruch nimmt.

Eingehender lassen sich die Zusammenhänge zwischen Kommunikationstechnik und Kommunikationsdauer erörtern.

Elemente der Kommunikationstechnik sind *Kommunikationsform* und *Kommunikationsmittel*[8]. Sie stehen nicht unabhängig nebeneinander,

---

[7] Die allgemeinen Fragen der Doppelstellung von Aufgabenträgern werden erörtert von *Fischer*, G., Probleme der gleichzeitigen Über- und Unterordnung der Führungskräfte im Betrieb, in: MuA, 15. Jg., 1963, S. 101 ff.

[8] Der Einfluß der Kommunikationstechnik auf die Subordinationsspanne wird angedeutet von *Staerkle*, R., Stabsstellen, a.a.O., S. 123; *Koontz*, H. / *O'Donnell*, C., a.a.O., S. 94 f; *Haimann*, Th., a.a.O., S. 147; *Haire*, M., a.a.O., S. 294; *Rissel*, K. P., Die Beeinflussung von Führungsentscheidungen durch untergeordnete Instanzen, Diss. Mannheim 1964, S. 79. — Udell konnte einen Zusammenhang auf empirischem Wege nicht nachweisen (vgl. S. 143 f. dieser Arbeit).

weisen aber auch keinen deterministischen Zusammenhang auf. Durch die Wahl einer bestimmten Kommunikationsform wird lediglich die Zahl der Freiheitsgrade hinsichtlich des Kommunikationsmittels eingeschränkt[9]. Die beiden Elemente wirken auf die Dauer verschiedener Kommunikationsphasen ein. Während der für die Abgabe bzw. Aufnahme von Informationen erforderliche Zeitraum von der Kommunikationsform (sowie vom Codierungsverfahren) abhängt, wird die Dauer der Transportphase durch das Kommunikationsmittel determiniert.

Von den möglichen Kommunikationsformen soll die demonstrierende Kommunikation wegen ihrer untergeordneten Bedeutung für die betriebliche Kommunikation unberücksichtigt bleiben; zur Diskussion stehen somit nur die mündliche und die schriftliche (hand-, maschinenschriftlich, evtl. Eingabe in elektronische Datenverarbeitungsanlage) Kommunikation.

In der *Abgabephase* wird subjektives Wissen in eine Nachricht transformiert. Soweit man Codierungsmöglichkeiten außer acht läßt, beansprucht die Umwandlung des Wissens in eine *mündliche* Nachricht im Vergleich zur Transformation in eine *schriftliche* Nachricht einen geringeren Zeitraum[9]. Mit Hilfe geeigneter Codierungsverfahren kann einerseits die Länge der Abgabephase für schriftliche Kommunikation dem Zeitraum angenähert werden, der zur Abgabe mündlicher, nicht codierter Nachrichten erforderlich ist (z. B. durch Stenographie); andererseits läßt sich sowohl für schriftliche als auch mündliche Kommunikation eine Verkürzung der Abgabephase erzielen[10]. Ihre Grenzen finden die Codierungsmöglichkeiten in der Normaleignung des Informationsempfängers. Von den üblicherweise vorhandenen Empfangseigenschaften des Kommunikationspartners hängt es ab, in welchem Umfang die Nachricht mit Redundanz ausgestattet sein muß, um verstanden zu werden[11].

Der zur *Informationsaufnahme* erforderliche Zeitraum bleibt im wesentlichen von der Kommunikationsform unbeeinflußt. Es kann unterstellt werden, daß zur Rückwandlung der Nachricht in die In-

[9] Die Entscheidung zugunsten einer bestimmten Kommunikationstechnik wird vom Aspekt der Sicherheit und der Schnelligkeit beherrscht. — Hinsichtlich der Strukturierung von Kommunikationswegen unterscheidet H. *Acker* (Die organisatorische Stellengliederung im Betrieb, a.a.O., S. 115 f.) zwischen Wichtigkeit und Dringlichkeit der Informationsübermittlung. Es kann somit festgestellt werden, daß die Kriterien der Kommunikationswege und der Kommunikationstechnik korrespondieren.

[10] Darüber hinaus ist die Dauer der Abgabephase eine Funktion der Abgabegeschwindigkeit, die ihrerseits durch Kommunikationsfähigkeit von Sender und Empfänger determiniert wird. Für die vorliegende Untersuchung muß sie als Datum hingenommen werden.

[11] Die gebräuchlichste redundante Form einer Nachricht besteht in einer Wiederholung bzw. synonymen Umschreibung der Signalfolge.

formation für mündliche wie für schriftliche Kommunikation annähernd dieselbe Zeitspanne beansprucht wird[12]. Selbstverständlich wirkt sich ein bestimmtes Codierungsverfahren wiederum auf eine Verkürzung der Phase aus.

Die Dauer der *Übertragungsphase* bestimmt sich danach, ob bzw. welche Kommunikationsmittel eingesetzt werden[13]. *Mündlich* formulierte Nachrichten können *unmittelbar* an den Empfänger geleitet werden. Die Luft dient als Medium; die Übertragungsgeschwindigkeit ist infolgedessen durch physikalische Gesetze determiniert. Der maximale Übertragungsweg bemißt sich nach der Rufweite. Die betriebliche Praxis ist dadurch gekennzeichnet, daß dieses Maximum relativ selten ausgenutzt wird. In den weitaus meisten Fällen treten sich die Kommunikationspartner gegenüber (z. B. bei Konferenzen). Die kurzen Übertragungswege und die relativ hohe -geschwindigkeit bewirken, daß die Übertragungsdauer unter organisatorischen Aspekten unberücksichtigt bleiben kann.

Demgegenüber muß ein anderer Gesichtspunkt unmittelbarer mündlicher Informationsübermittlung Beachtung finden. Selbst bei kleineren Betrieben kann ins Gewicht fallen, daß Betriebspersonen zur Vornahme der mündlichen Informationsübertragung gewisse räumliche Distanzen überbrücken müssen. Insbesondere bei regional dezentralisierten Betrieben, die durch eine starke Streuung der Arbeitsplätze gekennzeichnet sind, bilden die zwischen Sender und Empfänger (z. B. Vorgesetzter und Untergeordneter) bestehenden Entfernungen ein äußerst beachtenswertes Faktum[14]. Die zur Distanzüberbrückung erforderliche Zeit muß bei der Berechnung der Dauer unmittelbarer mündlicher Kommunikation entsprechend in Ansatz gebracht werden[15].

---

12 Schnelleseverfahren gestatten es zwar, schriftliche Nachrichten schneller als mündliche aufzunehmen. Solange jedoch von einem normalgeeigneten Aufgabenträger die Beherrschung derartiger Verfahren nicht verlangt werden kann, sind sie organisatorisch ohne Bedeutung.

13 Vgl. *Berthel*, J., Zur Organisation der Kommunikation in der Unternehmung, in: ZfB, 38. Jg., 1968, S. 425.

14 E. *Gaugler* (Instanzenbildung, a.a.O., S. 130 ff.) geht auf die Bedeutung der „räumlichen Überschaubarkeit" im Zusammenhang mit der Instanzenbildung ausführlich ein. — Hinweise auf die räumliche Verteilung der Arbeitsplätze als Einflußfaktor der Subordinationsspanne erfolgen von *Arnold*, G., a.a.O., S. 123; *Goossens*, F., Der Chef und seine leitenden Mitarbeiter, München 1968, S. 53 f.; *Joschke*, K. K., a.a.O., S. 215 f.; *Albers*, H. H., a.a.O., S 91 f.; *Dale*, E., Planning and Developing the Company Organization Structure, a.a.O., S. 70; *Haynes*, W. W. / *Massie*, J. L., a.a.O., S. 41; *Janger*, A., a.a.O., S. 10. — Die von diesen Autoren teilweise geäußerte Vermutung, daß eine starke regionale Dezentralisation zur Bildung kleiner Subordinationsspannen führe, konnte von *Udell* in einem empirischen Test nicht bestätigt werden. Vgl. S. 142 dieser Arbeit.

15 Da die Dauer der Übertragungsphase organisatorisch irrelevant ist und die Aufnahme simultan zur Abgabe erfolgt, bilden die Dauer der Abgabe-

Das Erfordernis einer Zusammenkunft der Kommunikationspartner entfällt, wenn das Kommunikationsmittel Telefon oder eine sonstige Sprechanlage verwendet wird. Gleiches gilt bei einer „Zwischenspeicherung“ der mündlich formulierten Information mit Hilfe des Tonbandgeräts, eines Boten etc.

Bei Verwendung von Sprechanlagen fällt die technisch bedingte Zeitspanne zwischen Abgabe und Aufnahme der Information organisatorisch genauso wenig ins Gewicht wie bei unmittelbarer mündlicher Kommunikation. Im Falle der Zwischenspeicherung ist die Übertragungsdauer dagegen eine Funktion der Länge des Übermittlungswegs und der Transportgeschwindigkeit.

Insbesondere bei mündlicher Kommunikation ist auf das Phänomen technischer Störungen zu achten, das eine Verlängerung der Kommunikationsdauer erfordert. In einem störungsfreien Kommunikationskanal werden die Codierungsmöglichkeiten lediglich durch die üblichen Aufnahmefähigkeiten des Empfängers begrenzt. Erweist sich der Kommunikationskanal dagegen als störungsanfällig, dann kann es erforderlich sein, von der „optimalen“, d. h. empfängerseitig orientierten Codierung abzugehen und die Nachricht mit zusätzlicher Redundanz auszustatten[16].

Schriftlich abgefaßte Nachrichten können ebenfalls direkt übergeben oder unter Einschaltung eines „Mittlers“ (Post, Bote, Rohrpostanlage, Förderband etc.) transportiert werden. Die direkte Übergabe setzt wiederum eine Konfrontation der Kommunikationspartner voraus. Wie bei mündlicher Informationsübertragung sind lediglich evtl. zu überwindende Entfernungen organisatorisch von Belang. Bei mittelbarem Kontakt zwischen Sender und Empfänger wird die Länge der Übertragungsphase wie bei mündlicher Kommunikation durch die Entfernung und die Transmissionsgeschwindigkeit determiniert.

Eine im Vergleich zum bisherigen Gebrauch erweiterte Fassung des Terminus Kommunikationsform ermöglicht eine Berücksichtigung der Empfängerzahl. Unter diesem Aspekt kann eine Differenzierung zwischen Individual- und Kollektivkommunikation vorgenommen werden. Individualkommunikation liegt vor, wenn die zu übermittelnde Information nur einen einzelnen Empfänger betrifft. Bei Kollektivkommunikation wird eine für mehrere Personen relevante Information gleichzeitig allen Empfängern auf schriftlichem oder mündlichem Wege über-

---

phase und die zur Entfernungsüberwindung notwendige Zeitspanne die beiden Komponenten des Kommunikationszeitraumes.

[16] Zur Nachrichtenübertragung im störungsfreien und gestörten Kommunikationskanal vgl. auch *Coenenberg*, A. G., Die Kommunikation in der Unternehmung, a.a.O., S. 46 ff.

mittelt[17]. Die Gesamtkommunikationsdauer verkürzt sich in dem Maße, wie die Zahl der Individualkommunikationen zugunsten der Kollektivkommunikationen eingeschränkt werden kann.

Vergleicht man die Kommunikationsformen bezüglich der Kommunikationsdauer miteinander, so erzielt man folgendes Resultat:

a) Treten sich die Kommunikationspartner gegenüber, dann ist die mündliche Informationsübertragung wegen der kürzeren Abgabephase im allgemeinen der schriftlichen Kommunikation überlegen.

b) Bestehen zwischen Sender und Empfänger räumliche Distanzen, die mit Hilfe technischer Kommunikationsmittel überbrückt werden sollen, dann wird die mündliche Informationsübertragung um so vorteilhafter, je weiter die Kommunikationspartner voneinander entfernt sind.

In beiden Fällen wirkt sich eine Kollektivkommunikation positiv auf die Übertragungsdauer aus.

Es muß gefolgert werden, daß unter dem Aspekt der Aufgabenerfüllungsdauer die mündliche Kommunikation der schriftlichen vorzuziehen ist[18]. Je häufiger von der mündlichen Informationsübertragung und von der Kollektivkommunikation Gebrauch gemacht werden kann, desto mehr Zeit verbleibt dem Abteilungsleiter zur Erfüllung intrapersonaler Aufgaben.

2422. Determinanten der Frequenz abteilungsinterner Kommunikation

Abteilungsinterne Informationsübermittlungen erfolgen einseitig oder zweiseitig; außerdem können sie sowohl in vertikaler als auch in horizontaler Richtung vorgenommen werden.

Im Zusammenhang mit der Bildung der *Instanz* ist es nicht erforderlich, auf die Probleme horizontaler Kommunikation zwischen den untergeordneten Stellen einzugehen. Die Erörterungen beschränken sich daher auf Kriterien der Häufigkeit vertikaler Informationsübertragung. Die Frequentierung der vertikalen Kommunikationswege hängt von

---

[17] Schriftliche Kollektivkommunikation ist z. B. in der Form des Rundschreibens gegeben. Für die mündliche Kommunikation sind Bezeichnungen wie Konferenzen, Besprechungen u. ä. gebräuchlich. Zur Konferenztechnik, die im Rahmen der Arbeit nicht interessiert, vgl. z. B. *Bleicher*, K., Konferenzen — Ihre Organisation und Leitung, Wiesbaden 1960; *Goossens*, F., Erfolgreiche Konferenzen und Verhandlungen, 3. Aufl., München 1968, S. 34 ff.; *Höhn*, R., Menschenführung im Handel, a.a.O., S. 75 ff.

[18] Es sei nochmals darauf hingewiesen, daß Sicherheitsüberlegungen die Wahl der schriftlichen Kommunikationsform ratsam erscheinen lassen können.

zwei Faktoren ab[19]: vom *Informationsbedarf* der hierarchisch verbundenen Stellen und von dem *Prinzip organisatorischer Zusammenfassung* nachgeordneter Stellen.

24221. Abteilungsintern zu deckender Informationsbedarf

Die zur Aufgabenerfüllung notwendigen Informationen können bereits am Ort der Verwendung vorhanden sein[20]. Häufig wird sich jedoch die Notwendigkeit ergeben, bestimmte Informationen von anderen Stellen zu beschaffen. Am Verwendungsort besteht somit ein kommunikativ zu deckender Informationsbedarf, der folgendermaßen definiert wird: zur Aufgabenerfüllung erforderliche Informationen ./. am Verwendungsort gespeicherte Informationen.

Der Informationsbedarf kann sowohl beim Abteilungsleiter als auch beim rangniedrigeren Stelleninhaber auftreten. Zur abteilungsinternen Deckung des Informationsbedarfs der *Instanz* tritt der subordinierte Aufgabenträger primär als Sender auf, während der Instanzeninhaber prinzipiell als Empfänger fungiert[21].

Wegen der instrumentalen Bedeutung der Kommunikation für die Erfüllung intrapersonaler Aufgaben lassen sich drei Fälle *„aufwärtsgerichteter" Informationsübertragung* feststellen.

a) Sofern dem Untergeordneten auf Grund seiner normalen Qualifikation Teilaktivitäten der *Vorbereitung einer höherwertigen Entscheidung* übertragen werden, muß der Vorgesetzte in den Besitz der erarbeiteten Ergebnisse gelangen. Der Inhaber der nachrangigen Stelle hat demzufolge dem Übergeordneten die entscheidungsrelevanten Daten (z. B. mögliche Alternativen, Entscheidungskonsequenzen) zu übermitteln. Der Rhythmus einer derartigen Teilnahme am Entscheidungsprozeß bestimmt die Häufigkeit der Kommunikation.

b) Auf die *Kontrollaufgabe* des Instanzeninhabers lassen sich die erzielten Resultate analog anwenden. Eine Beteiligung nachgeordne-

---

[19] Die in der Literatur genannten Kriterien der Kommunisationshäufigkeit (vgl. die Literaturangaben in Punkt 13. Anm. 8 dieser Arbeit) sind zumeist unsystematisch bzw. unvollständig. Außerdem wird nicht auf die Beziehungen zwischen funktionaler Organisation und Subordinationsspanne eingegangen. Aus diesem Grunde können sie für die vorliegende Untersuchung nicht uneingeschränkt übernommen werden. Es erfolgen jedoch an geeigneter Stelle Literaturverweise.

[20] Es interessiert hier nicht, inwieweit die Informationen noch transformiert werden müssen.

[21] Im Verlauf der Kommunikation kann auch der Instanzeninhaber als Sender tätig werden (z. B. durch Erhebung von Einwänden).

ter Aufgabenträger am Kontrollprozeß der Instanz macht entsprechende Kommunikationen erforderlich (z. B. Übermittlung des Ist-Zustandes), deren Häufigkeit eine Funktion der angestrebten Kontrollfrequenz ist.

c) Wegen der organisatorischen Verkettung betrieblicher Stellen kann der nachgeordnete Aufgabenträger durch horizontale Kommunikationen bzw. — sofern er ebenfalls Leiter einer rangtieferen Abteilung ist — durch vertikale Kommunikation in den Besitz von Informationen gelangen, die den Aufgabenbereich seines Vorgesetzten tangieren. In diesem Fall muß sich an die Kommunikation mit abteilungsexternen Personen eine Informationsübertragung innerhalb der Abteilung anschließen. Die Frequenz dieser *induzierten abteilungsinternen Informationsübertragungen* bestimmt sich nach der Häufigkeit der Kommunikation mit abteilungsexternen Personen, durch die für den Vorgesetzten relevante Informationen in den Abteilungsbereich gelangen.

Die umgekehrte Situation einer *„abwärtsgerichteten" Kommunikation*, bei der dem Instanzeninhaber die Funktion des Senders und dem untergeordneten Aufgabenträger die des Empfängers zukommt, existiert ebenfalls in drei Formen:

a) Wenn der subordinierte Stelleninhaber mit einem Problem (Entscheidungsprozeß oder Ausführungsaufgabe) konfrontiert wird, dessen richtige Lösung die Grenzen seiner Normaleignung übersteigt, muß er zwangsläufig seinen Vorgesetzten darüber unterrichten und von ihm Informationen beziehen. Je nach Sachverhalt können die an den Untergeordneten zu übertragenden Informationen sich auf Entscheidungsalternativen, auf deren Konsequenzen oder auf Ausführungsmodalitäten beziehen. In besonders gelagerten Fällen ist es erforderlich, daß der übergeordnete Aufgabenträger unter Berücksichtigung der ihm übermittelten Daten selbst die Problemlösung vornimmt. Soweit ein Entscheidungsproblem zur Diskussion stand, muß die gewählte Alternative dem Untergebenen in Form einer *Anweisung* verbindlich mitgeteilt werden, um ein der Entscheidung entsprechendes Verhalten zu veranlassen. Bildete dagegen eine Ausführungsaufgabe den Problemgegenstand, dann ist der nachgeordnete Stelleninhaber über deren Erfüllung in Kenntnis zu setzen. Somit erweist sich der Schwierigkeitsgrad und der Rhythmus der Teilaufgaben rangniedrigerer Stellen als Bestimmungsgröße dieser „abwärtsgerichteten" Kommunikation[22]. Je häu-

[22] Diese Situation ist gemeint, wenn des öfteren die „Schwierigkeit der Aufgaben" als Einflußfaktor der Subordinationsspanne erwähnt, aber nicht exakt ausgeführt wird. Vgl. z. B. *Pfiffner*, J. M., a.a.O., S. 54; *Terry*, G. R., a.a.O., S. 323; *Gaugler*, E., Instanzenbildung, a.a.O., S. 150; *Haynes*, W. W. /

figer beim untergeordneten Stelleninhaber Aufgaben anfallen, die er auf Grund seines begrenzten Eignungspotentials nicht bewältigen kann, desto zahlreicher sind die vertikalen Informationsübertragungen.

b) Charakteristikum des zweiten Falles ist ebenfalls eine vom Vorgesetzten in Form einer Anordnung übermittelte Information. Bei der Erörterung der Kontrollaufgabe in Punkt 2214. wurde darauf hingewiesen, daß die Feststellung von Abweichungen Anpassungsentscheidungen initiiert. Die vom Instanzeninhaber getroffene Maßnahme muß dem fremdkontrollierten Untergebenen mitgeteilt werden, da er sich erst nach Unterrichtung sachgerecht verhalten kann[23]. Die Häufigkeit einer *„Anpassungskommunikation“* wird durch den Rhythmus der Abweichungen und die Möglichkeit der Einwirkung bzw. Prophylaxe[24] determiniert.

c) „Abwärtsgerichtete“ Informationsübertragung ist auch dann notwendig, wenn der Vorgesetzte durch Kommunikation mit abteilungsexternen Stellen[25] in den Besitz von Daten gelangt, die für seine Untergebenen von Bedeutung sind *(induzierte abteilungsinterne Kommunikation)*. Dieser Fall bildet das Korrelat zu der unter Punkt c) der „aufwärtsgerichteten“ Kommunikation behandelten Situation. Die dortigen Erörterungen gelten daher analog.

24222. Komplexionsart nachgeordneter Stellen

Auf die Häufigkeit der abteilungsinternen vertikalen Kommunikation wirkt sich weiterhin die Art der Zusammenfassung untergeordneter Stellen aus. Von den zur Kombination rangniedrigerer Stellen verfügbaren Kriterien[26] seien nur die beiden bedeutsamsten herausgegriffen: das Merkmal Verrichtung (Funktion) und das Kriterium Objekt.

Massie, J. L., a.a.O., S. 41; *Janger*, A., a.a.O., S. 9; *Altfelder*, K., a.a.O., S. 29; *Böhrs*, H., Organisation des Industriebetriebes, a.a.O., S. 109 und S. 139; *Haimann*, Th., a.a.O., S. 146; *Staerkle*, R., Stabsstellen, a.a.O., S. 124; *Fox*, W. M., a.a.O., S. 99; *Koontz*, H. /*O'Donnell*, C., a.a.O., S. 92. — Auf die Frequentierung der abteilungsinternen Beziehungen gehen dagegen etwas exakter ein: *Meyer*, E., a.a.O., S. 127, *Bleicher*, K., Zentralisation und Dezentralisation von Aufgaben, a.a.O., S. 87.

[23] Mit dieser Formulierung soll nicht ausgeschlossen werden, daß der Untergeordnete an der Vorbereitung der Anpassungsentscheidung aktiv mitwirkt, die eine zweiseitige Kommunikation notwendig macht.

[24] Abgeschlossene Aufgaben, deren Wiederholungsfall sehr fraglich erscheint, brauchen nicht notwendigerweise eine prophylaktische Anpassungskommunikation hervorzurufen.

[25] Hierauf wird in Punkt 2423. noch gesondert eingegangen.

[26] Vgl. *Acker*, H., Die organisatorische Stellengliederung im Betrieb, a.a.O., S. 48 ff.; *ders.*, Die Gliederung organisatorischer Einheiten, in: ZfB, 23. Jg., 1953, S. 672 ff.; *Bleicher*, K., Zentralisation und Dezentralisation von Auf-

Die rangniedrigeren Stellen können sowohl hinsichtlich des Objekts als auch bezüglich der Verrichtung gleichartig sein oder Unterschiede aufweisen. Es ergeben sich vier Alternativen der Kombination:

a) alle untergeordneten Stelleninhaber üben die gleiche Verrichtung an gleichartigen Objekten aus[27];

b) die rangniedrigeren Stellen sind durch gleichartige Verrichtungen, aber ungleichartige Objekte bzw. Objektgruppen gekennzeichnet (sog. Objektgliederung, „föderative Organisation")[28, 29];

c) Gemeinsames Merkmal der Stellen ist die Gleichartigkeit der Objekte, an denen unterschiedliche Verrichtungen vollzogen werden (sog. Verrichtungsgliederung, „funktionsorientierte Organisation"[30])[31].

d) Die Fälle b) und c) treten kombiniert auf: sowohl die Verrichtungen als auch das Objekt sind uneinheitlich.

Die Situation a) ist mehr theoretischer Natur. In der Praxis dürfte sie allenfalls auf der untersten Führungsebene gegeben sein, wenn die Prämisse vollkommener Gleichartigkeit der Stellen erfüllt sein soll[32]. Homogene Stellen[33] bewirken eine geringe Häufigkeit vertikaler Kom-

---

gaben, a.a.O., S. 97 ff.; *Weber,* H., Funktionsorientierte und produktorientierte Organisation der industriellen Unternehmung, in: ZfB, 38. Jg., 1968, S. 587 ff. — Ein analoges Problem ergibt sich bei der Kombination von Teilaufgaben zu Stellen. Vgl. dazu *Hennig,* K. W., a.a.O., S. 32; *Kosiol,* E., Organisation der Unternehmung, a.a.O., S. 84 ff.; *Gaugler,* E., Instanzenbildung, a.a.O., S. 127 und die dort angegebene umfangreiche Literatur.

[27] In der Literatur wird hierfür die Bezeichnung Mengengliederung, -teilung verwendet. Vgl. *Fischer,* G., Die Betriebsführung, Bd. 1, a.a.O., S. 121; *Böhrs,* H., Organisation des Industriebetriebes, a.a.O., S. 146; *Göldner,* J., a.a.O., S. 169 f. — K. *Bleicher* (Zentralisation und Dezentralisation, in: HdO, a.a.O., Sp. 1808) verwendet den Begriff in einem noch engeren Sinn. Er erachtet Mengengliederung nur dann als gegeben, wenn die Aufgaben hinsichtlich der fünf von Kosiol ausgearbeiteten analytischen Merkmale identisch sind. (Vgl. zu den Merkmalen *Kosiol,* E., Organisation der Unternehmung, a.a.O., S. 49 ff.)

[28] *Allen,* L. A., a.a.O., S. 97.

[29] Als „Objekt" i. w. S. kommen Produkte, Sektoren, Kunden, Lieferanten etc. in Betracht. Die Gliederung nach dem Merkmal Produkt wird als diversification oder Diversifizierung bezeichnet.

[30] *Weber,* H., Funktionsorientierte und produktorientierte Organisation der industriellen Unternehmung, a.a.O., S. 589 f.

[31] Der Sachverhalt wird auch mit dem Terminus Artgliederung, -teilung belegt. Vgl. *Fischer,* G., Die Betriebsführung, Bd. 1, a.a.O., S. 121; *Böhrs,* H., Organisation des Industriebetriebes, a.a.O., S. 146; *Göldner,* J., a.a.O., S. 167 f.

[32] Vgl. auch *Göldner,* J., a.a.O., S. 169.

[33] Die Gleichartigkeit der Aufgaben als Einflußfaktor der Subordinationsspanne wird in zahlreichen Publikationen erwähnt. Ansätze zu einer Erörterung finden sich dagegen nur sehr sporadisch. Vgl. dazu z. B. *Brech,* E. F. L., Organisation — The Framework of Management, a.a.O., S. 83; *Baumberger,* H. H., Organisationsstruktur, a.a.O., S. 110; *Gaugler,* E., In-

munikationen. Folgende Gründe ermöglichen ein Minimum an Informationsübermittlung. Wegen der Gleichartigkeit der Verrichtungen brauchen die untergeordneten Stelleninhaber im Regelfall keine aufgabenbedingten horizontalen Kommunikationen vorzunehmen. Ausnahmen liegen beispielsweise vor, wenn den Untergeordneten nur gemeinsam bestimmte Arbeitsmittel (Werkzeuge, Maschinen, Transportmittel) zur Verfügung stehen.

Mithin entfällt auch für den Vorgesetzten zumeist die Notwendigkeit der Koordination subordinierter Stellen. Aus der Gleichartigkeit des Objekts resultiert, daß die Aufgabenerfüllung bei sämtlichen untergeordneten Stellen dieselben Probleme aufwirft. Der Abteilungsleiter besitzt daher die Möglichkeit, mittels Kollektivkommunikationen die Häufigkeit von Informationsübertragungen geringer zu halten. Von Bedeutung ist hierbei zusätzlich die Aufgabenerfüllungsdauer. Bei besonders stark schematisierten und standardisierten Aufgaben, die über einen längeren Zeitraum hinweg konstant anfallen, kann von einer Generalkommunikation Gebrauch gemacht werden, die bei den Untergeordneten gespeichert wird (z. B. schriftliche Arbeitsanweisung) und die Häufigkeit von Informationsübertragungen weiterhin verringert.

Wird die Prämisse gleichartiger Verrichtungen aufrechterhalten und eine Divergenz der Stellen hinsichtlich des Objekts zugelassen (Fall b), dann korreliert die Möglichkeit einer Kollektivkommunikation mit dem Verwandtschaftsgrad der Objekte[34]. Je ungleichartiger die Objekte sind (z. B. Produkte verschiedener Warengattungen, Absatz in mehreren Ländern), desto geringer wird die Möglichkeit der Kollektivkommunikation. Entsprechend nimmt die Häufigkeit der Individualkommunikation zu[35]. Im Vergleich zum Fall homogener Stellen müssen bei Objektgliederung öfters Kommunikationen vorgenommen werden[36].

---

stanzenbildung, a.a.O., S. 150; *Bleicher*, K., Zentralisation und Dezentralisation von Aufgaben, a.a.O., S 87; *Allen*, L.A., a.a.O., S. 82; *Mayntz*, R., Soziologie der Organisation, a.a.O., S. 109; *Stieglitz*, H., Optimizing Span of Control, a.a.O., S. 26; *Terry*, G. R., a.a.O., S. 323; *Litterer*, J. A., a.a.O., S. 314 f.; *Dale*, E„ Planning and Developing the Company Organization Structure, a.a.O., S. 73 f.; *Haimann*, Th., a.a.O., S. 146; *Janger*, A., a.a.O., S. 9; *Gulick*, L., Notes on the Theory of Organization — with special Reference to Government in the United States, in: *Gulick*, L. / *Urwick*, L., Papers on the Science of Administration, New York 1937, S. 7; *Junckerstorff*, K., a.a.O., S. 125: *Moore*, W. E., a.a.O., S. 48 f.; *Stefanic-Allmayer*, K., a.a.O., S. 65; *Goossens*, F., Personalorganisation im Betrieb, in: Betriebsleiterhandbuch, München 1963, S. 16.

[34] Umfaßt das Leistungsprogramm eines Betriebes komplementäre Produkte oder Substitutionsgüter und ist der Absatzbereich nach Objekten gegliedert, dann ist für die Möglichkeit einer Kollektivkommunikation auch der Grad der Komplementarität bzw. Substitutionalität von Bedeutung.

[35] Informationsübermittlung zum Zwecke der Koordination ist bei objekt-

Aus einer Umkehrung des Falles b) resultiert die Situation c). Unter diesen Voraussetzungen gewinnt die Koordinationskommunikation in dem Maße an Bedeutung, wie die Untergeordneten übergreifende Probleme wegen ihrer begrenzten Qualifikation auf dem Wege horizontaler Kommunikation nicht zu lösen vermögen[37]. Für die Koordination kommen Individual- und Kollektivkommunikationen in Betracht. Daneben bedarf es der vertikalen Individualkommunikation zur Übermittlung zweckorientierten Wissens, das den Aufgabenbereich eines einzelnen untergeordneten Stelleninhabers tangiert, während es für die übrigen Aufgabenträger irrelevant ist.

Da der Fall d) aus einer Verbindung von b) und c) besteht[38], sind für den Nachweis eines weiteren Ansteigens der Kommunikationshäufigkeit keine tiefschürfenden Erörterungen notwendig.

Zusammenfassend kann festgehalten werden, daß die Art der Kombination rangniedriger Stellen die abteilungsinterne Kommunikationshäufigkeit beeinflußt[39]. Die Frequenz weist von a) nach d) eine wachsende Tendenz auf. Eine endgültige Aussage über die Häufigkeit abteilungsinterner Kommunikation läßt sich im Einzelfall erst nach einer Gesamtschau der beiden Komponenten Informationsbedarf und Komplexionsart treffen.

2423. Informationsbedarf als Kriterum abteilungstraversierender Kommunikation

Im Falle abteilungstraversierender Informationsübertragung kommen als Kommunikationspartner betriebszugehörige Aufgabenträger (Vor-

---

orientierter Gliederung dann erforderlich, wenn die Leistungsskala komplementäre und substitutionelle Produkte umfaßt.

[36] Die Untersuchungsergebnisse von *Udell* lassen den Schluß zu, daß die Subordinationsspanne positiv mit der Gleichartigkeit der Aufgaben korreliert. Vgl. S. 143 dieser Arbeit.

[37] Diesen Sachverhalt deutet *Urwick* an, wenn er vom „Ineinandergreifen" (interlocking) der Aufgaben spricht, das die maximale Subordinationsspanne auf 6 Personen begrenzt. Vgl. *Urwick*, L. F., The Manager's Span of Control, a.a.O., S. 41; *ders.*, Wieviel Mitarbeiter sollte man den Führungskräften unterstellen? in: Fortschrittliche Betriebsführung, 10. Jg., 1961, S. 2; *ders.*, Organisation and Coordination: Principles, a.a.O., S. 73. — Auf die Notwendigkeit der Koordination verweisen auch *Joschke*, H. K., a.a.O., S. 215 und *Litterer*, J. A., a.a.O., S. 314.

[38] Nach H. *Acker* (Die organisatorische Stellengliederung im Betrieb, a.a.O., S. 77) ist in der obersten Instanz weder ein einheitliches Objekt noch eine einheitliche Verrichtung vorzufinden. Nach E. *Gaugler* (Instanzenbildung, a.a.O., S. 127) ist dies bereits bei mittleren oder höheren Instanzen der Fall

[39] Für die naheliegende Schlußfolgerung, daß zunehmende Koordinationskommunikationen eine kleinere Subordinationsspanne bedingen, ergab sich in dem empirischen Test von *Udell* keine Bestätigung. Vgl. S. 143 dieser Arbeit.

gesetzte, Kollegen und sonstige Betriebsangehörige) sowie betriebsexterne Personen (Kunden, Lieferanten, Kapitalgeber, Vertreter der öffentlichen Meinung etc.) in Betracht. Je nach Sachverhalt fällt dem Abteilungsleiter die Rolle des Senders oder des Empfängers zu.

Ebenso wie bei abteilungsinterner Kommunikation bildet der Informationsbedarf von Personen die Determinante der Kommunikationshäufigkeit. Die Einflußfaktoren dieses Bedarfs sind für die vertikalen und die horizontalen[40] Kommunikationswege getrennt zu analysieren.

Die Frequenz der *vertikalen Kommunikation* bestimmt sich — ebenso wie im Falle abteilungsinterner Kommunikation — nach den vom Abteilungsleiter wahrzunehmenden intrapersonalen Aufgaben. Diese Hypothese kann mit dem Hinweis auf die erwähnte organisatorische Doppelstellung des Abteilungsleiters gestützt werden. Da er in der ranghöheren Abteilung die Position eines Untergeordneten einnimmt, gelten die Ausführungen des Punkts 24221. analog. Darüber hinaus wird die Häufigkeit vertikaler Kommunikationen durch folgenden Tatbestand geprägt. Gegenüber den ihm Untergeordneten hat der Abteilungsleiter Führungsfunktionen wahrzunehmen. Seine Aufgabe besteht darin, die rangniedrigeren Stelleninhaber zu veranlassen, sich dem Betriebszweck entsprechend zu verhalten. Mit Hilfe vertikaler Kommunikationen zwischen Abteilungsleiter und Vorgesetztem wird die Wahrnahme dieser Aufgabe gewährleistet[41]. Von der normalen Qualifikation und der Leistungsbereitschaft des Abteilungsleiters sowie seiner Untergeordneten hängt die Häufigkeit derartiger Kommunikationen ab.

Der im Wege *horizontaler Kommunikation* mit *betriebsinternen* Personen zu deckende Informationsbedarf bestimmt sich nach dem Ausmaß der Autonomie einer Instanz. Eine Organisationseinheit ist dann als relativ selbständig anzusehen, wenn die Wahrnahme ihres Kombinats in geringem Umfang Informationen gleichrangiger Stellen erfordert. Stellt man die Forderung, daß der gemeinsame Vorgesetzte zweier Instanzeninhaber keine „Briefträgerfunktionen" ausüben und nicht lediglich als „Relaisstation" im Kommunikationsweg der nach-

---

[40] Aus Vereinfachungsgründen sollen sämtliche Informationsübertragungen, die *nicht* zwischen Abteilungsleiter und seinem Vorgesetzten stattfinden, als horizontal bezeichnet werden.

[41] Damit ist das Problem der indirekten Subordinationsspanne angesprochen, dem in der Literatur nur von wenigen Autoren Aufmerksamkeit geschenkt wird, so z. B. von *Ulrich*, H., Kontrollspanne und Instanzenaufbau, a.a.O., S. 279; *Gaugler*, E., Instanzenbildung, a.a.O., S. 149; *Entwisle*, D. R. / *Walton*, J., Observations on the Span of Control, in: Administrative Science Quarterly, Vol. 5, 1960/61, S. 526. (Zu den beiden letztgenannten Autoren vgl. auch S. 138 ff. dieser Arbeit.)

geordneten Instanzeninhaber dienen soll, dann sind horizontale Kommunikationen zuzulassen[42].

Die Autonomie der Instanz und somit die Aktivierung horizontaler Kommunikationswege kann nur innerhalb gewisser Grenzen festgelegt werden. Vollkommen selbständige Instanzen sind u. E. nicht existenzfähig, da sich zwischen Instanzen stets aufgabenbedingte Berührungspunkte ergeben werden.

Als relativ selbständig erweisen sich Instanzen, die nach dem Objektprinzip gebildet werden. Die Aufgabenerfüllung kann weitgehend ohne Informationen von Stelleninhabern außerhalb des eigenen Instanzenzugs erfolgen[43]. Soweit auf horizontalem Wege Informationen übermittelt werden, sind sie häufig ohne unmittelbare Entscheidungsrelevanz. Anders verhält es sich bei Instanzen, die nach dem Verrichtungsprinzip strukturiert werden. Hier sind horizontale Kommunikationen häufiger. Sie dienen oftmals dem Zweck der Koordination. Die Rangstufe der Instanz ist insofern von Bedeutung, als mit zunehmender Instanzenhöhe die Zahl der übergreifenden Entscheidungen größer wird.

Die Häufigkeit der Kommunikationen mit *betriebsexternen* Personen bemißt sich wesentlich nach den Verrichtungen, die das Aufgabenkombinat nachgeordneter Stellen umfaßt[44]. Während für einzelne Verrichtungen die Kooperation mit Außenstehenden obligatorisch ist (z. B. Verkaufen), besteht für andere Tätigkeiten kein Zwang zu Interaktionen (z. B. Hobeln, Buchen). Daher sind beispielsweise bei Anwendung des Verrichtungspinzips für einen Leiter der Verkaufsbezirke häufiger Kommunikationen mit betriebsexternen Personen zu verzeichnen als für einen Leiter der Abteilung „Einzelteilefertigung“. Bis zu einem bestimmten Grad wird die Frequenz der Kommunikationen mit Außenstehenden auch durch die Ranghöhe der Instanz bestimmt (z. B. bei Repräsentationsaufgaben).

25. Ansätze zur Bestimmung der Subordinationsspanne des Abteilungsleiters

In den voranstehenden Punkten 23. und 24. wurden Kriterien dargelegt, die bei der qualitativen und quantitativen Festlegung der Instanzen zu beachten sind. Unmittelbare Aussagen zur Frage der Subordinationsspanne waren nicht möglich.

---

[42] Mit den „aufgabenbedingten Querverbindungen“ als Merkmal von Instanzen befaßt sich *Gaugler*, E., Instanzenbildung, a.a.O., S. 30 f.

[43] Damit werden Koordinationsaufgaben des übergeordneten Instanzeninhabers nicht ausgeklammert.

[44] Diese Aussage gilt unabhängig davon, ob zur Bildung der Instanz das Verrichtungs- oder das Objektprinzip Anwendung findet.

Im folgenden soll nunmehr versucht werden, unter Berücksichtigung der bisherigen Erörterungen ein Modell zur Bestimmung der Subordinationsspanne zu entwickeln. Des weiteren wird über einen Lösungsansatz aus der Praxis referiert. Abschließend erfolgt die Skizzierung eines Lösungsversuchs, der auf der Warteschlangentheorie basiert. Es ist allerdings bereits hier darauf hinzuweisen, daß die Ansätze hinsichtlich der Methodik divergieren.

Da u. E. ein „black-box-Modell" nicht möglich ist, das unter simultaner Berücksichtigung sämtlicher Einflußfaktoren die Bestimmung der (optimalen) Subordinationsspanne ermöglicht, wird ein sukzessives Vorgehen gewählt. Unter Beibehaltung der Annahme, daß die rangniedrigere Stelle unter qualitativen und quantitativen Gesichtspunkten dimensioniert wurde, umfaßt unser Modell folgende Stufen:

1. Wahl einer Komplexionsart

   Die Frage, welche der möglichen Kombinationsformen in Betracht zu ziehen ist, bestimmt sich zum Teil nach dem Sachverhalt (Branche, Betriebsbereich, Rangstufe etc.), zum Teil besitzt der Organisator aber auch einen Ermessensspielraum.

2. Festlegung der Zahl unterzuordnender Stellen

   Grundsätzlich kann — da ein Iterationsverfahren Anwendung findet — jede beliebige Zahl rangniedrigerer Stellen angenommen werden. Um jedoch möglichst rasch eine Lösung herbeizuführen, wird man bemüht sein, diejenige Stellenzahl in Ansatz zu bringen, die der zulässigen Subordinationsspanne entspricht.
   Als Resultat der Schritte (1) und (2) liegt eine vorläufige Subordinationsspanne fest.

3. Bestimmung der möglichen intrapersonalen Aufgaben der Instanz
   Gemäß unseren Darlegungen[1] wird der Bereich intrapersonaler Aufgaben des Abteilungsleiters durch drei Faktoren determiniert: durch die Aufgabenstruktur der rangniedrigeren Stellen, durch die normale Qualifikation des Abteilungsleiters sowie durch Rechtsvorschriften und Wirtschaftlichkeitsaspekte.

4. a) Bestimmung der Erfüllungsdauer der einzelnen intrapersonalen Aufgaben. Dabei muß eine normale Intensität der Aufgabenerledigung unterstellt werden.

   b) Festlegung eines normalen Arbeitszeitraums, der u. E. mindestens einen Monat umfassen soll.

---

[1] Vgl. Punkt 23.

c) Ermittlung der Gesamt-Erfüllungsdauer intrapersonaler Aufgaben während des normalen Arbeitszeitraums. Dabei ist es erforderlich, daß die Aufgabenfrequenz beachtet wird.

d) Subtraktion der Gesamt-Erfüllungsdauer vom normalen Arbeitszeitraum.

Erhält man als Ergebnis der 4. Phase eine positive Differenz, so wurde die Subordinationsspanne im ersten Ansatz *nicht* zu groß gewählt. Demzufolge kann der Entscheidungsprozeß fortgesetzt werden[2]. Ergibt sich als Subtraktionsresultat der Wert 0 oder eine negative Größe, dann muß nochmals bei Stufe (2) begonnen und die Zahl der nachgeordneten Stellen kleiner gewählt werden.

5. a) Bestimmung der Gesamt-Erfüllungsdauer abteilungsinterner Kommunikationsaufgaben während des normalen Arbeitszeitraums. Diese Größe ist abhängig von[3]:

(1) der Häufigkeit, mit der die Aufgaben während des normalen Arbeitszeitraums erfüllt werden müssen. Die Frequenz wird ihrerseits davon beeinflußt, welche Komplexionsart nachrangiger Stellen realisiert wurde und welche Aufgabenabgrenzung zwischen dem Abteilungsleiter und einem einzelnen nachgeordneten Stelleninhaber (auf Grund der Normaleignung beider Personen) vorgenommen werden konnte.

(2) der Dauer der einzelnen Kommunikationen. Um eine Aussage hierüber machen zu können, müssen Kommunikationsform und -mittel festgelegt sein.

b) Vergleich der Gesamt-Erfüllungsdauer abteilungsinterner Kommunikationsaufgaben mit dem als positives Ergebnis der Phase (4) verbliebenen Teil des normalen Arbeitszeitraums.

Ein zulässiges Resultat wird erzielt, wenn die Gesamt-Erfüllungsdauer kleiner als der restliche Arbeitszeitraum ist. Dies ermöglicht eine Weiterführung des Entscheidungsprozesses. Im anderen Fall muß auf Stufe (2) zurückgegangen werden.

6. a) Ermittlung der Gesamt-Erfüllungsdauer vertikaler abteilungstraversierender Kommunikation während des normalen Arbeits-

---

[2] Problematisch ist die Behandlung von Aufgaben, die eine größere Periodizität als der normale Arbeitszeitraum aufweisen oder aperiodisch wiederkehren. Eine Berücksichtigung der periodischen Aufgaben kann u. E. durch bestimmte Zeitzuschläge erfolgen. Aperiodische Aufgaben lassen sich organisatorisch nicht berücksichtigen. Im übrigen ist darauf hinzuweisen, daß die tägliche Arbeitszeit in Grenzen variabel ist und daß die Intensität der Aufgabenerfüllung gesteigert werden kann.

[3] Vgl. die Erörterungen in den Punkten 2421. und 2422. dieser Arbeit.

zeitraums. Die Gesamtdauer ist einerseits von der angewandten Kommunikationstechnik, andererseits von der Häufigkeit des Informationsbedarfs abhängig[4].

b) Subtraktion der Gesamterfüllungsdauer vertikaler abteilungstraversierender Kommunikation von dem nach Beendigung der Stufe (5) vorhandenen Teil des normalen Arbeitszeitraums.

Auch in diesem Fall muß das Ergebnis der Subtraktion positiv sein, da sonst eine Wiederholung des Prozesses ab der 2. Stufe erforderlich ist.

7. a) Festlegung der Gesamtdauer horizontaler abteilungstraversierender Kommunikationen während des normalen Arbeitszeitraums. Die Gesamtdauer ergibt sich ebenfalls durch Summation des Informationsbedarfs und der Dauer einer einzelnen Kommunikation[5].

b) Vergleich des Zeitbedarfs für abteilungstraversierende horizontale Kommunikation mit dem Rest des normalen Arbeitszeitraums nach Beendigung der Phase (6).

Das erzielte Ergebnis ist zulässig, wenn der Zeitbedarf zur Erfüllung der kommunikativen Aufgaben gleich oder geringfügig kleiner als der verbliebene Teil des normalen Arbeitszeitraums ist. Unter dieser Voraussetzung können die während des normalen Arbeitszeitraums anfallenden intra- und interpersonalen Aufgaben vom Abteilungsleiter erfüllt werden[6]. Die in Stufe (2) festgelegte Zahl rangniedrigerer Stellen bilden seine Subordinationsspanne. Eine geringfügige Zeitdifferenz ist deshalb unbeachtlich oder sogar positiv, weil der Abteilungsleiter dadurch die Möglichkeit besitzt, zum Organisationszeitpunkt nicht voraussehbare Aufgaben kleineren Umfangs ohne Überbelastung wahrzunehmen.

Ergibt sich auf Stufe (7) hingegen ein negatives Resultat, dann muß der Entscheidungsvorgang ab Stufe (2) wiederholt werden. Bei jedem negativen Ergebnis, das im Verlauf des Entscheidungsprozesses eintritt,

---

[4] Vgl. Punkte 2421. und 2423.

[5] Vgl. Punkte 2421. und 2423.

[6] Empirische Untersuchungen über die Arbeitszeiteinteilung von Direktoren liegen vor von: *Carlson*, S., Executive Behavior. A Study of the Work Load and the Working Methods of Managing Directors, Stockholm 1951; *H. W.*, Die tägliche Arbeitseinteilung der Direktoren, in: BFuP, 1. Jg., 1949, S. 603 ff. — Für die vorliegende Untersuchung sind sie jedoch nicht auswertbar, da sie andere Gesichtspunkte berücksichtigen als diese Arbeit. Vgl. zu dem Themenkreis auch *Gasser*, C. (Die optimale Organisationsstruktur, a.a.O., S. 231), der in einer Kurve die (mutmaßliche?) Aufteilung der Arbeitszeit für sämtliche Rangstufen aufzeigt sowie den amüsanten Bericht von *Luijk*, H., Wo bleibt die Zeit des Direktors?, Wiesbaden o. J.

ist darüber hinaus der Versuch möglich, durch Änderung der Komplexionsart eine günstigere Ausgangsposition zu gewinnen.

Der Entscheidungsprozeß zur Bestimmung der Subordinationsspanne läßt sich in etwas geraffter Form mit Hilfe des folgenden Flußdiagramms darstellen (vgl. Abb. 13).

Das entwickelte Modell besitzt den Vorteil, daß bereits im Ansatz von einer Gruppe ausgegangen wird. Dadurch ist es möglich, Kollektivkommunikationen zu berücksichtigen, die bei einer auf den einzelnen Stelleninhaber ausgerichteten Betrachtungsweise naturgemäß unbeachtet bleiben müssen[7].

Ein weiterer Vorzug ist darin zu sehen, daß der Vielschichtigkeit des Spannenproblems gerecht zu werden versucht wird. Dadurch läßt sich das möglicherweise langwierige Verfahren nicht umgehen.

Um praktische Möglichkeiten einer Bestimmung der Subordinationsspanne aufzuzeigen, sei über den Lösungsansatz der Fa. Lockheed berichtet[8, 9].

Zunächst ging Lockheed daran, die wichtigsten Einflußfaktoren der Subordinationsspanne zu bestimmen. Es wurden sieben Kriterien ermittelt[10]:

1. Gleichartigkeit der überwachten Aufgaben
2. Geographische Verteilung der überwachten Personen
3. Komplexität der überwachten Aufgaben
4. Führungs- und Kontrollaufgaben des Vorgesetzten
5. Koordinationsaufgaben des Vorgesetzten
6. Planungsaufgaben des Vorgesetzten
7. Führungshilfskräfte.

Die sieben Faktoren wurden exakt definiert[11].

Der zweite Schritt bestand in der Gewichtung der ausgewählten Faktoren. Jede Determinante (mit Ausnahme der 7.) wurde in fünf Stufen

---

[7] H. *Ulrich* (Kontrollspanne und Instanzenaufbau, a.a.O., S. 284) kritisiert an der „klassische(n) Kontrollspannen-Regel", daß sie zu sehr vom Gedanken des Einzelgesprächs als Führungsform durchdrungen sei.

[8] Der Versuch wurde in der „group division" „Lockheed Missiles Space Company" unternommen. Vgl. zu den folgenden Ausführungen *Barkdull*, C. W., Span of Control — A Method of Evaluation, in: Michigan Business Review, Vol. 15, 1963, S. 25 ff.; *Stieglitz*, H., Optimizing Span of Control, a.a.O., S. 25 ff.

[9] Unter der Subordinationsspanne wird die Zahl der *Linien*untergebenen verstanden. (Vgl. *Stieglitz*, H., Optimizing Span of Control, a.a.O., S. 26.)

[10] Vgl. *Stieglitz*, H., Optimizing Span of Control, a.a.O., S. 26; *Barkdull*, C. W., a.a.O., S. 27.

[11] Vgl. die Definitionen bei *Barkdull*, C. W., a.a.O., S. 28 f.

Abbildung 13

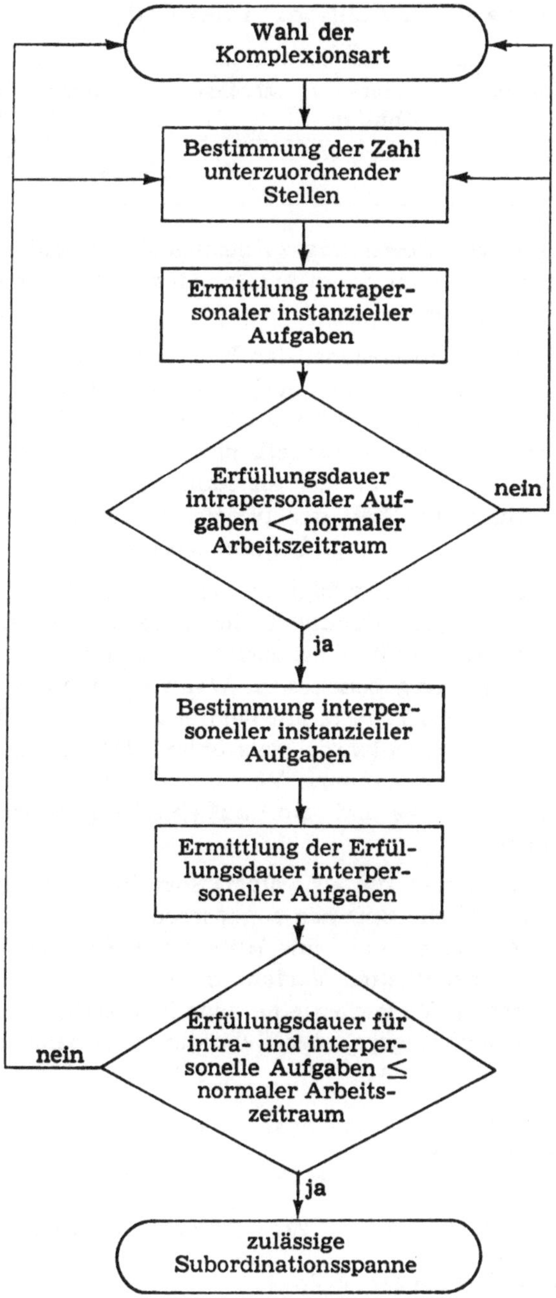

unterteilt; die Stufen wurden definiert und (unterschiedlich) bewertet. Die Höhe der Punktzahl richtet sich nach der Arbeitsbelastung, die der Faktor verursacht. Als Beispiel für die Stufung sei der Faktor „Gleichartigkeit der überwachten Aufgaben" angeführt[12].

Stufe	**identisch**	**stark ähnlich**	**ähnlich**	**verschieden**	**vollkommen verschieden**
Punktzahl	1	2	3	4	5

Um zur endgültigen Bewertung zu gelangen, mußten mehrere Versuche unternommen werden, deren Annahmen anhand praktischer Situationen getestet wurden[13].

Ausgehend von der Überlegung, daß Führungshilfskräfte primär der aufgabenmäßigen Entlastung und nicht der Belastung des Linienvorgesetzten dienen, wurden sie gesondert behandelt[14]. Für jeden Typ der Führungshilfskräfte wurde — ebenfalls nach einer Reihe von Versuchen — ein Prozentwert festgelegt, der als Multiplikator verwendet wird. Beispielsweise erhielt ein Stab, der für Verwaltungs-, Planungs- *oder* Kontrolltätigkeiten eingesetzt wird, einen Wert von 85 %[15].

Die Analyse einer Stelle erfolgt in der Weise, daß für jeden der ersten sechs Faktoren der Punktwert festgestellt wird. Je höher das Ergebnis, desto stärker ist die Arbeitsbelastung und desto niedriger muß die Zahl der Linienuntergebenen sein. Wenn ein Stab vorhanden ist, wird die Summe der Punktwerte mit dem entsprechenden Prozentwert multipliziert. Da die Prozentwerte stets unter 100 % liegen, wirkt sich die Existenz von Stäben auf eine Verringerung der ursprünglich ermittelten Punktwertsumme und somit auf eine Vergrößerung der Subordinationsspanne aus.

Den Punktwertsummen, die als „supervisory index" bezeichnet werden, wurden mutmaßliche Spannen zugewiesen. Der Test auf die Richtigkeit der Zuordnung erfolgte mit Hilfe einer Analyse betrieblicher Stellen nach dem entwickelten Verfahren. In einer Reihe von Fällen konnte nach mehreren Versuchen eine enge Korrelation zwischen dem Index und den tatsächlich gegebenen Subordinationsspannen festgestellt

---

12 Vgl. *Stieglitz*, H., Optimizing Span of Control, a.a.O., S. 27. Auf die Definition wird verzichtet.

13 Vgl. *Barkdull*, C. W., a.a.O., S. 29; *Stieglitz*, H., Optimizing Span of Control, a.a.O., S. 26.

14 Vgl. *Barkdull*, C. W., a.a.O., S. 29 f.; *Stieglitz*, H., Optimizing Span of Control, a.a.O., S. 26.

15 Vgl. *Barkdull*, C. W., a.a.O., S. 30.

werden. Dieses Resultat wurde als Indiz für die Brauchbarkeit der errechneten mutmaßlichen Spannen gewertet. Die Subordinationsspannen wurden zu Standards erklärt, die bei der Neuorganisation weiterer Unternehmensteile Berücksichtigung finden sollten[16].

Das von Lockheed angewandte Verfahren ist als wertvoller Beitrag der Praxis zum Problem der Bestimmung von Subordinationsspannen anzusehen. Es zeigt gewisse verwandte Züge mit dem Stufenwertzahlverfahren, das aus der Arbeitsbewertung bekannt ist. Wie *Stieglitz* betont, wird das Verfahren Lockheed lediglich als nützliches Hilfsmittel, als Leitlinie angesehen[17]. Dennoch bietet es die Möglichkeit einer differenzierteren Betrachtung der Subordinationsspanne als die unter Berufung auf Erfahrung gemachten Aussagen[18].

Den interessanten Versuch, unter Anwendung der Warteschlangentheorie eine optimale Subordinationsspanne zu fixieren, unternimmt *Hill*[19]. Er geht davon aus, daß bei der Kommunikation zwischen Meister und Untergebenen Kosten anfallen, die er vereinfachend mit dem Verdienst des Meisters identifiziert. Außerdem verursacht der Untergebene ebenfalls Kosten, wenn er auf eine Kommunikation mit dem Vorgesetzten warten muß und die Wartezeit nicht nutzen kann oder sie mit geringwertigen Aufgaben ausfüllen muß.

Die Subordinationsspanne ist unter diesen Voraussetzungen dann optimal, wenn die Summe der beiden Kostenkategorien ihr Minimum erreicht[20]. Eine wichtige Voraussetzung für die Rechnung ist neben der Festlegung des Lohnniveaus von Vorgesetzten und Untergeordneten eine Annahme über die Kommunikationsdauer und -frequenz. Um hierzu in der Praxis Aussagen machen zu können, muß auf Erfahrungswerte zurückgegriffen werden.

Hills Lösungssatz wirkt sehr elegant. Das Modell vernachlässigt jedoch das Problem der quantitativen Stellendimensionierung. Außerdem wird es der Vielfalt der Kommunikationsformen nicht gerecht, da nur die unmittelbare Kommunikation zugelassen wird. Schließlich ist die Warteschlangentheorie von ihrer Methodik her primär für den Fall der Singularkommunikation geeignet, da die Rechnung bei Berücksichtigung von Kollektivkommunikationen erheblich komplizierter werden würde[21].

---

16 *Barkdull* a.a.O., S. 29.f.

17 Vgl. *Stieglitz,* C. W., Optimizing Span of Control, a.a.O., S. 29.

18 Vgl. dazu Punkt 41.

19 Vgl. *Hill,* L. S., The Application of Queuing Theory to the Span of Control, a.a.O., S. 58 ff.

20 Vgl. ebd., S. 62.

21 Vgl. ebd., S. 64.

3. Die Ausweitung des Grundmodells durch isolierte Aufhebung der Arbeitshypothesen

Im zweiten Hauptteil der Arbeit sollen die Prämissen Linienorganisation und Singularinstanz isoliert aufgehoben werden. Es ist darzustellen, welche Konsequenzen sich für die Struktur der Linieninstanz ergeben und inwieweit sich eine unter den Bedingungen des Grundmodells als gegeben erachtete Subordinationsspanne ändert.

Läßt man die Bedingung „Linienorganisation" außer acht, so werden dem Leiter der Linienabteilung neben Inhabern von Linieninstanzen sowie von Ausführungsstellen Träger von Führungshilfsstellen untergeordnet. Als zu analysierende Formen von Führungshilfsstellen kommen Stabs- und Assistentenstellen in Betracht.

Die Aufhebung der Annahme „Singularinstanz" macht es erforderlich, die Konsequenzen einer mehrpersonigen Ableitungsleitung für die Subordinationsspanne zu untersuchen.

31. Die Veränderung der Subordinationsspanne durch Führungshilfsstellen

Führungshilfsstellen können als „Assistenzeinheiten"[1] der Linieninstanz bezeichnet werden. Unter dem Begriff werden Stäbe und Assistenten subsumiert. Stäbe lassen sich ihrerseits in „Fach-"[2] („Arbeits-", „Spezial-"[3])stäbe bzw. „Stäbe der Spezialisten"[2] und „Führungsstäbe"[2, 3] gliedern. Da der Assistent seiner Natur nach Ähnlichkeit mit der Fachstabsstelle aufweist und im Hinblick auf die Subordinationsspanne artverwandte Probleme aufwirft, soll er zusammen mit dem Fachstab abgehandelt werden.

311. Der Einfluß von Fachstabsstellen und Assistentenstellen

Fachstabsstellen und die aus ihrem Einsatz resultierenden Probleme bildeten bereits des öfteren Gegenstand der Fachdiskussion[4]. Unter-

---

[1] Diesen Ausdruck verwendet *Kosiol* zur Kennzeichnung des Stabes. Vgl. *Kosiol*, E., Organisation der Unternehmung, a.a.O., S. 134.

[2] Vgl. *Höhn*, R., Die Führung mit Stäben in der Wirtschaft, Bad Harzburg o. J. (1961), passim.

[3] *Fischer*, G., Führungs- und Arbeitsstäbe in der betrieblichen Führungsorganisation, a.a.O., S. 136.

[4] Beispielhaft seien angeführt: Arbeitskreis Dr. *Krähe* der *Schmalenbach*-

sucht werden insbesondere die Aufgaben des Fachstabs, Fragen seiner organisatorischen Einordnung, der Qualifikation der Fachstabsmitglieder und Probleme der Zusammenarbeit zwischen Fachstab und Linie. Demgegenüber mangelt es an einer ausführlichen Erörterung der Zusammenhänge zwischen Stab und Subordinationsspanne. Lediglich bei *Fischer, Ulrich, Höhn, Domsch* und *Drumm* finden sich knappe Hinweise[5].

Bezüglich der Wirkungen des Assistenten auf die Subordinationsspanne konnten keinerlei Aussagen gefunden werden.

Um die Konsequenzen der beiden Assistenzeinheiten für die Struktur der Linieninstanz und die Subordinationsspanne ihres Trägers herausarbeiten zu können, soll zunächst ihr Wesen zu klären versucht werden.

3111. Begriffsbestimmung

Fachstabs- und Assistentenstellen[6] bilden neben den Ausführungsstellen eine Form der Nicht-Instanzen. Daher müssen sie gegenüber Ausführungsstellen abgegrenzt werden. Eine weitere Grenzziehung ist zwischen Fachstabsstellen und solcher Linieninstanzen erforderlich, deren Inhaber teilweise Fachstabsfunktionen übernehmen.

Zwischen Fachstabsstellen und Linieninstanzen, die Fachstabsaufgaben mit umschließen, kann verhältnismäßig einfach eine Trennungslinie gezogen werden. „Während die Stabsstellen *ausschließlich* eine Führungshilfe im Kompetenzbereich der Leitungsinstanz sind, der sie zugeordnet wurden, ist der Abteilungsleiter in der Linie nur *zeitweise*

Gesellschaft, Unternehmungsorganisation, a.a.O., S. 116 ff.; *Kosiol*, E., Organisation der Unternehmung, a.a.O., S. 131 ff.; *Gutenberg*, E., Unternehmensführung, a.a.O., S. 121 ff.; *Höhn*, R., Die Führung mit Stäben in der Wirtschaft, a.a.O.; *ders.*, Stabsstellen, in: HdO, a.a.O., Sp. 1543 ff.; *Altfelder*, K., a.a.O., S. 74 ff.; *Staerkle*, R., Stabsstellen, a.a.O.; *Sonderegger*, J., Der Einsatz von Stabsabteilungen, in: IO, 25. Jg., 1956, S. 135 ff.; *Trauth*, P. J., a.a.O., S. 289 ff.; *Dale*, E. / *Urwick*, L. F., Staff in Organization, New York—Toronto—London 1960; *Dale*, E., Planning and Developing the Company Organization Structure, a.a.O., S. 83 ff.; *Urwick*, L. F., Zweckmäßiger Einbau der Stabsstellung im Wirtschaftsleben, in: Arbeitswissenschaftliches Institut des REFA e. V. (Hrsg.), Fortschrittliche Betriebsführung, Bd. 1, Berlin—Köln—Frankfurt/M. o. J., S. 83 ff.; *Koontz*, H. / *O'Donnell*, C., a.a.O., S. 136 ff.

[5] Vgl. *Fischer*, G., Führungs- und Arbeitsstäbe in der betrieblichen Führungsorganisation, a.a.O., S. 137; *Ulrich*, H., Kontrollspanne und Instanzenaufbau, a.a.O., S. 284; *Höhn*, R., Die Führung mit Stäben in der Wirtschaft, a.a.O., S. 206; *Domsch*, M., Simultane Personal- und Investitionsplanung, Bielefeld 1970, S. 98; *Drumm*, H. J., Automation und Leitungsstruktur, Berlin 1970, S. 38.

[6] Vgl. zum Assistenten *Baeuerle*, G., Der Direktionsassistent, in: Der Betrieb, 12. Jg., 1959, S. 1145—1147.

im Aufgabenbereich der übergeordneten Führungsinstanz tätig[7].“ Wenn diese Aussage *Potthoffs* auch nicht in vollem Umfang akzeptiert werden kann[8], so wird dennoch das nach unserer Meinung relevante Unterscheidungsmerkmal hervorgehoben. Bei der Wesensbestimmung der Instanz wurde erläutert, daß die Dominanz von Fremdentscheidungsaufgaben im Kombinat einer Stelle als Kriterium für das Vorliegen einer Instanz gewertet wird. Eine in geringem Umfang vorgenommene Zuordnung von Assistenzaufgaben verändert daher den Instanzencharakter nicht. Eine Trennung der beiden Assistenzeinheiten (Fachstabs- und Assistentenstelle) von der Ausführungsstelle ist mit Hilfe der in Punkt 111. getroffenen Einteilung in Haupt- und Nebenentscheidungen möglich. Hauptentscheidungen sind — wie dort definiert — auf die Ausführung gerichtet und determinieren somit Ausführungsstellen. Nebenentscheidungen hingegen betreffen den Inhalt von Entscheidungsvorbereitungs- und Kontrollprozessen und bestimmen Fachstabs- und Assistentenstellen. Aus dieser Abhängigkeit resultiert zwangsläufig, daß der Inhaber einer Fachstabsstelle nicht mit Weisungsrechten ausgestattet sein kann[9]. Gleiches gilt für die Inhaber von Assistentenstellen.

Nach dieser Abgrenzung von Fachstabs- und Assistentenstellen gegenüber anderen Stellenarten soll nunmehr versucht werden, das Aufgabenkombinat der beiden Assistenzeinheiten näher zu umreißen.

In der Literatur wurde verschiedentlich der Versuch unternommen, die Fachstabsstellen nach ihrer Aufgabenstruktur einzuteilen. So unterscheiden beispielsweise *Holden / Fish / Smith* zwischen Stäben zum

---

7 *Potthoff*, E., Stabsstellen in der Unternehmungsorganisation, in: ZfbF, 19. Jg., 1967, S. 686 (Hervorhebungen vom Verfasser).

8 Der Stabsstelleninhaber braucht nicht nur für den übergeordneten Inhaber der Linieninstanz tätig zu sein, sondern kann möglicherweise auch anderen Linieninstanzen „assistieren“.

9 Häufig wird dieses Kriterium allein oder in Verbindung mit anderen Merkmalen zur Charakterisierung der Stäbe angeführt. Vgl. z. B. *Ulrich*, H., Betrachtungen zur funktionalen Organisation, in: ZfhF, 2. Jg., 1950, S. 13. Von anderen Autoren wird die mangelnde Anweisungsbefugnis spezifiziert, indem auf das fehlende Recht zur Weisungserteilung gegenüber Stellen außerhalb des eigenen Bereiches (d. h. gegenüber der Linie) hingewiesen wird. Vgl. z. B. *Fischer*, G., Führungs- und Arbeitsstäbe in der betrieblichen Führungsorganisation, a.a.O., S. 136; *Staerkle*, R., Stabsstellen, a.a.O., S. 34; *Lohmann*, M., a.a.O., S. 278; *Gutenberg*, E., Unternehmensführung, a.a.O., S. 122; *Arnold*, G., a.a.O., S. 73 Anm. 47; *Höhn*, R., Die Führung mit Stäben in der Wirtschaft, a.a.O., S. 35; *Rudolph*, R., a.a.O., S. 87. — U. E. tendiert diese Betrachtungsweise zu sehr nach einer Abgrenzung des Stabsprinzips gegenüber dem von *Taylor* entworfenen Funktionsprinzip. Wie K. *Altfelder* (a.a.O., S. 82) zu Recht betont, besitzt auch jede Linieninstanz keinerlei Anweisungsbefugnisse gegenüber Stellen „außerhalb ihres eigenen hierarchischen Aufbaus“. Vgl. auch *Wehner*, H., Stab und Linie können besser zusammenarbeiten, in: Rationalisierung, 13. Jg., 1962, S. 134.

Zwecke der Kontrolle, der Dienstleistung, der Koordination und der Beratung[10]. *Trauth* gliedert ähnlich in Beratungs-, Dienstleistungs- und Kontrollstäbe[11]. Gegen den Einteilungsversuch der amerikanischen Autoren gibt *Altfelder* zu bedenken, daß Überschneidungen und unscharfe Abgrenzungen vorhanden seien[12]. Er schlägt seinerseits eine Differenzierung zwischen Fachstäben für betriebsexterne Angelegenheiten und solchen für betriebsinterne Angelegenheiten vor[13]. Gleichzeitig konstatiert er jedoch, daß damit *auch* keine exakte Gliederung in Stabsstellenarten möglich sei[14]. *Altfelders* Kritik muß unterstützt werden; sein Gliederungsvorschlag erweist sich für die vorliegende Untersuchung als unbrauchbar. Ein geeigneterer Ansatzpunkt bildet eine Aussage *Kosiols.* Er ist der Auffassung, daß Fachstabs- und Assistentenstellen[15] „Aufgaben übernehmen, die vor den Entscheidungen[16] der Instanz liegen und diese (informatorisch und beratend) vorbereiten, oder Aufgaben, die sich an die erfolgten Entscheidungen anschließen und diese abwickeln, differenzieren, durch Anordnungen wirksam machen oder ihre Durchführung überwachen“[17].

Der Meinung *Kosiols* kann teilweise gefolgt werden. Wir stimmen mit ihm darin überein, daß der Aufgabenkomplex von Fachstabs- und Assistentenstellen Teilaktivitäten der Entscheidungsvorbereitung und des Kontrollprozesses umfaßt. Darüber hinaus kommt u. E. den Inhabern der beiden Assistenzeinheiten auch die Aufgabe zu, dem Linienvorgesetzten Informationen zu übermitteln, die zwar keine unmittelbare Entscheidungsrelevanz aufweisen, jedoch seinen Aufgabenbereich tangieren und zu einem späteren Zeitpunkt für ihn von Bedeutung sein könnten. Kosiols Anschauung über die Weisungsbefugnisse der Assistenzeinheiten kann dagegen auf Grund früherer Darlegungen nicht gefolgt werden.

Die Differenzierung zwischen Fachstabs- und Assistentenstelle „richtet sich nach dem Aufgabenumfang“[18]. Die Inhaber beider Assistenz-

---

[10] Vgl. *Holden,* P. E. / *Fish,* L. S. / *Smith,* H. L., Industrielle Führungskunst, Essen 1957, S. 58 ff.

[11] Vgl. *Trauth,* P. J., a.a.O., S. 296 ff.

[12] Vgl. *Altfelder,* K., a.a.O., S. 84 f.

[13] Vgl. ebd., S. 85.

[14] Vgl. ebd., S. 85.

[15] Daß *Kosiol* beide Assistenzeinheiten anspricht, ergibt sich aus seiner Aufzählung der Stabsarten. Er differenziert zwischen spezialisierter und generalisierter Stabsstelle. Die letztere ist mit der Assistentenstelle identisch. Demgegenüber scheint *Kosiol* den Führungsstab nicht zu kennen. (*Kosiol,* E., Organisation der Unternehmung, a.a.O., S. 138 f.)

[16] Es handelt sich im Sinne unserer Terminologie um Hauptentscheidungen.

[17] *Kosiol,* E., Organisation der Unternehmung, a.a.O., S. 137.

[18] *Trauth,* P. J., a.a.O., S. 296. — Es wäre jedoch besser, von Aufgabenbereich zu sprechen.

einheiten ermitteln Informationen für den Linienvorgesetzten. Während sich jedoch die Informationen von Fachstabsstelleninhabern stets auf einen abgegrenzten Teilaufgabenbereich der Linieninstanz beziehen (z. B. der Marktforschungsstab eines Verkaufsleiters), betrifft das von Assistenten erarbeitete aufgabenrelevante Wissen den gesamten Aufgabenkomplex der vorgeordneten Linieninstanz[19]. Aus diesem Grunde wird der Assistent auch als „Stabsgeneralist“[20] („generalisierte Stabsstelle“[21]) bezeichnet. Ein weiterer Unterschied zwischen Fachstab und Assistent besteht darin, daß dem Assistenten auch Ausführungsaufgaben übertragen werden können, die im Kombinat der vorgeordneten Linieninstanz enthalten sind.

Abschließend seien die wesentlichen Merkmale von Fachstabs- und Assistentenstelle zusammengefaßt. Beide Assistenzeinheiten sind eine Kategorie der Nicht-Instanzen, die durch die Linieninstanz fremddeterminiert werden. Von den Ausführungsstellen unterscheiden sie sich dadurch, daß sie nicht durch Hauptentscheidungen, sondern durch Nebenentscheidungen der Instanz bestimmt werden. Ihr Aufgabenkomplex umfaßt einerseits Aktivitäten des Entscheidungsvorbereitungs- und des Kontrollprozesses, andererseits die Ermittlung von Informationen ohne unmittelbare Entscheidungsrelevanz. Untereinander divergieren die Assistenzeinheiten hinsichtlich des Aufgabenbereichs. Die Tätigkeit des Fachstabs erstreckt sich ständig auf denselben Teilaufgabenkomplex des Linieninstanzeninhabers, während der Assistent innerhalb dessen gesamten Aufgabenbereichs agieren kann. Darüber hinaus kann der Assistent auch Ausführungsaufgaben des Instanzeninhabers wahrnehmen.

3112. Wirkungen auf die Struktur der Linieninstanz und die Subordinationsspanne ihres Inhabers

Nach der Begriffsklärung erweist es sich als relativ einfach, den Einfluß von Fachstabs- und Assistentenstellen auf die Aufgabenstruktur

---

[19] Die angeführte Einteilung wird vertreten von *Fischer,* G., Die betriebliche Führungsorganisation, in: *Schwarz,* H. / *Berger,* K. H., Betriebswirtschaftslehre und Wirtschaftspraxis, Berlin 1961, S. 92; *ders.,* Assistenten, Stellvertreter und Nachfolger in der Betriebsführung, in: MuA, 14. Jg., 1962, S. 38; *ders.,* Entlastung der Chefarbeit durch neue Führungsorganisation, in: Personal, 20. Jg., 1968, S. 267; *Kosiol,* E., Organisation der Unternehmung, a.a.O., S. 138 f.; *Staerkle,* R., Stabsstellen, a.a.O., S. 42 f.; *Trauth,* P. J., a.a.O., S. 296; *Potthoff,* E., a.a.O., S. 693 ff. In der angeführten Weise wird der Assistent auch definiert von *Fischer,* G., Die Betriebsführung, Bd. 1, a.a.O., S. 87.

[20] *Potthoff,* E., a.a.O., S. 693.

[21] *Kosiol,* E., Organisation der Unternehmung, a.a.O., S. 139. Er nennt ihn treffend „Mädchen für alles“.

der Linieninstanz darzulegen[22]. Demgegenüber lassen sich über die Wirkungen auf die Subordinationsspanne keine eindeutigen Aussagen treffen.

Entscheidendes Moment für die Errichtung von Führungshilfsstellen ist das Prinzip der Spezialisierung: ein Stelleninhaber kann seine Aufgaben leichter erfüllen, wenn sie nicht allzu heterogen sind und ihre Erledigung nur einen Teilbereich seiner Fähigkeit in Anspruch nimmt.

Generell kann festgestellt werden, daß die Anwendung des Stabsprinzips in folgenden Fällen zweckmäßig bzw. notwendig ist:

a) Aufgaben, deren Erfüllung dem Linienvorgesetzten auf Grund seiner Normaleignung möglich ist, kehren häufig wieder und/oder sind zeitaufwendig.

b) Auf nachgeordnete Stellen gerichtete Aufgaben wiederholen sich häufig und/oder ihre Erfüllung beansprucht einen relativ großen Zeitraum. Der Abteilungsleiter ist nicht zu ihrer Wahrnahme befähigt, da er erforderliche Detailkenntnisse nicht besitzt.

In beiden Fällen wird vorausgesetzt, daß die Qualifikation der abteilungszugehörigen Linienuntergebenen zur Aufgabenwahrnahme nicht ausreicht. Im *Fall a)* können Prozesse der Entscheidungsvorbereitung sowie der Kontrolle (z. B. Qualitätskontrolle, Revision) vorliegen. Weiterhin ist er gegeben, wenn Fachstabs- und Assistentenstellen die Aufgabe zugewiesen bekommen, Informationen ohne unmittelbare Entscheidungsrelevanz zu ermitteln[23]. Hierunter fällt sowohl die Informationsverarbeitung durch Auswertung von Tages- und Fachzeitungen, Fachzeitschriften, öffentlichen Statistiken etc. als auch die Informationsgewinnung (z. B. durch Marktanalyse). Besonders bei ranghöheren Instanzeninhabern beansprucht die Erarbeitung allgemeiner Daten über den eigenen Aufgabenbereich einen relativ großen Anteil ihres normalen Arbeitszeitraums.

Eine Übertragung der genannten Aufgaben an Fachstabs- und Assistentenstellen erweist sich als *notwendig*, wenn keine Kongruenz zwischen

---

[22] Der Untersuchungsmethodik entspricht es, daß auf die Probleme der qualititativen und quantitativen Strukturierung von Fachstabs- und Assistentenstellen nur insoweit eingegangen wird, als sie unmittelbar für die Linieninstanz und den Umfang der Abteilung von Bedeutung sind. Für die Aufgabenabgrenzung zwischen Linieninstanz und Führungshilfsstellen gelten die Darlegungen des Punktes 231. analog. Überlegungen hierzu werden auch von R. *Staerkle* (Stabsstellen, a.a.O., S. 132 ff.) angestellt.

[23] Im Hinblick auf Fachstabsstellen dieser Kategorie ist in der Literatur von der „Informationsaufgabe" des Stabes die Rede, wobei Information im Sinne des allgemeinen Sprachgebrauchs als „unterrichten", „in Kenntnis setzen" interpretiert wird. Vgl. dazu z. B. *Höhn*, R., Die Führung mit Stäben in der Wirtschaft, a.a.O., S. 34 ff.

Aufgabenquanten des Linienvorgesetzten und seinem normalen Arbeitszeitraum erzielt werden kann. Läßt sich dagegen eine Übereinstimmung erreichen, dann ist die Zuordnung solcher Teilaufgaben *zweckmäßig*, sofern der Abteilungsleiter dadurch höherwertige, seiner Normaleignung entsprechende Aufgaben zusätzlich übernehmen kann.

Durch die Übertragung von Aufgaben an die Fachstabs- bzw. Assistentenstelle wird eine inhaltliche Umstrukturierung der Instanz des Linienvorgesetzten erreicht: intrapersonal zu erfüllende Aufgaben werden auf die Assistenzeinheiten verlagert, Aufgaben der Kommunikation zwischen dem Linienvorgesetzten und dem Inhaber der Assistenzeinheit müssen neu in das Aufgabenkombinat der Linieninstanz aufgenommen werden.

Um das Ziel einer Aufgabenentlastung des Linienvorgesetzten zu erreichen, ist folgendes zu beachten. Ist die Aufgabenzuweisung an die Assistenzeinheit notwendig, dann muß die Entlastung so groß sein, daß die neu entstehenden Kommunikationsaufgaben zwischen dem Linienvorgesetzten und dem Inhaber der Assistenzeinheit innerhalb des normalen Arbeitszeitraums des Vorgesetzten bewältigt werden können.

Erfolgt die Aufgabenzuweisung aus Zweckmäßigkeitsgründen, so ist darauf zu achten, daß dem Linienvorgesetzten nach der aufgabenmäßigen Entlastung und trotz der zusätzlichen Belastung durch Kommunikationsaufgaben mit dem Inhaber der Assistenzeinheit ein Teil seines normalen Arbeitszeitraums zur Wahrnahme anderer Aufgaben zur Verfügung steht.

Die Konsequenzen für die Subordinationsspanne des Abteilungsleiters, die sich unter den Konstellationen des Falls a) ergeben, müssen unterschiedlich beurteilt werden. Bei einer Zuweisung von Aufgaben an Assistenzeinheiten, für die eine Notwendigkeit gegeben ist, erhöht sich die Subordinationsspanne um die Zahl der zugeordneten Führungshilfsstellen[24]. Diese Tatsache wird sofort erklärlich, wenn bedacht wird, daß der Abteilungsleiter nach dieser Stellenzuweisung zeitlich voll ausgelastet ist.

Eine Aufgabenzuordnung an Assistenzeinheiten aus Zweckmäßigkeitsgründen läßt die Subordinationsspanne zunächst ebenfalls um die Zahl der zugewiesenen Führungshilfsstellen anwachsen. Darüber hinaus ist aber auch eine Erhöhung der Zahl subordinierter *Linien*stellen möglich, da der Abteilungsleiter über freie quantitative Kapazität verfügt. Zur

---

[24] Vgl. auch *Joschke*, H. K., a.a.O., S. 212. — In der von *Thompson* benutzten Definition der Subordinationsspanne bleiben Führungshilfsstellen unberücksichtigt. Vgl. *Thompson*, R. E., Span of Control — Conceptions and Misconceptions, in: Business Horizons, 1964, S. 50.

Beantwortung dieser Frage muß geklärt werden, welche Aufgaben der Abteilungsleiter zusätzlich übernimmt. Eine Übertragung höherwertiger *Ausführungsaufgaben* an den Abteilungsleiter zieht — wegen der Notwendigkeit der Führung — primär eine Veränderung des Kommunikationsvolumens zwischen ihm und seinem Vorgesetzten nach sich. Sofern es daneben erforderlich ist, von abteilungsexternen ranggleichen Stellen ausführungsrelevante Informationen zu beschaffen, wird auch die horizontale abteilungstraversierende Kommunikation verstärkt. Eine Erhöhung des Volumens dieser beiden Kommunikationsgruppen ist für die Zahl der direkt subordinierten Linienstellen des Abteilungsleiters ohne Belang; sie verändert sich nicht. Ist jedoch darüber hinaus ein abteilungsintern zu deckender Informationsbedarf gegeben, so verändert sich die Situation. Sofern die Linienstellen richtig dimensioniert sind, kann der Informationsbedarf des Abteilungsleiters aus zeitlichen Gründen nicht befriedigt werden. Es ist eine Umstrukturierung der nachgeordneten Linienstellen in der Abteilung erforderlich, von der diejenigen Stellen betroffen werden, welche die aufgabenrelevanten Informationen aufweisen. Die Veränderung ist um so stärker, je größer der Informationsbedarf ist. Aufgaben, die von Stelleninhabern wegen ihrer Kommunikationspflicht nicht mehr bewältigt werden können, müssen auf zusätzliche Stellen verteilt werden; die Subordinationsspanne wird erhöht.

Eine Zuordnung von *Entscheidungsprozessen* und *Kontrollaufgaben* an den Abteilungsleiter berührt ebenfalls die unmittelbar subordinierten Linienstellen. Sind diese Stellen qualitativ und quantitativ richtig dimensioniert, so erfordern die der Instanz zugewiesenen Aufgabenarten bzw. -mengen eine Erhöhung ihrer Anzahl. Es können ohne Veränderung der vorhandenen Stellen zusätzliche Stellen gebildet werden, wenn zwischen ihnen und den existenten Stellen keine horizontale Kommunikation erforderlich bzw. erwünscht ist. Läßt sich diese Bedingung nicht erfüllen, dann macht die Bildung zusätzlicher Stellen gleichzeitig eine qualitative Umstrukturierung der vorhandenen Stellen erforderlich. Teilaufgaben werden ausgegliedert und mit Teilaufgaben, die durch die Veränderung der Instanz hervorgerufen werden, in zusätzlichen Linienstellen kombiniert.

In der als *Fall b)* gekennzeichneten Situation genügt die normale Qualifikation des Linienvorgesetzten nicht zur Wahrnahme bestimmter Teilaufgaben oder zur Lösung von Spezialproblemen, die in der Abteilung anfallen; ebenso wenig sind die Direktunterstellten zur Aufgabenerfüllung befähigt[25]. Mangelnde Fähigkeiten können sowohl

[25] Als Beispiel kann eine Einkaufsabteilung angeführt werden. Es sei angenommen, daß weder der Einkaufsleiter noch die Einkäufer auf Grund ihrer Normaleignung in der Lage sind, Marktforschungsaufgaben zu erfüllen.

bezüglich Aktivitäten im Rahmen von Entscheidungsvorbereitungs- und Kontrollprozessen als auch hinsichtlich Ausführungsaufgaben gegeben sein[26].

Durch die organisatorische Einrichtung der beiden Arten von Führungshilfsstellen, für die eine Notwendigkeit besteht, erweitert sich wiederum die Subordinationsspanne des Abteilungsleiters um die Zahl der zugewiesenen Assistenzeinheiten. Aussagen über eine Veränderung der Anzahl direkt untergeordneter Linienstellen infolge des Einsatzes von Assistenzeinheiten lassen sich nicht exakt treffen. Die Verwendung einer Assistenzeinheit würde dann eindeutig zu einer weiteren Vergrößerung der Subordinationsspanne führen, wenn einem quantitativ unzureichend ausgelasteten Abteilungsleiter zusätzlich zu seinem bisherigen Aufgabenkomplex Fremdentscheidungsaufgaben übertragen würden, deren adäquate Erfüllung nur unter Hinzuziehung des Inhabers einer Führungshilfsstelle gewährleistet wäre. Es ist offensichtlich, daß diese Situation wirklichkeitsfremd ist. Realitätsnäher ist die Annahme, daß der Fachstab oder der Assistent die Erfüllung von Aufgaben gewährleisten soll, die im Zusammenhang mit den vorhandenen Linienstellen stehen. Der Einsatz von Assistenzeinheiten führt gewissermaßen zu einer Erweiterung der qualitativen Normalkapazität üblicher Aufgabenträger. Infolgedessen wird keine Erhöhung der Zahl direkt subordinierter Linienstellen herbeigeführt.

Zusammenfassend kann gesagt werden, daß die Einrichtung von Fachstabs- bzw. Assistentenstellen im Vergleich zur Linienorganisation durch eine Veränderung der Subordinationsspanne gekennzeichnet ist[27].

Die Subordinationsspanne vergrößert sich zumindest um die Zahl der zugeordneten Führungshilfsstellen. Ob sich darüber hinaus die Zahl der direkt subordinierten Linienstellen erhöht, kann nur für den Einzelfall beantwortet werden.

312. Folgerungen aus dem Einsatz von Führungsstäben

Der Begriff Führungsstab wird in der Literatur wenig gebraucht. Lediglich bei *Fischer, Höhn, Joschke* und *Potthoff* konnten einschlägige Stellen gefunden werden[28].

---

[26] In der Literatur wird gerne auf die „Beratungsfunktion“ des Stabes hingewiesen. Vgl. z. B. *Höhn,* R., Die Führung mit Stäben in der Wirtschaft, a.a.O., S. 34 ff.; *Staerkle,* R., Stabsstellen, a.a.O., S. 36 f.; Arbeitskreis Dr. *Krähe* der *Schmalenbach*-Gesellschaft, Unternehmungsorganisation, a.a.O., S. 116. — Als Beispiele beratender Stabsstellen können angeführt werden: Stäbe für Recht, Marktforschung, Werbung, Planung, Steuerfragen.

[27] Die theoretisch gewonnenen Ergebnisse werden durch die Praxis bestätigt. *Udell* findet in seiner mehrfach zitierten Erhebung bei Vertriebsleitern, die durch Assistenten unterstützt werden, größere Subordinations-

Obwohl die Ansicht der Autoren hinsichtlich der Begriffsbezeichnung übereinstimmen, divergieren die Auffassungen über den Begriffsinhalt. Nach *Fischer* übernimmt der Führungs-(Universal-)Stab die Aufgabe, Grundsatzentscheidungen der obersten betrieblichen Instanz vorzubereiten[29]. *Höhn* hingegen erklärt ausdrücklich: „Damit ist nicht gemeint, daß der Führungsstab in die Unternehmenspolitik eingeschaltet wird. Er ist nicht Berater der Unternehmensführung in dieser Hinsicht[30].“ In Fischers Definition zeigt der Führungsstab eine gewisse Verwandtschaft mit dem bereits erörterten Assistent, während er nach *Höhn* für andere Aufgaben zuständig zu sein hat. Um Wiederholungen und Überschneidungen zu vermeiden, soll der Anschauung *Höhns* gefolgt werden.

Ohne daß *Höhns* spezielle Terminologie übernommen wird[31], seien aus dem von ihm angeführten Aufgabenkatalog[32] die wesentlichsten Tätigkeiten des Führungsstabes enumeriert:

(1) Der Führungsstab übernimmt die organisatorische Vorbereitung von Kommunikationen innerhalb der Abteilung (Terminfestlegung, Orientierung der Partner über das Thema, Sammeln und Zustellung von Unterlagen etc.).

(2) Dem Führungsstab wird die Aufgabe übertragen, darauf zu achten, daß der Vorgesetzte empfangene Informationen auf ihre Verwertbarkeit hin überprüft bzw. daß untergeordnete Aufgabenträger sich anweisungsgerecht verhalten.

(3) Weiterhin wacht der Führungsstab darüber, daß der Vorgesetzte die unterstellten Abteilungsmitglieder sowie ranggleiche Betriebspersonen über Sachverhalte unterrichtet, die deren Aufgabenbereich tangieren.

---

spannen vor (vgl. S. 142 dieser Arbeit). Lockheed ging davon aus, daß Assistenzeinheiten die Subordinationsspanne vergrößern und fand empirisch die Bestätigung für diese Annahme (vgl. S. 104 dieser Arbeit).

28 Vgl. *Fischer,* G., Führungs- und Arbeitsstäbe in der betrieblichen Führungsorganisation, a.a.O., S. 136 und S. 137 f.; *Höhn,* R., Die Führung mit Stäben in der Wirtschaft, a.a.O., S. 190 ff.; *ders.*, Stabsstellen, in: HdO, a.a.O., Sp. 1554 f.; *Joschke,* H. K., a.a.O., S. 214; *Potthoff,* E., a.a.O., S. 695 ff. (*Potthoff* lehnt sich stark an *Höhn* an und unterzieht im übrigen den Führungsstab einer kritischen Würdigung).

29 Vgl. *Fischer,* G., Führungs- und Arbeitsstäbe in der betrieblichen Führungsorganisation, a.a.O., S. 136 f.

30 *Höhn,* R., Die Führung mit Stäben in der Wirtschaft, a.a.O., S. 206.

31 Die Terminologie ist weitgehend durch den von *Höhn* postulierten Führungsstil der „Führung im Mitarbeiterverhältnis“ geprägt.

32 Vgl. dazu *Höhn,* R., Die Führung mit Stäben in der Wirtschaft, a.a.O., S. 194 ff.; *ders.*, Stabsstellen, in: HdO, a.a.O., Sp. 1554 f.

(4) Dem Führungsstab kommt die Aufgabe zu, im Kontrollprozeß des Linienvorgesetzten mitzuwirken. Er hat zunächst eine Beratungsfunktion hinsichtlich des Kontrollumfangs. Daneben überwacht er die Einhaltung der Kontrollzeitpunkte, den termingerechten Eingang von Kontrollberichten und drängt auf möglichst rasche Findung von Anpassungsentscheidungen. Bei Kontrollberichten hat er nach dem Prinzip des „management by exception" seinen Vorgesetzten auf Besonderheiten aufmerksam zu machen.

(5) Der Führungsstab hat bei seinem Vorgesetzten darauf hinzuwirken, daß eine Bindung des Kommunikationssystems an den Kommunikationspartner und an den -inhalt vorgenommen wird.

(6) Sofern der Führungsstab dem obersten betrieblichen Linieninstanzeninhaber (des Gesamtbetriebs oder eines Zweigbetriebs) untergeordnet ist, kommt ihm die Funktion einer „Steuerungszentrale" für Informationen zu, die von außerhalb des Betriebs kommen und in Unkenntnis der Kompetenzen an den obersten Instanzeninhaber gerichtet sind (z. B. Post). Weiterhin hat der Führungsstab zu prüfen, ob der Vorgesetzte zur Übermittlung einer gewünschten Information berechtigt ist. Das Ergebnis dieser Untersuchung ist dem Anfragenden darzulegen und zu erläutern.

(7) Der Führungsstab bereitet Kommunikationen des Vorgesetzten mit abteilungsexternen Personen organisatorisch vor.

Zweifelsohne sind in diesem Katalog Aufgaben enthalten, die aus der Anwendung der „Führung im Mitarbeiterverhältnis" resultieren. Zum überwiegenden Teil handelt es sich jedoch um führungsstilneutrale Aufgaben.

Die Aufgaben des Führungsstabs können in zwei Gruppen zusammengefaßt werden[33]. Die Aufgaben der ersten Kategorie sind darauf gerichtet, Betriebspersonen zur organisationskonformen und führungsstilentsprechenden Wahrnahme ihrer Obliegenheiten anzuhalten. Dazu zählen die unter (2), (3), (5) angeführten Aufgaben. Teilweise fallen auch die unter (4) und (6) genannten Aufgaben in diese Rubrik. Die zweite vom Führungsstab zu erfüllende Aufgabengruppe dient der Entlastung des Abteilungsleiters von kommunikationsrelevanten Nebentätigkeiten bzw. von Vollzugsaufgaben. Dieses Ziel wird durch Übernahme der Aufgaben (1) und (7), zum Teil auch durch Wahrnahme der Aufgaben (4) und (6) erreicht.

Mit der Erfüllung des an erster Stelle genannten Aufgabenkomplexes wird das Verhalten von Betriebspersonen beeinflußt. In welchem Um-

[33] Die von R. *Höhn* (Die Führung mit Stäben in der Wirtschaft, a.a.O., S. 190) angeführte Gruppierung erweist sich für die vorliegende Untersuchung als unbrauchbar.

fang der Führungsstab diese Aufgaben wahrzunehmen hat, bestimmt sich nach der Identifikationsfähigkeit bzw. -willigkeit der einzelnen Stelleninhaber. Wurde eine Abteilungsstrukturierung nach dem Kriterium „funktionale Organisation" vorgenommen, so muß ein bestimmtes „normales" Volumen derartiger Aufgaben als Datum angenommen werden.

Die „Sicherungsfunktion" des Führungsstabes kann sich — wie aus dem Aufgabenkatalog hervorgeht — auf sämtliche Abteilungsangehörige sowie auf Abteilungsfremde (mit Ausnahme des Vorgesetzten des Abteilungsleiters) erstrecken. Da die Tätigkeit des Stabes die Aufgaben*erfüllung* gewährleisten soll, wird die Struktur der betroffenen Stellen nicht berührt. Bei der Instanz des Abteilungsleiters hingegen wird eine Veränderung hervorgerufen: der Stabseinsatz ermöglicht eine quantitative Reduzierung der vom Instanzeninhaber wahrzunehmenden Kontrollaufgaben. Der Abteilungsleiter wird demzufolge insoweit zeitlich entlastet, als die Sicherungsfunktion des Führungsstabes auf die direkt nachgeordneten Linienstelleninhaber gerichtet ist: die Häufigkeit der Kommunikationen mit abteilungszugehörigen Aufgabenträgern wird verringert.

Freisetzung von Arbeitszeit erfolgt auch im Falle der Übernahme von Vollzugsaufgaben und kommunikationsrelevanten Nebenaufgaben durch den Führungsstab. Die Vorbereitung von Kommunikationen kann je nach Sachverhalt sehr langwieriger Natur sein. Die zur Erarbeitung von Unterlagen benötigte Zeit bestimmt sich nach dem Kommunikationsobjekt und nach der Fähigkeit bzw. Willigkeit der Stelleninhaber, angefordertes Material zur Verfügung zu stellen. Vor allem bei aperiodischen Informationsübermittlungen bereitet möglicherweise auch die Fixierung des Kommunikationstermins Schwierigkeiten.

In welchem Umfang die Aufgabe der Informationssteuerung durch den Führungsstab übernommen werden kann, richtet sich nach der Exaktheit der Stellenabgrenzung und nach dem Bekanntheitsgrad organisatorischer Regelungen bei betriebsexternen Personen. Die Wirkungen der beiden Komponenten verlaufen diametral. Die Entlastungsmöglichkeit des Stabs ist um so größer, je genauer die Stellen gegeneinander abgegrenzt sind; sie ist um so kleiner, je besser die Aufbaustruktur des Betriebes extern bekannt ist.

Bezüglich der Zusammenhänge zwischen Führungsstab und Subordinationsspanne des Abteilungsleiters gelten die Darlegungen des voranstehenden Punktes analog. Durch den Einsatz eines Führungsstabs[34] erhöht sich die Subordinationsspanne zwangsläufig um eine

[34] Ebenso wie bei Fachstäben ist die Erfüllung der Zeitbedingung erforderlich.

Stelle. Die Zahl der untergeordneten Linienstellen wird nur dann erhöht, wenn dem Abteilungsleiter zusätzlich Aufgaben zugeordnet werden, die sich auf rangniedrigere Linienstellen auswirken.

32. Die Bedeutung der Pluralinstanzen für die Instanzenstruktur und die Subordinationsspanne

Für die bisherigen Darlegungen wurde die Arbeitshypothese „Singularinstanz" gesetzt und die Existenzmöglichkeit einer Pluralinstanz verneint. Mit den folgenden Erörterungen soll analysiert werden, inwieweit die isolierte Aufhebung dieser Annahme Konsequenzen für die Struktur der Instanz und für die Subordinationsspanne hervorruft[1, 2].

Die Organisationsform Pluralinstanz kommt nur bei der obersten betrieblichen Instanz vor[3]. Nach der Stellung der Instanzenmitglieder bei der Willensbildung wird zwischen den beiden Extremformen Direktorial-[4] und Kollegialprinzip unterschieden; als Mischform kommt das Präsidialprinzip (Prinzip des primus inter pares)[5] in Betracht[6]. Das Direktorialprinzip kennzeichnet sich dadurch, daß *ein* Instanzeninhaber

---

[1] Die Gründe für die Bildung einer Pluralinstanz sowie Vorzüge und Nachteile der verschiedenen Ausprägungsformen können und sollen hier nicht diskutiert werden.

[2] Die Abhängigkeit der Subordinationsspanne von der Größe der Pluralinstanz wird empirisch von *Intermarket* untersucht. Vgl. dazu S. 157.

[3] Bei G. *Fischer* (Die Führung von Betrieben, a.a.O., S. 62) ist unter diesem Aspekt von der „Horizontalorganisation der Betriebsleitung" die Rede. — Bei rangniedrigeren Instanzen entsprechen horizontale Kommunikationen diesem Organisationsprinzip.

[4] Die hier vorgetragene Anschauung geht mit der Meinung *Gutenbergs* konform, daß das Direktorialprinzip ein Prinzip der Organisation einer Personengruppe sei. Demgegenüber sind *Kosiol* und *Seydlitz-Kurzbach v.* der Ansicht, daß das Direktorialprinzip nur in einer Singularinstanz Verwirklichung finde. (Vgl. *Gutenberg*, E., Unternehmensführung, a.a.O., S. 46; *Kosiol*, E., Organisation der Unternehmung, a.a.O., S. 124; *Seydlitz-Kurzbach v.*, F. W., Leitung und Verwaltung im Industriebetrieb, Berlin 1955, S. 29.)

[5] *Fischer* betrachtet das Präsidialprinzip nicht als Mischform, sondern als Ausprägungsmöglichkeit des Kollegialprinzips. Vgl. *Fischer*, G., Die Betriebsführung, Bd. 1, a.a.O., S. 107; *ders.*, Die Führung von Betrieben, a.a.O., S. 63 f. — Daneben existieren auch andere Gestaltungsformen des Präsidialprinzips, die nicht auf den Abstimmungsmodalitäten basieren. Vgl. dazu *Fischer*, G., Die Führung von Betrieben, a.a.O., S. 64; Arbeitskreis Dr. *Krähe* der *Schmalenbach*-Gesellschaft, Leitungsorganisation, a.a.O., S. 22.

[6] Die verschiedenen Organisationsmöglichkeiten sind zwar seit längerer Zeit bekannt, werden jedoch nicht einheitlich beschrieben. Vgl. zu diesem Themenkreis z. B. *Fischer*, G., Die Betriebsführung, Bd. 1, a.a.O., S. 107 f.; *ders.*, Organisationsformen der Betriebsführung in verschiedenen Betriebsgrößen, a.a.O., S. 112 ff.; *ders.*, Direktoriale oder kollegiale Leitungsorganisation?, in: MuA, 14. Jg., 1962, S. 172 ff.; *Kosiol*, E., Organisation der Unternehmung, a.a.O., S. 116 ff.; *Gutenberg*, E., Unternehmensführung, a.a.O., S. 45 ff.; *Schwarz*, H., Die Organisation der Unternehmensleitung, in: *Schnaufer*, E. / *Agthe*, K. (Hrsg.), Organisation, a.a.O., S. 579 ff.; *Meier*, A., Organi-

das Recht besitzt, gegen den Willen der übrigen Aufgabenträger zu entscheiden[7]. Durch diese Ausstattung mit einem Sonderrecht wird das Instanzenmitglied rangmäßig den anderen übergeordnet (Vorsitzer).

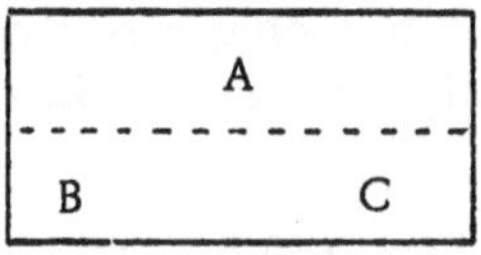

Bei Anwendung des Kollegialprinzips sind sämtliche Instanzeninhaber hinsichtlich der Entscheidungsfindung gleichberechtigt. Die Willensbildung erfolgt entweder nach dem Prinzip der Abstimmungs- oder der Kassationskollegialität[8]. Abstimmungskollegialität ist durch eine Beschlußfassung nach dem Mehrheitsprinzip gekennzeichnet, wobei einfache oder qualifizierte Mehrheit vorgesehen werden kann. Im Gegensatz dazu werden im Falle der Kassationskollegialität die Beschlüsse einstimmig gefaßt. Jeder Mitinhaber der Instanz kann durch sein Veto Entscheidungen aufschieben oder aufheben.

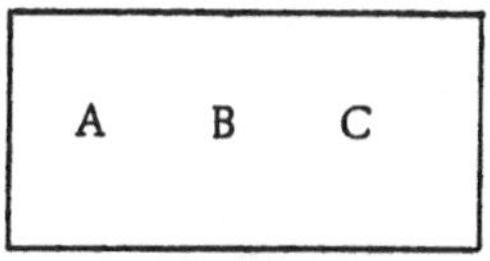

Das Charakteristikum des Präsidialprinzips besteht darin, daß ein Mitglied der Pluralinstanz mit einem doppelten Stimmrecht ausgestattet ist und daher bei Stimmengleichheit die Entscheidung herbeizuführen vermag.

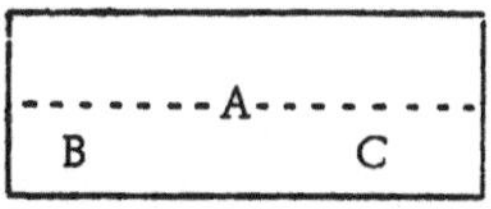

---

sation der Unternehmungsführung, a.a.O., S. 80 ff.; Arbeitskreis Dr. *Krähe* der *Schmalenbach*-Gesellschaft, Leitungsorganisation, a.a.O., S. 21 ff.; *Riester*, W., a.a.O., S. 173 ff.; *Gaugler*, E., Organisation der Geschäftsleitung, in: *Degelmann*, A. (Hrsg.), Organisationsleiterhandbuch, a.a.O., S. 877 ff. — Eine differenziertere Analyse der Willensbildungsmöglichkeiten findet sich bei *Schwarz*, H., Die Organisation der Unternehmensleitung, a.a.O., S. 588 ff.

[7] Vgl. Arbeitskreis Dr. *Krähe* der *Schmalenbach*-Gesellschaft, Leitungsorganisation, a.a.O., S. 21. — In § 77 AktG wird das Direktorialprinzip für Aktiengesellschaften ausgeschlossen.

[8] Vgl. z. B. *Riester*, W., a.a.O., S. 174; *Fischer*, G., Die Führung von Betrieben, a.a.O., S. 64; *Kosiol*, E., Organisation der Unternehmung, a.a.O., S. 125; *Witte*, E., Analyse der Entscheidung, a.a.O., S. 121 (*Witte* verwendet allerdings andere Begriffe).

Im Hinblick auf das Problem der Subordinationsspanne ist es notwendig, eine Differenzierung nach der Stellung der Instanzenmitglieder gegenüber direkt subordinierten Stelleninhabern vorzunehmen. Hierbei ergeben sich zwei Möglichkeiten. Entweder sind die Aufgabenträger in Personalunion Inhaber einer rangniedrigeren Instanz (Abb. 14[9], Fall I), oder sie gehören lediglich der Pluralinstanz an (Abb. 15[10], Fall II).

Abbildung 14

Fall I

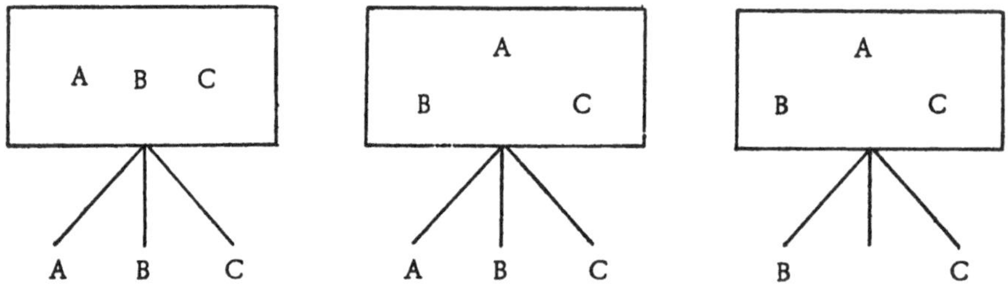

a b c

Abbildung 15

Fall II

a b

---

[9] Nach Aussage von *Höhn* ist es in Deutschland im Gegensatz zu Amerika nicht üblich, daß der Vorsitzer eines Vorstandes (Person A in Abb. 14) ressortlos ist. Vgl. *Höhn*, R., Die Führung mit Stäben in der Wirtschaft, a.a.O., S. 52. — *Schwarz* nimmt an, daß die Mitglieder der Pluralinstanz fast immer gleichzeitig Inhaber von Singularstellen sind. (Vgl. *Schwarz*, H., Die Organisation der Unternehmensleitung, a.a.O., S. 587.)

[10] Vgl. auch *Meier*, A., Organisation der Unternehmungsführung, a.a.O., S. 82.

Im Fall I nehmen die Betriebspersonen eine Doppelstellung ein[11]. Während ihnen als Inhaber einer selbständigen Singularinstanz die Wahrnahme eines eigenen Ressorts obliegt, sind sie als Mitglieder der Pluralinstanz an der Gesamtsteuerung des Betriebes beteiligt. Wie aus Abb. 14 ersichtlich ist, kommt diese Regelung sowohl für das Direktorial- als auch für das Kollegialprinzip in Betracht[12]. Dabei bildet die Form 14c den Übergang zu den in Abb. 15 veranschaulichten Gestaltungsmöglichkeiten: 2 Mitglieder der Instanz sind ressortgebunden, während die dritte, ranghöhere Person ressortlos ist. Im Fall II sind sämtliche Personalunionen aufgehoben: kein Inhaber der Pluralinstanz besitzt ein eigenes Ressort.

Die beiden Formen der Pluralinstanz rufen unterschiedliche Konsequenzen für die Instanzenstruktur und die Subordinationsspanne hervor. Aus diesem Grunde bedarf es einer getrennten Untersuchung. Zur Vereinfachung der Darstellung und zur Vermeidung von Wiederholungen bzw. Überschneidungen sollen lediglich die Divergenzen gegenüber der Singularinstanz herausgearbeitet werden.

Im Fall I muß zwischen der Subordinationsspanne des Singularinstanzeninhabers (im Schaubild 14: *A*, *B* oder *C*) und der Subordinationsspanne der Pluralinstanz differenziert werden.

Die *qualitative Struktur* der *Singularinstanz* wird durch das Vorhandensein einer übergeordneten Pluralinstanz nicht berührt; sie ist unverändert eine Funktion der nachgeordneten Stellen, der Qualifikation des Instanzeninhabers sowie der Rechtsvorschriften und Wirtschaftlichkeitsüberlegungen[13]. Demgegenüber vermag die Existenz der Pluralinstanz die Zahl der *Aufgabenquanten* zu beeinflussen, die der Singularinstanz zugeordnet werden können. Auf Grund seiner Zugehörigkeit zur Pluralinstanz hat der Aufgabenträger zusätzlich intra- und interpersonale Aufgaben zu erfüllen, die auf die Leitung des Betriebs gerichtet sind. Eine quantitative Verringerung des Aufgabenkomplexes der Singularinstanz ist demnach notwendig, wenn ihr Inhaber ohne Engagement in der Pluralinstanz quantitativ voll ausgelastet ist[14].

---

[11] Vgl. auch *Baumberger*, H. U., Organisationsstruktur, a.a.O., S. 127 f.; *Kosiol*, E., Organisation der Unternehmung, a.a.O., S. 116.

[12] Es sei darauf hingewiesen, daß der Ausdruck Ressortkollegialität einen anderen Sachverhalt kennzeichnet. Vgl. zu dem Begriff z. B. *Riester*, W., a.a.O., S. 174; *Fischer*, G., Die Führung von Betrieben, a.a.O., S. 64; *Kosiol*, E., Organisation der Unternehmung, a.a.O., S. 125 f.

[13] Vgl. Punkt 23.

[14] Bei der vergleichenden Betrachtung ist jedoch zu berücksichtigen, daß das Fehlen vertikaler Kommunikationen mit dem Vorgesetzten bereits zur Freisetzung von Arbeitszeit führt.

Die erforderliche Reduzierung der Aufgabenquanten hat eine zahlenmäßige Verminderung derjenigen Stellen zur Folge, die der Singularinstanz unmittelbar nachgeordnet sind. Eine Verkleinerung der Subordinationsspanne ist umgekehrt dann nicht notwendig, wenn der Inhaber der Singularinstanz durch eine zusätzliche Funktion in der Pluralinstanz erst quantitativ voll ausgelastet wird.

Als Ergebnis kann festgehalten werden, daß bei *Einführung* einer auf Personalunion basierenden Pluralinstanz sich die Subordinationsspanne der Singularinstanz verringern muß, wenn der Instanzeninhaber zuvor in quantitativer Hinsicht voll ausgelastet war. Wurde hingegen vor dem Einführungszeitpunkt eine mangelnde Auslastung verzeichnet, dann kann die Subordinationsspanne aufrechterhalten oder möglicherweise vergrößert werden. Maßgeblich hierfür ist das Ausmaß quantitativer Unterbeschäftigung des Instanzeninhabers vor Einführung der Pluralinstanz und der Umfang der in die Pluralinstanz übernommenen Aufgaben[15].

Die Subordinationsspanne der *Pluralinstanz* setzt sich aus zwei Komponenten zusammen. Zum einen bemißt sie sich nach der Zahl der Personen, die in der Pluralinstanz zusammengefaßt sind, da diese Personen prinzipiell in Personalunion Inhaber der direkt untergeordneten Instanzen sind. Eine Ausnahme liegt nur vor, wenn der Vorsitzer in der Pluralinstanz ressortlos ist. Zum anderen ist die Subordinationsspanne eine Funktion der unmittelbar untergeordneten Ausführungsstellen (z. B. Direktionssekretariat)[16]. Ihr Ausmaß wird wesentlich durch die Betriebsgröße (gemessen an der Zahl der Beschäftigten) determiniert, da mit zunehmender Betriebsgröße die zu bewältigenden Aufgaben umfangreicher und differenzierter werden[17]. Aus dem gleichen Grund wirkt das Leistungsprogramm auf die Subordinationsspanne ein.

Es sei in Erinnerung zurückgerufen, daß bei Vorliegen des Falles II die Inhaber der Pluralinstanz (in Abb. 15: A, B, C) nicht mit denen der Singularinstanzen (in Abb. 15: D, E, F, G) identisch sind. Dies wirkt

---

15 Anders ist die Situation, wenn zwei *ranggleiche* Stellen in Personalunion übernommen werden. Eine solche Maßnahme erscheint überhaupt nur dann sinnvoll, wenn der Aufgabenträger durch Wahrnahme einer einzelnen Stelle zeitlich nicht voll ausgelastet ist. Die Subordinationsspanne wird in diesem Fall vergrößert.

16 Möglicherweise treten Führungshilfsstellen (z. B. Direktionsassistent) als dritter Bestandteil der Subordinationsspanne hinzu. Gemäß der für Punkt 32. gesetzten Annahmen ist dieser Fall jedoch unbeachtlich.

17 In diesem Zusammenhang sei auf die empirischen Untersuchungen über die Beziehungen zwischen Betriebsgröße und Subordinationsspanne der obersten betrieblichen Instanz verwiesen, über die in Punkt 4. referiert wird.

sich dahingehend aus, daß im Gegensatz zum Fall I lediglich die Subordinationsspanne der Pluralinstanz untersucht zu werden braucht. Für die Subordinationsspanne der Singularinstanzen ergeben sich keine neuen Aspekte.

Die Pluralinstanz kann gegenüber der zum Vergleich herangezogenen Singularinstanz quantitative bzw. quantitativ-qualitative Strukturunterschiede aufweisen. Quantitativ zeigt sie Divergenzen, da in Anbetracht der größeren Zahl von Aufgabenträgern zusätzlich intrapersonale Aufgaben an die Pluralinstanz übertragen werden können, zu deren Erfüllung dieselbe Qualifikation wie zur Wahrnahme einer Singularinstanz erforderlich ist. Häufig setzt aber die Wahrnahme einer Pluralinstanz ein anderes Eignungspotential voraus als die Erfüllung des Aufgabenkombinats einer Singularinstanz. Die Mitglieder der Pluralinstanz sind in der Weise spezialisiert, daß sich ein bestimmter Aufgabenträger vornehmlich mit Grundsatzfragen eines Teils des Kreises betrieblicher Hauptfunktionen bzw. des Objektspektrums beschäftigt und bei anstehenden Entscheidungen die Probleme speziell unter dem Blickwinkel seines Sektors betrachtet. Ein bekanntes Beispiel einer derartigen Spezialisierung ist der Aufgabenbereich eines Arbeitsdirektors in der ranghöchsten betrieblichen Instanz.

Eine zusätzliche interpersonale Aufgabe, die von den Mitgliedern der Pluralinstanz stets zu erfüllen ist, liegt in der instanzeninternen Kommunikation vor. Eine gemeinsame Willensbildung erfordert, daß intrapersonal erarbeitete Beiträge zu einem Entscheidungsproblem instanzenintern bekannt gemacht werden, damit fehlendes Wissen ausgeglichen und eine möglicherweise erforderlich werdende Koordination vorgenommen werden kann.

Außerdem tritt die Frage auf, wie Kommunikationen zwischen den Inhabern der Pluralinstanz und den unmittelbar subordinierten Aufgabenträgern vorgenommen werden. Sofern die schriftliche Informationsübertragung gewählt wird, wirft die Kommunikation keine speziellen Probleme auf[18]. Demgegenüber ist es schwerlich vorstellbar, daß bei mündlicher Kommunikation die Informationsabgabe bzw. -aufnahme *stets* kollektiv, d. h. in Anwesenheit aller Instanzenmitglieder, erfolgt. Auf diesen Sachverhalt machen auch *Höhn* und *Urwick* unter einem besonderen Aspekt aufmerksam. Sie betonen unter Angabe verschiedener Argumente, daß eine Gruppe als Ganzes nicht mit Kommunikationen zum Zwecke der Führung beauftragt werden kann[19].

[18] Sofern man davon absieht, daß sich der Abgabezeitpunkt verschieben kann, da grundsätzlich die Einwilligung sämtlicher Instanzenmitglieder vorliegen muß.

[19] Vgl. *Höhn*, R., Die Führung mit Stäben in der Wirtschaft, a.a.O., S. 50; *Urwick*, L. F., The Span of Control — Some Facts about the Fables, in:

Es erweist sich als zweckmäßig, ein Mitglied der Pluralinstanz zum generellen Kommunikationspartner rangniedrigerer und/oder abteilungsexterner Personen zu ernennen. Diese Regelung bietet den Vorteil der organisatorischen Übersichtlichkeit (der Kommunikationspartner ist präzise definiert); sie erlaubt darüber hinaus eine schnellere Durchführung der Kommunikation zwischen der Pluralinstanz und anderen Stellen bzw. betriebsexternen Personen, da die Instanzenmitglieder nicht in ihrer Gesamtheit beim Kommunikationsprozeß zugegen sein müssen. Als absolut nachteilig erweist sich unter zeitlichen Aspekten diese Regelung, wenn eine Information für die Pluralinstanz als Gesamtheit bestimmt ist und nur von dem ernannten Kommunikationspartner entgegengenommen wird, da in einem zweiten instanzeninternen Kommunikationsprozeß die übrigen Instanzenmitglieder unterrichtet werden müssen. Es darf die realitätsnahe Annahme gemacht werden, daß solche Fälle in der Minderzahl sind.

Die Ernennung eines generellen Kommunikationspartners bedeutet nicht, daß die übrigen Instanzenmitglieder von instanzentraversierenden Kommunikationsaufgaben befreit werden. Sie können weiterhin sowohl als Sender als auch als Empfänger fungieren. Dies empfiehlt sich, wenn ressortspezifische Fragen erörtert werden sollen.

Anhand der voranstehenden Ausführungen wird deutlich, daß durch Einführung einer Pluralinstanz (ohne Personalunion) die Subordinationsspanne erweitert werden kann. Das Ausmaß der Erweiterung ergibt sich nicht einfach durch Multiplikation der Subordinationsspanne der Singularinstanz mit der Zahl der Pluralinstanzenmitglieder. Auch wenn sich der Aufgabenkomplex der Pluralinstanz rein *quantitativ* ändert, werden mit einer derartigen mechanistischen Betrachtungsweise drei Tatbestände übersehen. Einerseits resultiert aus der Notwendigkeit instanzeninterner Kommunikation, daß der vermutete Höchstwert nicht erreicht wird. Die instanzeninterne Kommunikation bindet einen Teil der üblichen Arbeitszeit, der für die Durchführung vertikaler Kommunikationen zwischen den Trägern der Pluralinstanz und untergeordneten Singularinstanzeninhabern verlorengeht. Kompensierend wirkt hingegen die Tatsache, daß auch bei einer vergrößerten Zahl direkt untergeordneter Singularinstanzen von der Möglichkeit der Kollektivkommunikation (kollektive Informationsaufnahme) Gebrauch gemacht werden kann. Einen weiteren Kompensationsfaktor bildet der von den Mitgliedern der Pluralinstanz ernannte generelle Kommunikationspartner für abteilungsinterne bzw. abteilungstraversierende In-

---

Advanced Management, Vol. XXI, 1956, S. 9. — *Höhn* führt als Begründung zeitliche Koordinationsschwierigkeiten an; *Urwick* macht auf die Notwendigkeit persönlicher Beziehungen aufmerksam.

formationsübertragung. Da ihm primär die interpersonellen Aufgaben zugewiesen werden, können die übrigen Mitglieder der Pluralinstanz sich vornehmlich intrapersonalen Aufgaben und den erforderlichen instanzeninternen sowie ressortspezifischen Kommunikationsaufgaben widmen. Unter Berücksichtigung dieser Gegebenheiten läßt sich die Vergrößerung der Subordinationsspanne nur im konkreten Fall bestimmen.

Bei *quantitativ-qualitativen* Strukturunterschieden verkürzt sich die Gesamtdauer der Entscheidungsbildung wegen der Möglichkeit der Aufgabenteilung. Die Instanzenmitglieder können parallel verschiedene Aspekte der Entscheidung intrapersonal vorbereiten, die mit Hilfe der instanzeninternen Kommunikation koordiniert werden. Auf diese Weise wird im Vergleich zur Singularinstanz Arbeitszeit freigesetzt, die zur Erfüllung anderer Aufgaben verwendet werden kann. Die Subordinationsspanne vergrößert sich in Abhängigkeit davon, welche Aufgaben der Pluralinstanz zugeordnet werden[20].

Die Ausführungen müssen noch in einem Punkt ergänzt werden. Bisher blieb das bei der Bildung der Pluralinstanz angewandte Prinzip der Willensbildung unbeachtet[21]. Das realisierte Prinzip beeinflußt jedoch die Subordinationsspanne der Instanz insofern, als die Erfüllungsdauer instanzeninterner Kommunikationen mit der Art der Willensbildung korreliert.

Prinzipiell kann die Entscheidungsfindung in einer nach dem Direktorialprinzip organisierten Pluralinstanz ceteris paribus einen geringeren Zeitraum in Anspruch nehmen als eine Willensbildung nach dem Prinzip der Kassationskollegialität, da der Vorsitzer einen raschen Beschluß zu erzwingen vermag. Überträgt man die Vorstellung einer Normaleignung auch auf diesen Sachverhalt, dann darf angenommen werden, daß die Entscheidungsfindung bei Anwendung des Direktorialprinzips üblicherweise weniger Zeit beansprucht als bei Kassationskollegialität. Die Subordinationsspanne kann im Fall II demzufolge größer sein. Im Fall I wirkt sich die Anwendung des Direktorialprinzips dahingehend aus, daß die Subordinationsspanne der Singularinstanz — sofern ihr Inhaber ohne Einführung der Pluralinstanz quantitativ voll ausgelastet ist — in geringerem Umfange als bei Verwirklichung der Kassationskollegialität reduziert wird.

---

[20] H. *Ulrich* (Kontrollspanne und Instanzenaufbau, a.a.O., S. 284) verweist mit knappen Worten auf die Bedeutung der Pluralinstanz. Nach seiner Ansicht trägt sie zur Erweiterung der Subordinationsspanne bei, „indem einfach die Kapazität der Leitungsinstanz personell vermehrt wird".

[21] Auswirkungen der verschiedenen Willensbildungsformen auf die Zusammenarbeit in der Gruppe und die Zufriedenheit der Mitglieder stellen zwar ein gewichtiges Problem dar, können jedoch hier nicht untersucht werden.

Zusammenfassend kann festgestellt werden, daß bei Vorliegen einer Pluralinstanz ohne Personalunion eine im Vergleich zur Singularinstanz größere Subordinationsspanne realisiert werden kann. Eine Pluralinstanz mit Personalunion auf der nachfolgenden Stufe bedeutet eine Verkleinerung der Subordinationsspanne der Singularinstanz, wenn ihr Inhaber ohne Personalunion quantitativ voll ausgelastet ist. Das Direktorialprinzip wirkt sich in beiden Fällen — im Vergleich zu den Formen des Kollegialprinzips — auf eine Vergrößerung der Subordinationsspanne aus.

4. Die Subordinationsspanne in der betrieblichen Praxis

In den bisherigen Darlegungen wurde versucht, das Problem der Subordinationsspanne umfassend zu erörtern und zu würdigen. Auf Grund der modellmäßigen Betrachtung konnten nur *Einflußgrößen* der Subordinationsspanne und *Methoden* ihrer Bestimmung aufgezeigt werden. Zahlenmäßige Angaben waren dagegen nicht möglich.

Um gewisse Vorstellungen über die Größe der Subordinationsspanne zu vermitteln, werden im folgenden zwei Wege beschritten. Einerseits werden Meinungsäußerungen zu dem Problem zusammengestellt, andererseits wird über empirische Untersuchungen berichtet.

41. Auf Erfahrung basierende Größenangaben

Versuche, auf Grund von Praxiserfahrungen die zulässige oder optimale Subordinationsspanne quantitativ zu formulieren, sind literarisch vereinzelt belegt. Daneben gibt es eine Reihe von Autoren, die unter Berufung auf „die Literatur", auf „einzelne Fachvertreter" usw. ebenfalls quantitative Aussagen über die Subordinationsspanne machen. Ein Bild der Meinungen vermittelt Tabelle 1 (S. 128, 129).

Anhand der Übersicht läßt sich feststellen, daß die Ansichten uneinheitlich sind. Besonders auffallend ist die große Streubreite der Anschauungen in Gruppe b). Am geschlossensten sind die Meinungen in der Gruppe c), obwohl die Autoren sich nicht äußern, für welche betrieblichen Rangstufen die Zahlenangaben Gültigkeit besitzen sollen. Innerhalb der einzelnen Bereiche kann kaum eine Tendenz zugunsten eines bestimmten Wertes ermittelt werden. Es ist allenfalls zu vermuten, daß die Autoren in Gruppe c) implizit auf die höheren Rangstufen abstellen. Faßt man unter diesem Aspekt die Gruppen a) und c) zusammen, so ist eine gewisse Bevorzugung der Zahl 6 als Maximalgröße für die oberen hierarchischen Stufen gegeben.

42. Empirische Studien

Empirische Untersuchungen zum Problem der Subordinationsspanne liegen aus Amerika, England und Deutschland vor. Zunächst soll über die ausländischen Forschungsarbeiten referiert werden.

Tabelle 1

Auf Erfahrung basierende Zahlenwerte

Zahlenwerte 1	Primärzitierung 2	Sekundärzitierung 3	Erläuterung 4
a) *Subordinationsspanne der oberen betrieblichen Rangstufen*			
3	*Hamilton*	—	Optimum
3	*Cattepoel*[a)]	—	—
ca. 3	—	*Massie, Kosiol*	—
3—5	*Fischer*	—	Optimum
3—5	—	*Rudolph*	Durchschnitt
3—6	—	*Fox*	Maximum
3—6	—	*Czayka, Schmalenbach*	Optimum
5—6	—	*Höhn*	—
min. 3 max. 5—7	*Goossens*	—	—
4—7	—	*Gardner/Moore, Ulrich/Staerkle*	Maximum
5—7	*Joschke*	—	Maximum
3—8	—	*Udell*	Empfehlung
4—8	—	*Koontz/O'Donnell, Haimann*	—
max. 7—8	—	*Healey*	Maximum
3—8 od. 9	*Davis*	—	—
selten mehr als 10	*Böhrs*	—	—
10—12	*Goossens*	—	—
b) *Subordinationsspanne der unteren betrieblichen Rangstufen*			
6	*Hamilton*	—	—
ca. 6	—	*Massie*	—
6—12	—	*Fox*	—
8 oder 12	*Urwick*	*Koontz/O'Donnell*	—
12	*Cattepoel*	—	—
8—15	—	*Koontz/O'Donnell*	—
12—15	—	*Gardner/Moore*	Optimum
20	*Goossens*	—	Maximum
8—25	—	*Kosiol, Czayka*	—
15—25	—	*Joschke*	—
20 und mehr	*Ulrich*	—	—
bis 25	—	*Haimann*	—
max. 20—30	—	*Healey*	—
10—30	*Davis*	—	—
kaum über 30—40	*Böhrs*	—	Maximum

a) Höchste Rangstufe.

Tabelle 1 (Fortsetzung)

Zahlenwerte 1	Primärzitierung 2	Sekundärzitierung 3	Erläuterung 4
c) *Angaben über die Subordinationsspanne ohne hierarchische Abgrenzung*			
4	*Urwick*	*Litterer*	Idealzahl
5	—	*Gillmor*	Maximum bei Verrichtungs-prinzip
3—6	—	*Baumberger*	Maximum
5—6	*Urwick*	—	Faustregel bei Verrichtungs-prinzip
5—6	—	*Gater*	Optimum bei Verrichtungs-prinzip
max. 6	—	*Yoder*	Optimum
4— 8	—	*Terry*	Optimum
3— 9	—	*Staerkle*	—
unter 10	—	*Stefanic-Allmayer*	—
max. 10	*Goossens*	—	Maximum
10	—	*Tillmann/ Kirkpatrick*	Optimum

Anmerkung:
Soweit die Primärliteratur nicht zur Verfügung stand, mußte auf Sekundärliteratur zurückgegriffen werden. In diesem Fall sind sowohl in Spalte 2 als auch in Spalte 3 Namen ausgewiesen. Das Zeichen (—) in der Rubrik 3 bedeutet, daß anhand der Primärliteratur (Spalte 2) zitiert werden konnte. Das gleiche Zeichen wird in Spalte 2 verwendet, wenn an der Fundstelle Hinweise auf andere, nicht namentlich angeführte Autoren vorhanden sind.

Quellen (die Angabe erfolgt zeilenweise):

Tabellenteil a): Hamilton, Sir Ian, The Soul and Body of an Army, London 1921, S. 230; *Cattepoel,* D., Führungsnachwuchs als unternehmerische Aufgabe, in: Deutsches Institut für Betriebswirtschaft e. V. (Hrsg.), Führungskräfte heute und morgen, Düsseldorf - Wien 1966, S. 126; *Massie,* J. L., a.a.O., S. 398; *Kosiol,* E., Organisation der Unternehmung, a.a.O., S. 108; *Fischer,* G., Führungs- und Arbeitsstäbe in der betrieblichen Führungsorganisation, a.a.O., S. 137; *Rudolph,* R., a.a.O., S. 23; *Fox,* W. M., a.a.O., S. 97; *Czayka,* L., a.a.O., S. 257; *Schmalenbach,* E., a.a.O., S. 67; *Höhn,* R., Die Führung mit Stäben in der Wirtschaft, a.a.O., S. 206; *Goossens,* F., Leitende Angestellte richtig führen, a.a.O., S. 61; *ders.,* Der Chef und seine leitenden Mitarbeiter, a.a.O., S. 62; *Gardner,* B. B. / *Moore,* D. G., a.a.O., S. 148; *Ulrich,* H. / *Staerkle,* R., Verbesserung der Organisationsstruktur von Unternehmungen, 2. Aufl., Bern 1962, S. 11; *Joschke,* H. K., a.a.O., S. 211; *Udell,* J. G., a.a.O., S. 421; *Koontz,* H. / *O'Donnell,* C., a.a.O., S. 88; *Haimann,* Th., a.a.O., S. 139; *Healey,* J. H., Executive Coordination and Control, a.a.O., S. 14; *Davis,* R. C., a.a.O., S. 276; *Böhrs,* H., Organisation des Industriebetriebes, a.a.O., S. 110; *Goossens,* F., Wie gut ist meine Personalführung? München 1968, S. 31.

Tabellenteil b): Hamilton, Sir Ian, a.a.O., S. 230; *Massie,* J. L., a.a.O., S. 398; *Fox,* W. M., a.a.O., S. 97; *Urwick,* L., Axioms of Organization, in: Public Administration Magazine, London 1935, S. 349; *Koontz,* H. / *O'Donnell,* C., a.a.O., S. 88; *Cattepoel,* D., a.a.O., S. 126; *Gardner,* B. B. / *Moore,* D. G., a.a.O., S. 148; *Goossens,* F., Wie gut ist meine Personalführung? a.a.O., S. 31; *Kosiol,* E., Organisation der Unternehmung, a.a.O., S. 108; *Czayka,* L., a.a.O., S. 257; *Joschke,* H. K., a.a.O., S. 211; *Ulrich,* H., Kontrollspanne und Instanzenaufbau, a.a.O., S. 286; *Haimann,* Th., a.a.O., S. 140; *Healey,* J. H., a.a.O., S. 14; *Davis,* R. C., a.a.O., S. 271; *Böhrs,* H., Organisation des Industriebetriebes, a.a.O., S. 109.

Tabellenteil c): Urwick, L., Executive Decentralization with Functional Coordination, in: The Management Review, New York 1935, S. 359; *Litterer,* J. A., The Analysis of Organizations, a.a.O., S. 310; *Gillmor,* R. E., A Practical Manual of Organization, New York 1948, S. 12; *Baumberger,* H. U., Organisationsstruktur, a.a.O., S. 107; *Urwick,* L. F., Wieviel Mitarbeiter sollte man den Führungskräften unterstellen? a.a.O., S. 2; *ders.,* Organization as a technical Problem, in: *Gulick,* L. / *Urwick,* L., Papers on the Science of Administration, a.a.O., S. 52; *Gater,* R., a.a.O., S. 41; *Yoder,* D., a.a.O., S. 67; *Terry,* G. R., a.a.O., S. 322; *Staerkle,* R., Stabsstellen, a.a.O., S. 123; *Stefanic-Allmayer,* K., a.a.O., S. 65; *Goossens,* F., Der Zusammenhang zwischen den Zahlen der Rangstufen im Betrieb und der jeweils unterstellten Mitarbeiter, in: MuA, 10. Jg., 1958, S. 10; *Tillmann,* R. / *Kirkpatrick,* C. A., a.a.O., S. 33.

421. Untersuchungen im angelsächsischen Sprachraum

In Amerika befaßten sich — chronologisch geordnet — folgende Autoren mit der Subordinationsspanne: *Dale, Healey, Entwisle/Walton, Udell, Baker/Davis.* Über die Ergebnisse einer englischen Untersuchung berichtete *Woodward.*

Dale

Die erste empirische Studie stammt u. W. von *Dale*[1]. Er untersuchte zwei Gruppen US-amerikanischer Betriebe, die hinsichtlich der Beschäftigtenzahl divergierten[2]. Eine Kategorie umfaßte 100 Großbetriebe („large companies") mit über 5000 Beschäftigten[3]; in der anderen Gruppe waren 41 mittelgroße Unternehmen („medium sized companies") zusammengefaßt, die 500 bis 5000 Beschäftigte aufwiesen[4]. *Dale* beschränkte sich darauf, die Subordinationsspanne der ranghöchsten Instanz (Betriebsleitung) („president", „chief executive") darzustellen.

15 Jahre später veröffentlichte *Dale* die Resultate einer zweiten Untersuchung[5]. Da in dieser Studie die Untersuchungsgesamtheiten sich gegenüber 1952 nicht veränderten und die gewählte Betriebsgrößenklassifikation beibehalten wurde[6], sollen im folgenden beide Studien parallel abgehandelt werden.

---

1 Vgl. *Dale,* E., Planning and Developing the Company Organization Structure, New York 1952. In der 6. Aufl., von 1959, auf die wir uns im folgenden beziehen, finden sich die Resultate auf S. 76 ff. — Die Untersuchungsergebnisse waren zuvor schon in Business Week zitiert worden. Vgl. *o. V.,* Bosses Break Rule on Span of Control, in: Business Week vom 18. Aug. 1951, S. 102 f. — *Dales* Resultate werden in der Literatur des öfteren angeführt. Vgl. z. B. *Albers,* H. H., a.a.O., S. 85 f.; *Fox,* W. M., a.a.O., S. 97 f.; *Litterer,* J. A., The Analysis of Organizations, a.a.O., S. 310 ff.; *Massie,* J. L., a.a.O., S. 399; *Peabody,* R. L. / *Rourke,* F. E., Public Bureaucracies, in: *March,* J. G. (Hrsg.), Handbook of Organizations, a.a.O., S. 816; *Udell,* J. G., a.a.O., S. 421.

2 Nach Ansicht von *Acker* eignet sich die Zahl der Beschäftigten vorzüglich als Betriebsgrößenkriterium beim Studium organisatorischer Probleme. Vgl. *Acker,* H. B., Planung der Organisation, in *Agthe,* K. / *Schnaufer,* E. (Hrsg.), Unternehmensplanung, Baden-Baden 1963, S. 449 f. — Auch *Baumberger* anerkennt dieses Kriterium unter bestimmten Voraussetzungen. (Vgl. *Baumberger,* H. U., Organisationsstruktur, a.a.O., S. 11 f.) Vgl. weiterhin *Grochla,* E., Erkenntnisstand und Entwicklungstendenzen der Organisationstheorie, a.a.O., S. 1.

3 Vgl. *Dale,* E., Planning and Developing the Company Organization Structure, a.a.O., S. 76. — *Dale* schreibt, daß die ausgewählten Betriebe für gute Organisationspraxis bekannt seien, gibt jedoch keine näheren Erläuterungen dazu.

4 Vgl. ebd., S. 80.

5 Vgl. *ders.,* Organization, a.a.O., S. 94 ff.

6 Vgl. ebd., S. 94 f. — Bei den Großbetrieben wurden 7 Betriebe ausgesondert, weil die „top box" mehrere Personen umfaßte. Vgl. ebd., S. 95.

Als Untersuchungsmethode diente 1952 überwiegend, 1967 ausschließlich die Auswertung von Organigrammen[7].

Bei beiden Studien wurden teilweise die gleichen Betriebe erfaßt, um gewisse Vergleichsmöglichkeiten der Ergebnisse untereinander zu erzielen[8]. Während in der Veröffentlichung von 1952 keine Angaben über die an der Enquête beteiligten Branchen enthalten sind, wurden 1967 die Wirtschaftszweige angeführt[9]. Am stärksten vertreten war die Industrie: 85 % der analysierten Großbetriebe und knapp mehr als die Hälfte der mittelgroßen Unternehmen gehörten diesem Sektor an. Weitere erfaßte Branchen waren: Versorgungsbetriebe, Transportunternehmen, Banken, Versicherungs- und Handelsbetriebe.

Dales Untersuchungsergebnisse sind in Tabelle 2 wiedergegeben.

Tabelle 2

Die Subordinationsspanne der Betriebsleitung nach den Resultaten von Dale

Dem „president" direkt Unterstellte	Zahl der Großbetriebe		Zahl der Mittelbetriebe	
	1952	1967	1952	1967
1	6	2	3	2
2	—	1	—	1
3	1	4	2	3
4	3	1	2	2
5	7	8	4	3
6	9	8	8	9
7	11	13	7	5
8	8	8	5	4
9	8	10	2	2
10	6	7	4	3
11	7	8	1	4
12	10	5	—	2
13	8	4	1	—
14	4	3	1	—
15	1	1	—	—
16	5	1	—	—
17	—	1	1	—
18	1	2	—	—
19	—	1	—	—
20	1	1	—	—
21	1	2	—	—
22	—	—	—	1
23	2	1	—	—
24	1	1	—	—
Summe	100	93	41	41

Quelle: Dale, E., Planning and Developing the Company Organization Structure, a.a.O., S. 77 und S. 80; *ders.*, Organization, a.a.O., S. 95 f.

[7] Die 1952 angewandte Methode wird von *Dale* nicht erwähnt, sondern geht nur aus einem Brief *Dales* an *Healey* hervor. Vgl. *Healey*, H. J., a.a.O.,

Einige charakteristische Größen der Häufigkeitsdistributionen der Subordinationsspanne weisen folgende Werte auf[10].

Tabelle 3

Mittelwerte für die von Dale erfaßte Grundgesamtheit

	Großbetriebe		Mittelbetriebe	
	1952	1967	1952	1967
Median[a)]	9	9	7	7
Modus[b)]	7	7	6	6

a) Der Median ist der Wert, der in einer größenmäßig geordneten Reihe von Merkmalswerten in der Mitte liegt.

b) Der Modus ist der Wert, der in einer Zahlenreihe am häufigsten vorkommt.

Die Tabellen 2 und 3 zeigen, daß sowohl die Spannweite der Merkmalswerte als auch Median und Modus bei den Großbetrieben im Vergleich zu den mittleren Unternehmen höhere Werte annehmen. Es kann somit vermutet werden, daß die Subordinationsspanne des top management durch die Betriebsgröße beeinflußt wird[11, 12].

S. 3. Bezüglich der Untersuchung von 1967 vgl. *Dale*, E., Organization, a.a.O., S. 23.

8 Vgl. *Dale*, E., Organization, a.a.O., S. 23.

9 Vgl. *Dale*, E., Organization, a.a.O., S. 97 ff.

10 Der Median wird in 3 Fällen von *Dale* ermittelt. Vgl. *Dale*, E., Planning and Developing the Company Organization Structure, a.a.O., S. 78 und S. 81; *ders.*, Organization, a.a.O., S. 94. Die Feststellung des 4. Wertes und des Modus erfolgte durch den Verfasser.

11 Vgl. auch *Litterer*, J. A., a.a.O., S. 311. Ohne seine Vermutung näher zu begründen, meint *Litterer*, daß man bei den Großbetrieben kleinere Spannen erwarten müßte.

12 Ähnliche Ergebnisse lassen sich erzielen bei *Stieglitz*, H., Corporate Organization Structures, a.a.O. — Eine Aufbereitung von 48 verwertbaren Organigrammen, die vom Verfasser vorgenommen wurde, zeitigte folgende Resultate: In der Gruppe der Großbetriebe (37 Unternehmen mit mehr als 5 000 Beschäftigten) schwankte die Zahl der dem „president" direkt unterstellten Personen zwischen 1 und 19, der Median lag bei 10, als häufigste Werte waren 10 und 11 Unterstellte je 5 mal vertreten. In der Kategorie der mittelgroßen Unternehmen (11 Betriebe mit einer Belegschaft zwischen 500 und 5 000) war die Spannweite der Werte etwas enger (1—12), der Median (8) war ebenfalls niedriger als bei den Großbetrieben. Auf Grund des kleinen Kollektivs waren die einzelnen Merkmalsausprägungen annähernd gleich häufig vertreten; ein Modus konnte daher nicht ermittelt werden. — Die geringen Abweichungen zwischen den Untersuchungsergebnissen von *Dale* und *Stieglitz* sind möglicherweise darauf zurückzuführen, daß die von den beiden Autoren erfaßten Betriebe identisch sind.

Andererseits ist jedoch nicht ausgeschlossen, daß zwischen den einzelnen Erhebungszeitpunkten Reorganisationen der Betriebsleitungen stattfanden. Zumindest was die Veröffentlichung von *Dale* anbelangt, ist dies auf Grund seiner Aussage der Fall. (Vgl. *Dale*, E., Organization, a.a.O., S. 23.)

Healey

Healey führte eine schriftliche Befragung bei den industriellen Unternehmungen mit über 99 Beschäftigten im Staate Ohio durch[13]. Befragungsgegenstand war unter anderem die Subordinationsspanne der ranghöchsten Instanz[14]. Die Versendung des Erhebungsbogens erfolgte an sämtliche (1915) Hauptbetriebe („main plants") und Zweigniederlassungen („branch plants"[15])[16] der 20 wichtigsten Industriebranchen, die vom amerikanischen „Bureau of Census" ermittelt worden waren[17]. 409 Hauptbetriebe und 165 Zweigniederlassungen gaben über die Subordinationsspanne der obersten Instanz[18] Auskunft[19].

Eine Gliederung der Untersuchungsergebnisse für Hauptbetriebe nach Betriebsgröße, gemessen an der Zahl der Betriebsangehörigen und nach der Zahl der unterstellten Personen, zeigt die Tabelle 4.

Die Resultate kommentiert *Healey* folgendermaßen[20]. In den Größenklassen 1, 2 und 4 zeigen zwischen 55 % und 60 % der Betriebe Unterstellungsverhältnisse von vier, fünf und sechs Personen. Betriebe der Gruppe 3 besitzen in 47,5 % der Fälle fünf oder sechs der Betriebsleitung Untergeordnete; in 10 % der Fälle sind acht Unterstellte vorhanden. Betriebe der Klasse 5 weisen maximale relative Häufigkeiten für sechs und acht Unterstellte und geringere Maxima für fünf und sieben nachgeordnete Personen aus. In der Gruppe der größten Betriebe liegen die höchsten Prozentwerte bei sechs, sieben, neun und 11—15 Unterstellten.

---

13 Vgl. *Healey*, J. H., Executive Coordination and Control, a.a.O.

14 J. H. *Healey* (a.a.O., S. 7) spricht von „chief executive" und definiert ihn als „the first element of the executive level".

15 Aus der Arbeit von *Healey* geht nicht hervor, ob es sich bei den „branch plants" um rechtlich selbständige oder unselbständige Betriebe handelt.

16 Vgl. *Healey*, J. H., a.a.O., S. 6.

17 Vgl. ebd., S. 4. — Der Fragebogen wurde von 620 Betrieben (32,3 % der Grundgesamtheit) ganz oder teilweise ausgefüllt zurückgesandt. Die Verteilung der Antworten nach der Branche und nach der Betriebsgröße wird von *Healey* als repräsentativ angesehen. Vgl. *Healey*, J. H., a.a.O., S. 6.

18 Vermutlich um verschiedenartigen Auslegungen des Begriffs Subordinationsspanne durch die Betriebsleitungen entgegenzuwirken, erfolgte die Untersuchung der Subordinationsspanne auf indirekte Weise. Die Betriebsleitungen wurden gebeten, die ihnen direkt untergeordneten Stellen in ein Organigramm einzuzeichnen.

19 Die Zahlen wurden den Tabellen 5 und 6 bei *Healey*, J. H., a.a.O., S. 66 bzw. S. 68 entnommen. Die Untersuchungsergebnisse für die Zweigniederlassungen werden im folgenden nur am Rande erwähnt.

20 Vgl. zu den folgenden Darlegungen *Healey*, J. H., a.a.O., S. 63—67. Auf die Tatsache, daß relativ häufig eine einzelne Person der Betriebsleitung unterstellt ist, geht *Healey* nicht erläuternd ein.

Tabelle 4

Die Subordinationsspanne der Betriebsleitung in verschiedenen

Größenklasse	Zahl der Beschäftigten	Zahl der Unterstellten													Summe
		1	2	3	4	5	6	7	8	9	10	11—15	16—20	21—25	
1	100— 249	11,0	6,5	12,3	20,6	18,7	20,0	5,1	2,6	1,3	0,6	1,3			100,0
2	250— 499	10,4	5,2	12,2	15,7	19,1	20,9	5,2	4,4	0,9	4,4	1,7			100,0
3	500— 749	15,0	5,0	5,0	7,5	20,0	27,5	5,0	10,0	5,0					100,0
4	750—1499	17,8	6,7	6,7	13,3	17,8	24,4	6,7	4,4			2,2			100,0
5	1500—2999	10,6			5,2	15,9	23,3	10,6	26,5			5,2	2,6		100,0
6	3000 und mehr	12,5	6,3		6,3		12,5	12,5	6,3	18,8		18,8	6,3		100,0
	Durchschnitt	12,0	5,4	9,3	15,2	17,9	21,5	6,1	6,3	2,0	1,4	2,4	0,5		100,0

Quelle: Healey, J. H., a.a.O., S. 66.
Das Zeilenmaximum, das jeweils mit einem Rechteck gekennzeichnet ist, entspricht dem Modus.

Auf Grund dieser Tatsache gelangt *Healey* zu dem Ergebnis, daß größere Betriebe tendenziell umfangreichere Subordinationsspannen der Betriebsleitung besitzen[21]. Die Ursache dafür sieht er in der wachsenden Anzahl von Stäben und Filialen („subsidiaries") größerer Betriebe[22], deren Leiter zumeist die Position eines Vizepräsidenten innehaben. Weiterhin hält er fest, daß bei 76,3 % der industriellen Hauptbetriebe eine Subordinationsspanne vorgefunden wird, die sich innerhalb der von ihm ermittelten theoretischen Grenzwerte 3 und 8[23] bewegt[24].

Einen wertvollen Forschungsbeitrag leistet *Healey* mit dem Versuch, den Einfluß des Industriezweiges auf die Subordinationsspanne herauszukristallisieren[25]. Zu diesem Zweck gruppiert er die Stichprobe, d. h. die eingegangenen Antworten nach Industriezweig und Betriebsgröße und trifft folgende Annahme. Wird festgestellt, daß die in der Stichprobe erfaßten Betriebe einer bestimmten Branche sich relativ stark auf die unteren (oberen) Größenklassen konzentrieren und dennoch große (kleine) Subordinationsspannen existieren, so ist vermutlich nicht die Betriebsgröße, sondern die Art der Branche der Einflußfaktor.

Subordinationsspannen, die seinen theoretisch postulierten oberen Grenzwert überschreiten, werden bei den Hauptbetrieben folgender Zweige vorgefunden: Papier und verwandte Erzeugnisse; aus Erdöl und Kohle gewonnene Produkte; Kleidung und andere Fertigerzeunisse aus Stoff und ähnlichem Material; elektrotechnische Artikel; Nahrungsmittel; Transportmittel; Fertigerzeugnisse aus Metall (mit Ausnahme von Geschützen, Maschinen und Transportmitteln); Druckereien, Verlage und verwandte Produktionszweige; Erzeugnisse aus Stein, Erden und Glas. Hinzuzurechnen sind noch folgende von *Healey* nicht erwähnte Zweige: Chemikalien und verwandte Produkte; metallerzeugende Industrie und Maschinen (ausschließlich der elektrotechnischen Artikel).

Aus diesem Katalog werden diejenigen Branchen eliminiert, deren Betriebe sich in der Stichprobe nicht auf die unteren Größenklassen

---

[21] Diese Feststellung wird auch für die Zweigniederlassungen getroffen. Außerdem tendiert die Subordinationsspanne in den Zweigniederlassungen zu höheren Werten als in den Hauptbetrieben. Vgl. *Healey*, J. H., a.a.O., S. 69 und S. 242.

[22] Vgl. *Healey*, J. H., a.a.O., S. 65 und auch S. 84.

[23] Vgl. ebd., S. 1 und S. 14.

[24] *Healey* stellt also keine „auffällige Diskrepanz" zwischen Theorie und Praxis fest, wie *Bleicher* meint. (Vgl. *Bleicher*, K., Zentralisation und Dezentralisation von Aufgaben, a.a.O., S. 86.) Legt man mit *Bleicher* die Grenzen auf 3 und 6 fest, dann befinden sich immerhin noch 60,5 % sämtlicher Betriebe in Übereinstimmung mit der theoretischen Regel.

[25] Vgl. dazu *Healey*, J. H., a.a.O., S. 73—76. — Es soll auch hier eine Einschränkung auf die „main plants" erfolgen.

konzentrieren: aus Erdöl und Kohle gewonnene Produkte, elektrotechnische Artikel, Transportmittel.

Healey trifft die Schlußfolgerung, daß in den verbleibenden sechs Industriezweigen (zu denen noch die drei von ihm nicht beachteten Branchen zu addieren sind) die große Subordinationsspanne höchstwahrscheinlich nicht in Abhängigkeit von der Betriebgröße, sondern von der Art des Industriezweiges steht[26]. Eine Erklärung dieses Phänomens versucht er nur für die Papierindustrie zu geben. In diesem Zweig sieht er die große Subordinationsspanne durch das Vorhandensein von Stäben und zahlreichen Mitarbeitern im Produktionsbereich („production representatives“) verursacht[27].

Gegen das Vorgehen *Healeys* müssen Bedenken erhoben werden. Da es sich bei der Studie um eine zufallgesteuerte Stichprobe handelt, ist die Beteiligung der einzelnen Branchen an der Untersuchung Schwankungen unterworfen. Der Streubereich des Auswahlsatzes pro Branche liegt bei den Hauptbetrieben zwischen 17 % und 31 %. Es ist einleuchtend, daß die Betriebsgrößenkategorien der einzelnen Zweige ebenfalls unterschiedlich stark besetzt sein können. Infolgedesesn braucht die Besetzung einer Klasse in der Stichprobe nicht repräsentativ für den Parameter[28] des zugehörigen Kollektivs zu sein. Da *Healey* seine Aussage über die Repräsentanz der Antwortquote auf die Gesamtstudie, nicht aber auf den Fragenkomplex der Subordinationsspanne bezieht[29], ist der Einwand in gewisser Weise berechtigt. Seine volle Stichhaltigkeit ist jedoch nicht exakt feststellbar.

Healey begeht aber einen zweiten, eindeutig nachweisbaren Fehler bei dem Versuch, die Verteilung der Hauptbetriebe einer bestimmten Branche auf die verschiedenen Größenklassen anhand der Zahl der eingegangenen Antworten feststellen zu wollen. Er bedient sich einer Tabelle[30], in der die Klassenbesetzung nur summarisch für Hauptbetriebe *und* Zweigniederlassungen ausgewiesen wird. Demzufolge ist es nicht möglich anzugeben, ob die Besetzung einer Größenklasse primär durch die Hauptbetriebe oder durch die Zweigniederlassungen bestimmt ist.

---

26 Analog verfährt er zur Bestimmung der Branchen, bei denen die Spannenwerte einzelner Betriebsleitungen unter dem theoretischen Minimum liegen. Vgl. *Healey*, J. H., a.a.O., S. 73 und S. 76.

27 Vgl. ebd., S. 243 f. — An dieser Stelle rechnet er im Gegensatz zu S. 73 die Erdölindustrie zu den Branchen mit großen Subordinationsspannen.

28 Zu diesem Begriff vgl. *Kellerer*, H., Statistik im modernen Wirtschafts- und Sozialleben, Reinbek bei Hamburg 1960, S. 115.

29 Vgl. Anm. 19 in Punkt 42.

30 Vgl. *Healey*, J. H., a.a.O., S. 64, Tabelle 4.

Ergänzend soll darauf hingewiesen werden, daß *Healey* auch danach fragte, wieviele unmittelbar nachgeordnete Personen die Betriebsleitung wirksam zu führen imstande sei[31].

Das Spektrum der Antworten ist in Tabelle 5 dargestellt.

Tabelle 5

Von Betriebsleitungen als optimal erachtete Subordinationsspannen

Betriebstyp	Maximum[a]) der Subordinationsspanne					Summe
	unter 3	3—8	9—25	keine Zahlenangabe	Verweis auf Abhängigkeit von Faktoren	
Hauptbetrieb	1	223	80	38	21	363
Zweigniederlassungen		71	51	20	9	151
Summe	1	294	131	58	30	514

Zahlenmäßiges Maximum[a]) der Unterstellten	Häufigkeit der Zahlenangaben	
	absolut	prozentual
2	1	0,2
3	7	1,6
4	28	6,5
5	73	17,2
6	87	20,4
7	39	9,2
8	60	14,1
9	5	1,2
10	93	21,8
11—15	25	5,9
16—20	5	1,2
21—25	3	0,7
Summe	426	100,0

Quelle: Healey, J. H., a.a.O., S. 97.

a) Hier liegt ein Widerspruch zur entsprechenden Textstelle vor, da dort das Optimum angesprochen wurde.

Healey macht darauf aufmerksam, daß bei 69 % der Antworten eine Spanne gewählt wurde, die dem theoretischen Postulat entspricht. Die Antworthäufung zugunsten von 10 Unterstellten führt er auf die menschliche Eigenheit zurück, ohne allzu große Überlegungen aus einer

[31] Vgl. *Healey*, J. H., a.a.O., S. 96.

Zahlenreihe eine bestimmte Zahl herauszugreifen. Die Tatsache, daß nur 1,2 % aller Beantwortenden die Zahl 9 als maximale Subordinationsspanne angegeben haben, betrachtet er als Bestätigung für die Richtigkeit seiner These[32]. Denkbar wäre auch, daß die Vorliebe für die Zahl 10 durch das Dezimalsystem beeinflußt wurde.

Entwisle/Walton

Auf schriftlichem Wege wandten sich *Entwisle* und *Walton*[33] in Baltimore an 20 Betriebe („small businesses") verschiedener Industriezweige. Diese Unternehmen, die zwischen 100 und 1000 Personen beschäftigten, waren anhand eines vom „Maryland Department of Labor and Industry" erstellten Verzeichnisses auf dem Wege der Zufallsauswahl ermittelt worden[34].

Untersuchungsziel war ebenfalls eine Aussage über die Zahl der Personen, die der Betriebsleitung („chief executive") direkt unterstellt sind[35]. 14 Betriebe übersandten ein Organisationsschema ihrer Betriebsstruktur und konnten somit in die Auswertung einbezogen werden[36]. *Entwisle* und *Walton* sind der Ansicht, daß die sechs nicht anwortenden Betriebe keine Aussagenverzerrung hervorrufen, da sie nur hinsichtlich der durchschnittlichen Betriebsgröße, nicht aber in der Verteilung auf die einzelnen Branchen gegenüber den antwortenden Betrieben divergieren[37]. Die Subordinationsspannen, die in den Berichtsbetrieben vorgefunden wurden, zeigen die in Tabelle 6 dargestellte Verteilung.

Tabelle 6

Häufigkeitsverteilung der Subordinationsspanne der Betriebsleitung nach Entwisle/Walton

Subordinationsspanne	2	3	4	5	6	7	20
Zahl der Betriebe	1	1	4	3	1	3	1

Quelle: Entwisle, D. R./*Walton*, J., a.a.O., S. 524.

Wegen des Vergleichsumfangs kann eine Aussage über den Median statistisch nicht gesichert werden. Die Grenzen seines Konfidenzintervalls liegen jedoch mit einer Sicherheit von 95 % bei 4 und 7[38]. Er-

---

[32] Vgl. *Healey*, J. H., a.a.O., S. 97 f.
[33] Vgl. *Entwisle*, D. R. / *Walton*, J., a.a.O.
[34] Vgl. ebd., S. 523 f.
[35] Vgl. ebd., S. 523.
[36] Vgl. ebd., S. 524.
[37] Vgl. ebd., S. 525.
[38] Vgl. ebd., S. 524.

gänzend zu diesem von *Entwisle* und *Walton* ermittelten Resultat kann auch anhand der Übersicht festgestellt werden, daß die Hälfte der Untersuchungsbetriebe vier und fünf Personen direkt der Betriebsleitung unterstellt hat. Als Modus ergibt sich der Wert 4.

Zur Analyse des Einflusses der Betriebsgröße auf die Subordinationsspanne der Betriebsleitung bedienen sich die beiden Verfasser eines Rangkorrelationskoeffizienten. Sie ermitteln eine positive, wenn auch schwache Korrelation in Höhe von 0,25 zwischen Betriebsgröße und Subordinationsspanne. Dabei wird unterstellt, daß die nicht antwortenden Betriebe auf Grund ihrer geringeren Betriebsgröße auch kleinere Subordinationsspannen besitzen[39]. Die zur Berechnung des Korrelationskoeffizienten[40] notwendigen Daten sind in der Tabelle 7 zusammengestellt. Spalte 1 ist nach abnehmender Betriebsgröße geordnet, in Spalte 3 sind die entsprechenden Subordinationsspannen eingetragen.

Tabelle 7

Betriebsgröße und Umfang der Subordinationsspanne

Zahl der Beschäftigten 1	Rangnummer hinsichtlich der Betriebsgröße 2	Zahl der Direktunterstellungen 3
701	1	4
349	2	7
266	3	4
250	4	20
233	5	7
200	6	5
190	7	6
182	8	2
164	9	5
160	10	3
141	11	5
122	12	4
112	13	7
101	14	4

Quelle: **Entwisle, D. R. / Walton, J., a.a.O., S. 526, Tabelle 2.**

Zu einem weiteren Aspekt der Studie, der sekundären Subordinationsspanne der Betriebsleitung, erteilten die Betriebe fragmentarisch

[39] Vgl. ebd., S. 525.

[40] Bei *Entwisle,* D. R. / *Walton,* J., a.a.O., S. 525, ist nicht angegeben, welcher Koeffizient berechnet wurde. — An dieser Stelle braucht auf das

Auskünfte, so daß *Entwisle* und *Walton* nur einige verbale Erörterungen zu geben vermögen. Die sekundäre Subordinationsspanne weist einen großen Schwankungsbereich auf, dessen Extremwerte bei 0 und 60 liegen[41].

In mehreren Fällen wurde auch eine im Vergleich zur primären Subordinationsspanne kleinere sekundäre Subordinationsspanne verzeichnet[42]. Dadurch wird möglicherweise der Dreiecks-Vorstellung von der Betriebsführung widersprochen. Die Feststellung wird von den Autoren mit dem Hinweis erläutert, daß die Direktunterstellten der Betriebsleitung ihrerseits zum Teil keine oder nur sehr wenige Untergebene benötigen[43].

In höchstem Maße unzulänglich waren die Aussagen der Betriebsleitungen über ihre Kommunikationspartner, die nicht zu den Direktunterstellten zählen[44]. Die Antworten beschränkten sich auf Äußerungen wie: "It is impossible to guess to at how many persons have direct contact with me" oder "I make it a point to see any individual in the organization who wants to see me"[45].

Dieser Teil der Studie hätte interessante Hinweise auf die Aufgabenstruktur der Betriebsleitung geben können. Allerdings scheint die schriftliche Befragung als primärstatistische Erhebungsmethode nicht sonderlich geeignet zu sein. Vorteilhafter, wenn auch kostspieliger wäre es gewesen, die Betriebsleitung während einer bestimmten Zeitspanne zu beobachten[46].

Udell

Eine besonders interessante Untersuchung liegt von *Udell* vor[47]. Er kritisiert, daß die Literatur zur Subordinationsspanne sich häufig auf

---

statistische Spezialproblem der Koeffizientenberechnung nicht eingegangen zu werden.

41 Obwohl die Autoren keine nähere Erläuterung geben, liegt die Vermutung nahe, daß der Maximalwert von dem in Tabelle 7 an 4. Stelle stehenden Betrieb erreicht wird.

42 Vgl. *Entwisle*, D. R. / *Walton*, J., a.a.O., S. 526.

43 Vgl. ebd., S. 527.

44 Zu der hier angesprochenen Unterscheidung zwischen „reporting to“ und „access to“ vgl. *Dale*, E., Planning and Developing the Company Organization Structure, a.a.O., S. 76 ff.; *Urwick*, L., Notes on the Theory of Organization, New York 1952, S. 54 ff.

45 *Entwisle*, D. R. / *Walton*, J., a.a.O., S. 527.

46 Zur Kommunikationsanalyse vgl. *Acker*, H. B., Organisationsanalyse, a.a.O., S. 58 ff. — Vgl. auch die bei *Baumüller*, K., a.a.O., dargelegten Ergebnisse einer empirischen Untersuchung.

47 Vgl. *Udell*, J., a.a.O., S. 420 ff.

eine Enumeration von Einflußfaktoren beschränkt[48]. Diese Tatsache veranlaßte ihn dazu, die hypothetische Abhängigkeit der Subordinationsspanne von bestimmten Größen empirisch zu prüfen. Er untersuchte die Subordinationsspanne (in die er Führungshilfskräfte *nicht* einbezieht)[49] der Vertriebsleiter („chief executive in marketing and sales") industrieller Betriebe[50]. Seine Wahl zugunsten des Vertriebsleiters begründet er damit[51], daß der Produktionsbereich im Gegensatz zum Absatzbereich bereits des öfteren Gegenstand empirischer Untersuchungen bildete. Außerdem verweist er auf die wachsende Zahl der Angestellten („nonproduction employment").

Zur Bildung der Untersuchungsgesamtheit wurde aus den in Süd-Wisconsin und Nord-Illinois ansässigen Industriebetrieben, die eine Belegschaftszahl von 200 und mehr aufwiesen, eine zufallsgesteuerte Stichprobe gezogen. Von den ausgewählten Unternehmen erklärten sich 67 (2/3) mit der Erhebung einverstanden. Als Befragungsmethode wurde das Interview gewählt; die Interviews dauerten 1 bis 2 Stunden[52].

Die Subordinationsspanne der Vertriebsleiter reichte von 2—60. Die Durchschnittsspanne betrug 10,8, der Median wies den Wert 7 auf, und der Modus belief sich auf 5[53].

Udell untersuchte neun[54] Kriterien[55], die in der Organisationsliteratur genannt werden, hinsichtlich ihrer Einflußmöglichkeit auf die Subordinationsspanne[56]. Die Determinanten[57] und die erzielten Ergebnisse[58] werden im folgenden dargestellt.

---

48 Vgl. ebd., S. 422.

49 Vgl. ebd., S. 425.

50 Vgl. ebd., S. 422.

51 Vgl. ebd., S. 423.

52 Vgl. ebd., S. 424.

53 Vgl. ebd., S. 425.

54 Das erste Kriterium wird in zwei Teilkriterien untergliedert.

55 In Punkt 2. dieser Arbeit wurde nur ein Teil der von *Udell* genannten Bestimmungsgrößen erörtert. Dies beruht auf dem gewählten methodischen Ansatz. Aus Gründen der Dokumentation sollen jedoch sämtliche Untersuchungsergebnisse angeführt werden.

56 Es gelangten 3 mathematisch-statistische Prüfverfahren zur Anwendung. Primär wurde der χ^2-Test verwendet, bei dem ein Sicherheitsgrad von 95 % als ausreichend erachtet wurde. Daneben benutzte *Udell* auch die einfache Korrelations- und die multiple Regressionsanalyse. Wegen des relativ geringen Umfangs des Kollektivs mißt er den mit Hilfe der beiden letzteren Verfahren erzielten Resultaten keine allzu große Bedeutung zu. Seiner Ansicht nach sind sie nur für Versuchszwecke brauchbar. (Vgl. *Udell*, J., a.a.O., S. 424 f.) Zu den angesprochenen Testverfahren vgl. z. B. *Kellerer*, H., a.a.O., S. 131 und S. 167 ff. — Wir zitieren primär die Ergebnisse des χ^2-Tests.

57 Vgl. *Udell*, J., a.a.O., S. 423.

58 Vgl. ebd., S. 425 ff.

1. Unterstützung des Vertriebsleiters durch Assistenten[59]

   Vertriebsleiter, denen mindestens ein Assistent zugeordnet war, verfügten über eine durchschnittliche Subordinationsspanne von 15,3. Die durchschnittliche Spanne betrug bei Vertriebsleitern ohne Assistenten 8,5.

   Das Testergebnis unterstützte die Richtigkeit der These, daß sich die Subordinationsspanne durch den Einsatz von Assistenten vergrößert[60].

2. Unterstützung des Vertriebsleiters hinsichtlich seiner Kontrollaufgabe durch andere Betriebspersonen[61]

   Die Kontrollfunktion wurde als gegeben betrachtet, wenn nach dem Urteil der antwortenden Vertriebsleiter mehr als die Hälfte der Nachgeordneten mindestens 50 % der Zeit durch andere Aufgabenträger kontrolliert wurden. Die durchschnittliche Subordinationsspanne erreichte bei Vertriebsleitern mit Unterstützung durch andere Personen einen höheren Wert als bei Vertriebsleitern, die allein die Kontrollaufgabe wahrzunehmen hatten (17,6 im Vergleich zu 9,7).

   Das Resultat des Tests zeigte, daß die Subordinationsspanne durch die Unterstützung bei Kontrollaufgaben positiv beeinflußt wird.

3. Örtliche Verteilung der Untergeordneten[62]

   Für die Zwecke der Prüfung wurden drei Kategorien gebildet: Nachgeordnete in einem Raum, in Büros der gleichen Stadt, in örtlich verstreuten Niederlassungen. Die durchschnittlichen Subordinationsspannen für diese drei Gruppen nahmen folgende Werte an: 6,7; 5,9; 17,9. Auffallend ist, daß die durchschnittliche Subordinationsspanne im dritten Fall gegenüber den beiden anderen Situationen stark zunimmt.

   Zwischen örtlicher Verteilung und Subordinationsspanne ergibt sich eine positive Korrelation, die der üblichen Vermutung über die Abhängigkeit der Spanne widerspricht. *Udell* nimmt an — eine Untersuchung darüber legt er nicht vor — daß mit zunehmender örtlicher Streuung der Arbeitsplätze die persönliche Kommuni-

---

[59] Vgl. zu den Ergebnissen *Udell*, J., a.a.O., S. 425.

[60] Es soll nochmals erwähnt werden, daß Assistenten nicht zur Subordinationsspanne zählen.

[61] Es geht bei *Udell* nicht hervor, wer als Kontrollperson in Frage kommt. Höchstwahrscheinlich ist an Kontrollstäbe gedacht. — Zu den Resultaten vgl. *Udell*, J., a.a.O., S. 425 f.

[62] Ergebnisse bei *Udell*, J., a.a.O., S. 426 f.

kation zugunsten formalisierter und standardisierter Informationsübermittlungen abnimmt[63].

4. Gleichartigkeit der überwachten Aufgaben[64]
   Es wurde eine Unterteilung in ähnliche und verschiedenartige Aufgaben vorgenommen. Für die Stellen der ersten Kategorie war eine durchschnittliche Spanne von 16,0 zu verzeichnen, im zweiten Fall wurde nur der Wert 6,7 erreicht.

   Das Prüfungsergebnis untermauert die Ansicht, daß zwischen der Gleichartigkeit von Aufgaben und der Subordinationsspanne eine positive Korrelation besteht.

5. Koordination Untergebener[65]

   Unter dem Aspekt der Frequenz von Koordinationsaufgaben wurde folgende Einteilung vorgenommen: minimal, mittelmäßig, häufig. Um den Erfordernissen des Prüfverfahrens zu entsprechen, wurden die beiden letzteren Kategorien zusammengefaßt. In der ersten Klasse betrug die durchschnittliche Subordinationsspanne 14,7, in der zweiten Gruppe belief sie sich auf 8,1.

   Die These, daß die Subordinationsspanne mit zunehmenden Koordinationsaufgaben sich verringere, konnte mit Hilfe des Tests nicht statistisch gesichert werden.

6. Intensität der Kontrolle Untergeordneter[66]

   Die durchschnittlichen Subordinationsspannen wurden für drei Klassen ermittelt. In der Kategorie „Kontrolle in begrenztem Umfang" nahm sie den Wert 13,8 an, in der Klasse „mäßige, periodische Kontrolle" betrug sie 10,1 und in der Kategorie „häufige Kontrolle" ergab sich der Wert 7,4.

   Eine signifikante Beziehung zwischen Kontrollintensität und Subordinationsspanne konnte nicht nachgewiesen werden.

7. Gestaltung des Kommunikationssystems durch schriftlich oder mündlich formulierte Ziele, Maßnahmen, Stellenbeschreibungen und hinsichtlich der Kommunikationstechnik[67]

---

[63] In der Korrelationsanalyse konnte eine relativ starke positive Korrelation zwischen örtlicher Verteilung der Arbeitsplätze und Gleichartigkeit der Aufgaben festgestellt werden. *Udell* folgert, daß die Gleichartigkeit von Aufgaben die Streuung der Arbeitsplätze begünstigt. Die oben erwähnte breite Spanne ist eine Funktion beider Größen. (Vgl. *Udell*, J., a.a.O., S. 435.)

[64] Vgl. zu den Ergebnissen *Udell*, J., a.a.O., S. 427.

[65] Die Resultate finden sich ebd., S. 429.

[66] Vgl. zu den Ergebnissen ebd., S. 429 f.

[67] Vgl. die Ergebnisse bei *Udell*, J., a.a.O., S. 430 f.

Die Berichtsbetriebe wurden danach klassifiziert, ob und in welcher Form eine Zielvorgabe erfolgte. Folgende durchschnittliche Subordinationsspannen konnten ermittelt werden: 11,1 bei Betrieben ohne exakt festgelegte Ziele, 12,5 bei Betrieben mit genauen, aber nicht schriftlich formulierten Zielen und 8,3 bei Betrieben, die ihre Ziele schriftlich fixiert hatten[68].

Udell gelangt zu der Feststellung, daß sich die Abhängigkeit der Subordinationsspanne von der Gestaltung der Beziehungen anhand seiner Untersuchungsergebnisse nicht nachweisen lasse.

8. Zur Personalführung verfügbare Zeit[69]

Die Richtigkeit der These, daß mit zunehmendem Umfang der Nicht-Führungsaufgaben sich die Subordinationsspanne verringere, konnte nicht bewiesen werden.

Der weitaus größere Teil der Vorgesetzten (87,5 %), die bis zu 50 % ihrer Arbeitszeit für Nicht-Führungsaufgaben aufwendeten, verfügte jedoch über mehr als acht Unterstellte.

9. Qualifikation des Vorgesetzten[70]

Als Maßstäbe für die Qualifikation des Vorgesetzten wurden seine Ausbildung und seine Erfahrung (gemessen in Jahren) in der augenblicklichen Position herangezogen. Eine Abhängigkeit der Subordinationsspanne von diesen Kriterien konnte nicht ermittelt werden.

Udell ist selbst äußerst skeptisch, ob die Ausbildung und die Erfahrung geeignete Maßstäbe für die Qualifikation sind. Außerdem bezweifelt er, daß in der Praxis die Subordinationsspanne an der Ausbildung und der Erfahrung des Vorgesetzten orientiert wird. Er gelangt zu dem Schluß, daß die Eignung des Vorgesetzten möglicherweise als Einflußfaktor überhaupt nicht in Betracht kommt, räumt jedoch ein, daß das Untersuchungsmaterial zur Prüfung dieser These nicht ausreicht.

10. Qualifikation der Untergebenen[71]

Ein Einfluß der Ausbildung Untergeordneter auf die Subordinationsspanne konnte nicht nachgewiesen werden. Dagegen gestatten die Testergebnisse den Schluß, daß die Größe der Subordinationsspanne von der Erfahrung der Untergeordneten abhängig ist.

---

[68] Die Betriebe wurden auch nach folgenden Gesichtspunkten gruppiert: Art der Formulierung von Maßnahmen (policy); Vorhandensein schriftlich formulierter Stellenbeschreibungen; angewandte Kommunikationsform.

[69] Vgl. zu den Ergebnissen *Udell*, J., a.a.O., S. 431 f.

[70] Die Resultate finden sich ebd., S. 432 f.

[71] Zu den Ergebnissen vgl. *Udell*, J., a.a.O., S. 433 f.

Die Ergebnisse der Untersuchung werden von *Udell* selbst zusammengefaßt und kommentiert[72]. Die Studie läßt den Schluß zu, daß die Subordinationsspanne mit folgenden Faktoren positiv korreliert:

— Assistenten
— Betriebspersonen, die den Vorgesetzten bei seiner Überwachungsaufgabe unterstützen
— Örtliche Verteilung der Arbeitsplätze
— Gleichartigkeit der überwachten Aufgaben
— Erfahrung der Untergeordneten.

Als Gründe für die Tatsache, daß die Abhängigkeit der Subordinationsspanne von weiteren Kriterien nicht nachgewiesen werden konnte, kommen nach *Udell* in Betracht:

1. die Subordinationsspannen entsprachen nicht den theoretischen Postulaten;
2. im Absatzbereich besitzen andere Einflußfaktoren Gültigkeit als in den übrigen Betriebsbereichen;
3. die in der Literatur genannten Kriterien sind teilweise ohne Einfluß auf die Subordinationsspanne.

Udell erachtet das dritte Argument als am glaubwürdigsten, da die Thesen bisher empirisch nicht geprüft wurden. Er hält es für unbedingt notwendig, weitere Erhebungen vorzunehmen, weil seine Resultate wegen des relativ geringen Umfangs der Grundgesamtheit nicht repräsentativ zu sein brauchen.

Baker/Davis

In der Studie von *Baker/Davis*[73], die primär anderen Zwecken dient[74], wird das Problem der Subordinationsspanne ebenfalls kurz erörtert.

Die Grundgesamtheit wurde 1951 mit Hilfe einer Zufallsauswahl gewonnen. Sie umfaßte 211 Betriebe des Staates Ohio, die 14 Industriezweigen angehörten. Als Erhebungsmethode wurde die schriftliche Befragung gewählt[75].

Im Gegensatz zu den bisher angeführten Autoren erfolgt bei *Baker/Davis* tendenziell eine Umkehrung der Blickrichtung. Sie untersuchen

---

[72] Vgl. ebd., S. 438 f.

[73] Vgl. *Baker*, A. W. / *Davis*, R. C., Ratios of Staff to Line Employees and Stages of Differentiation of Staff Functions, Columbus/Ohio 1954.

[74] Vgl. ebd., S. 2 f.

[75] Vgl. ebd., S. 4 f.

die Relation zwischen „direkten Betriebspersonen" („direct labor", „direct workers") und „indirekten Betriebspersonen („indirect workers", „indirect labor") im Produktionsbereich. Als direkte Betriebspersonen werden jene Belegschaftsmitglieder bezeichnet, die physisch an der Herstellung der Erzeugnisse mitarbeiten. Personen mit Überwachungsaufgaben werden nicht zu dieser Gruppe gerechnet[76]. Zu den indirekten Betriebspersonen zählen sämtliche Betriebsangehörigen des Produktionsbereichs, die keine direkte Arbeit ausführen. Diese Gruppe umfaßt die Personen mit Hilfsfunktionen und sämtliche Vorgesetzten des Produktionsbereichs[77].

Die Auswertung der Erhebungsdaten brachte folgendes Ergebnis:

Tabelle 8

Überordnungsverhältnisse nach Baker/Davis

Zahl der direkten Betriebspersonen	Zahl der Betriebe	Durchschnittliche Zahl indirekter Betriebspersonen
unter 25	15	1,27
25— 49	50	2,22
50— 74	27	3,78
75— 99	14	4,29
100— 199	54	8,52
200— 299	17	15,24
300— 499	13	21,69
500— 999	14	34,43
1000—3999	5	144,80

Quelle: Baker, A. W. / *Davis*, R. C., a.a.O., S. 32.

Baker/Davis gelangen zu dem Ergebnis[78], daß für die unterste Rangstufe eine Subordinationsspanne („span of operative supervision") existiert, die vom Industriezweig unabhängig ist. Sie wächst konstant mit der Zahl der direkten Betriebspersonen. Ihre durchschnittliche Größe beträgt 16,7[79].

---

76 Vgl. *Baker*, A. W. / *Davis*, R. C., a.a.O., S. 3.

77 Vgl. ebd., S. 3.

78 Vgl. ebd., S. 31.

79 Vgl. *Baker*, H. / *France*, R. R. (Centralization and Decentralization in Industrial Relations, Princeton/N.J. 1954, S. 46) stellten bei einer Untersuchung für die unterste Rangstufe eine Subordinationsspanne fest, die zwischen 5 und 80 schwankte.

Für höhere Vorgesetzte beläuft sich die durchschnittliche Subordinationsspanne („span of executive supervision") auf sechs Personen.

Woodward

In England[80] wurde von der „Human Relations Research Unit" des „South East Essex Technical College"[81] in den Jahren 1954 und 1955[82] eine Erhebung zum Problem der Subordinationsspanne vorgenommen. Die Untersuchungsgesamtheit bildeten 100 Betriebe[83] verschiedener Industriezweige[84] in Süd-Essex mit einer Belegschaftszahl über 100[85, 86]. Die Subordinationsspanne der Betriebsleitung („chief executive")[87] und die durchschnittliche Subordinationsspanne des Meisters („first line supervisor")[88, 89] zeigte in den einzelnen Betriebsgrößenkategorien folgendes Bild: Siehe Seite 148

Woodward kommentiert dieses Ergebnis mit dem Hinweis[90], daß die Subordinationsspanne nicht in dem erwarteten Maße von der Betriebsgröße abhängig sei. Sie stellt fest, daß sich die Spannweite der Werte für den rangniedrigsten Vorgesetzten mit wachsender Betriebsgröße nach oben verschiebt und daß sich innerhalb der Grenzwerte keine Konzentration ergibt. Obwohl gegen die Berechtigung der zweiten Aussage Bedenken erhoben werden können (vgl. Tabelle 9), läßt sich die erste Feststellung *Woodwards* auf andere Weise bestätigen. Der

---

80 Vgl. *Woodward,* J., Management and Technology, London 1958, *dies.,* Industrial Organization: Theory and Practice, London—New York—Toronto 1965 (Zitierweise: Industrial Organization).

81 Vgl. *Woodward,* J., Management and Technology, a.a.O., S. 4.

82 Vgl. dies., Industrial Organization, a.a.O., S. 10.

83 Davon sind 68 Hauptniederlassungen. Vgl. *Woodward,* J., Management and Technology, a.a.O., S. 7.

84 Zur Abgrenzung vgl. den Negativ-Katalog bei *Woodward,* J., Management and Technology, a.a.O., S. 6.

85 Vgl. *Woodward,* J., Management and Technology, a.a.O., S. 5 f. — Die erfaßten Betriebe repräsentieren 91 % der oben definierten Gruppe. (Vgl. ebd., S. 7.)

86 Betriebe mit weniger als 100 Beschäftigten wurden eliminiert, weil sich bei einer Voruntersuchung ergab, daß nur wenige eine klare Formalorganisation besaßen. (Vgl. *Woodward,* J., Industrial Organization, a.a.O., S. 9.)

87 "He represented the highest level of authority operating full time on the spot." (*Woodward,* J., Management and Technology, a.a.O., S. 9.)

88 "the first level of authority that spent more than 50 per cent of the time on supervisory duties. Usually this was the foreman; in a few firms, however, there were nonworking chargehands under the foreman." (*Woodward,* J., Industrial Organization, a.a.O., S. 26.)

89 Die Zwischenstufen der Hierarchie blieben unberücksichtigt, da wegen ihrer unterschiedlichen Anzahl eine Vergleichsmöglichkeit nicht gegeben war. (Vgl. *Woodward,* J., Industrial Organization, a.a.O., S. 26.)

90 Vgl. *Woodward,* J., Industrial Organization, a.a.O., S. 31.

Tabelle 9

Ergebnisse über die Größe der Subordinationsspanne nach Woodward

Größenklasse	Betriebsgröße (Zahl der Beschäftigten)	Subordinationsspanne der Betriebsleitung									Summe
		2	3	4	5	6	7	8	9	10 oder mehr	
1	100— 250	2	4	6	8	6	3	2	2	8	41
2	251—1000	2	2	7	4	9	3	2	2	8	39
3	über 1000	1	1	4	2	2	1	2	1	3	17
											97

Größenklasse	Betriebsgröße (Zahl der Beschäftigten)	Durchschnittliche Subordinationsspanne des Meisters									Summe
		bis 10	11-20	21-30	31-40	41-50	51-60	61-70	71-80	81-90	
1	100— 250	5	13	11	6	4	2	—	—	—	41
2	251—1000	4	6	7	6	7	2	5	1	2	40
3	über 1000	—	4	2	3	4	2	1	—	1	17
											98

Quelle: *Woodward*, J., Industrial Organization, a.a.O., S. 32, Abb. 10.

für die Subordinationsspanne der Betriebsleitung errechnete Median nimmt — unabhängig von der Betriebsgröße — den Wert 6 an, während der für die durchschnittliche Subordinationsspanne des Meisters ermittelte Median schwach positiv mit der Betriebsgröße korreliert. (Bei der Betriebsgrößenkategorie 1 fällt er in die Klasse 21—30 Direktunterstellte, bei den beiden anderen Größengruppen dagegen in die Klasse 31—40 Nachgeordnete.)

Da die Bedeutung der Betriebsgröße als Einflußfaktor der Subordinationsspanne in Frage gestellt ist, untersuchte *Woodward* im zweiten Teil der Studie die Beziehungen zwischen den in den Untersuchungsbetrieben angewandten Produktionsverfahren und der Subordinationsspanne. Zu diesem Zweck teilte sie die Betriebe in 11 Kategorien ein, die im folgenden Schaubild wiedergegeben werden[91] (Abb. 16).

Nach *Woodwards* Ansicht ist die Skala ein Spiegelbild der historischen Entwicklung der Produktionsverfahren[92]. Gleichzeitig soll anhand der Gruppierung die steigende technische Komplexität[93] zum Ausdruck kommen[94].

In den drei Hauptgruppen der zur Anwendung gelangten Produktionsverfahren wurden für die Subordinationsspanne der Betriebsleitung folgende Werte ermittelt:

Tabelle 10

Die Subordinationsspanne der Betriebsleitung in Abhängigkeit vom Fertigungsverfahren nach Woodward

Fertigungsverfahren	Subordinationsspanne der Betriebsleitung	
	Spannweite	Median
Einzel- und Kleinserienfertigung	2— 9	4
Großserien- und Massenfertigung	4—13	7
Kontinuierliche Fertigung	5—19	10

Quelle: Woodward, J., Industrial Organization, a.a.O., S. 52 f.

Die Subordinationsspanne der Betriebsleitung wächst mit dem technischen Fortschritt[95] bzw. mit fortschreitender technischer Komplexität. Gleichzeitig erhöht sich der Median laufend[96].

---

91 Vgl. ebd., S. 39, Abb. 11.

92 Vgl. ebd., S. 40.

93 "This term is used here to mean the extent to which the production process is controllable and its results predictable." (*Woodward*, J., Management and Technology, a.a.O., S. 12.) Zur Kritik des Terminus vgl. *Starbuck*, W. H., a.a.O., S. 503.

94 Vgl. *Woodward*, J., Industrial Organization, a.a.O., S. 40. Zur Kritik der Klassifizierung vgl. *Frese*, E., Technik und Organisation — Bemerkungen zu einer empirischen Studie von Joan Woodward, in: BFuP, 20. Jg., 1968, S. 724.

95 Vgl. *Woodward*, J., Management and Technology, a.a.O., S. 17.

96 Wie bereits angemerkt wurde, lassen sich die Subordinationsspannen der hierarchischen Zwischenstufen nicht miteinander vergleichen. Auf Grund des vorhandenen Unterlagenmaterials kann jedoch geschlossen werden, daß sie sich ebenso wie die Subordinationsspanne der Betriebsleitung mit zunehmender technischer Komplexität erhöhten, allerdings in geringerem Maße. (Vgl. *Woodward*, J., Industrial Organization, a.a.O., S. 53.)

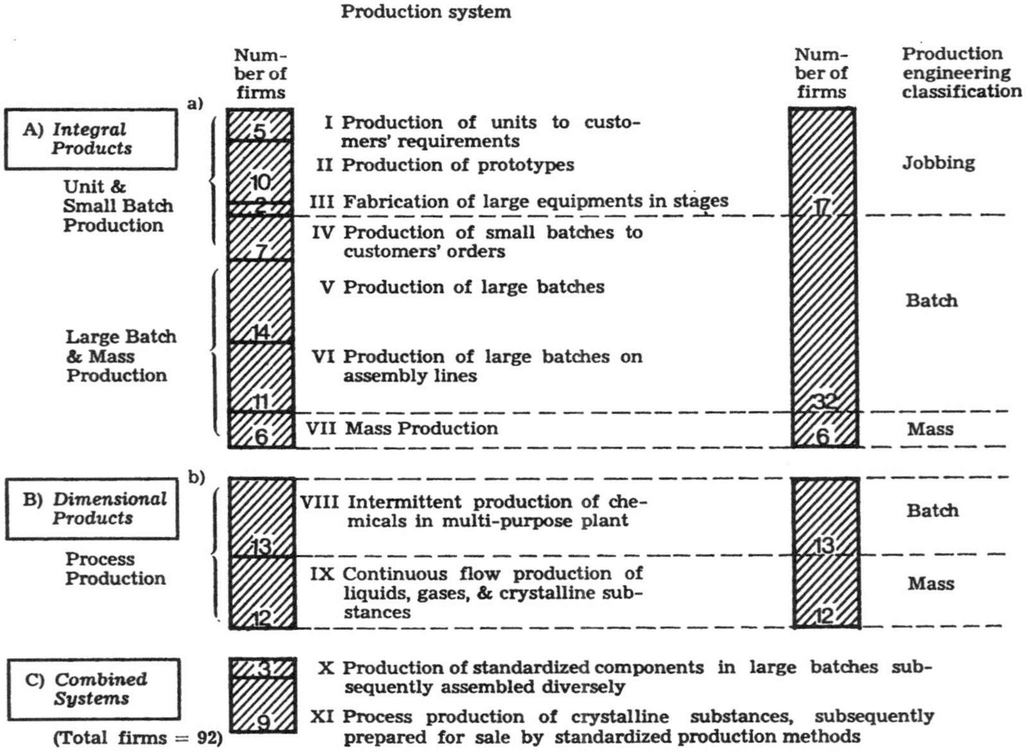

a) Sie sind typisch für verarbeitende Industriebetriebe. (Vgl. *Woodward, J.*, Industrial Organization, a.a.O., S. 38.)
b) „Dimensional products (are) measured by weight, capacity, or volume." (*Woodward, J.*, Industrial Organization, a.a.O., S. 38.)

Die durchschnittliche Subordinationsspanne des Meisters verändert sich dagegen wie folgt (Tabelle 11):

Tabelle 11

Die Subordinationsspanne des Meisters in Abhängigkeit vom Fertigungsverfahren nach Woodward

Fertigungsverfahren	Durchschnittliche Subordinationsspanne des Meisters										
	bis 10	11-20	21-30	31-40	41-50	51-60	61-70	71-80	81-90	Summe	Median
Einzel- und Kleinserienfertigung	1	6	8	4	3	1	—	—	—	23	23
Großserien- und Massenfertigung	—	1	2	5	9	4	5	1	3	30	49
Kontinuierliche Fertigung	6	12	5	2	—	—	—	—	—	25	13

Quelle: *Woodward*, J., Management and Technology, a.a.O., S. 15, Abb. 3 und dies., Industrial Organization, a.a.O., S. 62, Abb. 20.
Quelle für den Median: Dies., Industrial Organization, a.a.O., S. 69, Tabelle IV.

Der Median der durchschnittlichen Subordinationsspanne des Meisters erreicht somit sein Maximum in der Gruppe der Betriebe mit Großserien- und Massenfertigung.

Das für die Betriebsleitung erzielte Resultat wird von *Woodward* in keiner Weise erläutert; die in bezug auf die Subordinationsspanne des Meisters angeführte Erläuterung[97] befriedigt nicht.

Obwohl das Forscherteam in der ersten Auswertungsphase keine Abhängigkeit der Subordinationsspanne von der Betriebsgröße ermitteln konnte, brachte eine zweite für jede Gruppe der Produktionsverfahren getrennt durchgeführte Analyse gewisse Anhaltspunkte für eine solche Beeinflussung[98]. *Woodward* verzichtet auf eine exakte Darstellung der Resultate. Statt dessen verweist sie nur darauf, daß in der Klasse „Großserien- und Massenfertigung" sowohl die Subordinationsspanne

---

97 "The small spans of control in unit production and process production were an indication of breakdown of the labour force into small primary working groups." (*Woodward*, J., Industrial Organization, a.a.O., S. 60.)

98 Vgl. *Woodward*, J., Management and Technology, a.a.O., S. 20.

der Betriebsleitung als auch die des Meisters mit wachsender Betriebsgröße höhere Werte annimmt[99].

Im letzten Teil der Studie unternimmt *Woodward* den Versuch, Beziehungen zwischen Produktionsverfahren, Erfolg des Betriebes und Subordinationsspanne herauszuarbeiten. Zur Ordnung der Betriebe nach dem Erfolgsgrad werden drei Kategorien gebildet: durchschnittlicher Erfolg, überdurchschnittlicher Erfolg, unterdurchschnittlicher Erfolg[100].

Die durchschnittliche Subordinationsspanne des Meisters zeigt die in Tabelle 12 dargestellte Variationsbreite.

In erfolgreichen Betrieben gruppiert sich die durchschnittliche Subordinationsspanne des Meisters — unabhängig von der Kategorie des angewandten Produktionsverfahrens — eng um den Median der jeweiligen Klasse, während in weniger erfolgreichen Betrieben die Führungsspannen in Richtung Extremwerte der Spannweite tendieren[101]. Für die Subordinationsspanne der Betriebsleitung war ein ähnlicher Trend festzustellen[102].

Die Ergebnisse der *Woodward*-Studie legen also die Vermutung nahe, daß das im Betrieb zur Anwendung gelangende Fertigungsverfahren die Zahl der Direktunterstellungen beeinflußt. Desgleichen kann auch angenommen werden, daß Betriebserfolg und Subordinationsspanne miteinander korrelieren. Dennoch muß einzelnen Aussagen *Woodwards* in Anbetracht der kleinen Untersuchungsbasis mit Skepsis begegnet werden.

422. Deutsche Forschungsarbeiten

In Deutschland existieren zwei empirische Untersuchungen: von *Fischer/Gaugler* und von der Fa. *Intermarket.*

Fischer/Gaugler

Die erste Enquête wurde im Rahmen des internationalen EPA-Projekts Nr. 347 vorgenommen[103]. Die Erhebung umfaßte zwei Phasen[104]: eine intensive und eine extensive Untersuchung. In die intensive Untersuchung wurde ein Unternehmen der Metallwaren-Industrie (Haus-

99 Vgl. *Woodward,* J., Management and Technology, a.a.O., S. 20.

100 Die Einstufung der Betriebe wurde von den Forschern durch Abwägen und Bewerten der erhaltenen erfolgsrelevanten Daten durchgeführt. — Zur Methode und den Problemen der Bewertung vgl. *Woodward,* J., Industrial Organization, a.a.O., S. 14 ff.

101 Vgl. *Woodward,* J., Industrial Organization, a.a.O., S. 69. Nur am Rande sei erwähnt, daß Woodward auf Grund der in der Summenspalte ausgewiesenen Zahlen zu dem Schluß kommt, daß Betriebe mit kontinuierlicher Fertigung geringfügig höhere Erfolgschancen als Betriebe mit anderen

Tabelle 12

Durchschnittliche Subordinationsspanne des Meisters in Abhängigkeit vom Betriebserfolg

Produktions-verfahren	Durchschnittliche Subordinations-spanne des Meisters										
	bis 10	11-20	21-30	31-40	41-50	51-60	61-70	71-80	81-90	Me-dian	Sum-me
Einzel- und Kleinserien-fertigung:											
überdurch-schnittlicher Erfolg	—	—	4	1	—	—	—	—	—		5
unterdurch-schnittlicher Erfolg	1	1	—	—	2	1	—	—	—	23	5
Großserien- und Massen-fertigung:											
überdurch-schnittlicher Erfolg	—	—	—	—	3	2	—	—	—		5
unterdurch-schnittlicher Erfolg	—	1	1	1	—	—	—	1	2	49	6
Kontinuierliche Fertigung:											
überdurch-schnittlicher Erfolg	1	5	—	—	—	—	—	—	—		6
unterdurch-schnittlicher Erfolg	1	—	1	2	—	—	—	—	—	13	4

Quelle: Woodward, J., Industrial Organization, a.a.O., S. 69, Tabelle IV. Vgl. auch dies., Management and Technology, a.a.O., S. 21.

Fertigungsverfahren haben. (Vgl. *Woodward*, J., Industrial Organization, a.a.O., S. 68 f.)

[102] Vgl. *Woodward*, J., Industrial Organization, a.a.O., S. 69.

[103] Vgl. *Fischer*, G. / *Gaugler*, E., Studies on Management Organization in various European Countries, EPA-Projekt Nr. 347, Deutscher Berichtsteil (hektographiert), München 1958. — Der Koordinator des Projektes, *Chester*, äußert sich mit einigen allgemeinen Bemerkungen über die Ergebnisse, die zum Problem der Subordinationsspanne erzielt wurden. Vgl. *Chester*, T. E., A study of post-war growth in management organisations — comparison of chemical and engineering firms of eight western european countries (EPA-Projekt Nr. 347), Paris 1961, S. 28 f.

[104] Vgl. *Fischer*, G. / *Gaugler*, E., a.a.O., S. 12 ff.

haltswaren-Erzeugung) und ein Chemiebetrieb mit einer Beschäftigtenzahl zwischen 1000 und 6000 einbezogen; deren Betriebsführung wurde anhand schriftlicher Unterlagen der Unternehmen und mit Hilfe von Interviews analysiert. Ziel des extensiven Untersuchungsabschnitts war es, die Resultate der intensiven Studie auf dem Wege der schriftlichen Befragung bei Betrieben der gleichen Branche zu überprüfen. Hierfür konnten zwei Betriebe der Haushaltswaren-Industrie und ein Chemie-Betrieb für die Mitarbeit gewonnen werden; ihre Betriebsgröße lag zwischen 300 und 500 Beschäftigten.

Die Ergebnisse der intensiven Erhebung sind in Tabelle 13 dargestellt.

Die Tabelle 13 zeigt, daß das Unternehmen der Haushaltswaren-Industrie auf sämtlichen Führungsebenen eine größere Subordinationsspanne als der Chemiebetrieb aufweist und daß sich die Differenz der Subordinationswerte von der oberen bis zur unteren Führungsebene vergrößert. *Fischer* und *Gaugler* sind der Ansicht, daß hierin „sich wohl die wesentlich größere Anlagenintensität der Fertigung im Chemiebetrieb aus(drückt), die zu wesentlich kleineren Arbeitsgruppen zwingt als in der lohnintensiven Produktion des metallverarbeitenden Betriebs"[105]. Eine Erläuterung für diesen „Zwang" wird nicht gegeben; die Begründung kann daher nicht voll befriedigen.

Für die extensiv untersuchten Betriebe lassen sich die Subordinationsspannen nicht ermitteln. Die Veröffentlichung von *Fischer* und *Gaugler* enthält zwar Angaben über die absolute Zahl der Führungskräfte[106] und über deren prozentuale Verteilung auf die drei Führungsebenen[107], doch müßte weiterhin die rangmäßige Abstufung der einzelnen Führungsebenen und die Einordnung der Führungskräfte in die Rangstufen bekannt sein[108].

Die Untersuchung eines einzelnen Betriebes je Branche läßt selbstverständlich keinerlei Schlüsse über die Repräsentanz der Resultate zu. Inwieweit die allgemeine Aussage, daß die Untersuchungsbetriebe nach der Erfahrung der an dem EPA-Projekt arbeitenden deutschen Forscher keine extremen Verhältnisse zeigen[109], auf die ermittelten Unterstellungsverhältnisse anwendbar ist, kann nicht festgestellt werden.

---

105 *Fischer*, G. / *Gaugler*, E., a.a.O., S. 161; *Gaugler*, E., Ergebnisse der Untersuchung der Leitungs-Organisation in fünf Unternehmungen, in: MuA, 10. Jg., 1958, S. 121.

106 Vgl. *Fischer*, G. / *Gaugler*, E., a.a.O., S. 153.

107 Vgl. ebd., S. 149.

108 Vgl. dazu auch *Goossens*, F., Rangstufen und Gehaltsgruppen als Grundlagen der Personalorganisation, in: MuA, 17. Jg., 1965, S. 38.

109 Vgl. *Fischer*, G. / *Gaugler*, E., a.a.O., S. 155.

Tabelle 13

Die Größe der Subordinationsspanne in zwei deutschen Betrieben nach Fischer/Gaugler

Branche des untersuchten Betriebes	Belegschaft	Zahl der Führungskräfte	Direktunterstellungen bei Mitgliedern der						Direktunterstellungen im Gesamtdurchschnitt des Betriebes
			oberen Führungsebene		mittleren Führungsebene		unteren Führungsebene		
			Schwankungsbereich	Durchschnitt[a)]	Schwankungsbereich	Durchschnitt	Schwankungsbereich	Durchschnitt	
Haushaltswaren	5 484[b)]	142[c)]	3—83[d)]	16[d)]	0—17[d)]	17[d)]	2—300[d)]	48[d)]	33[d)]
Chemie	3 248[e)]	185[f)]	3—24[g)]	11[g)]	1—26[g)]	7[g)]	1— 55[g)]	10[g)]	9[g)]

a) Hier muß auf eine wichtige Tatsache hingewiesen werden. Die Organisationspläne der beiden Untersuchungsbetriebe lassen erkennen, daß die beiden Unternehmungen eine obere Führungsschicht (top management) mit mehreren Rangstufen aufweisen. Die Darstellungen unterscheiden sich jedoch bezüglich des Vorstandes. Während im Organigramm des Haushaltswaren-Betriebs für die einzelnen Mitglieder des Vorstandes Unterstellungen eingezeichnet sind, ist dies im Schaubild für den Chemiebetrieb nicht der Fall. Außerdem wurden in der Durchschnittsberechnung für das Haushaltswaren-Unternehmen die Direkt-Subordination der Vorstandsmitglieder mit einbezogen, bei der Ermittlung der Durchschnittswerte des Chemie-Betriebs hingegen „wurden die vier Vorstandsmitglieder nicht berücksichtigt, da sich die 33 Direktunterstellungen unter den Vorstand nicht eindeutig auf die einzelnen Vorstandsmitglieder aufteilen lassen" (*Fischer*, G. / *Gaugler*, E., a.a.O., S. 97). Es muß geschlossen werden, daß die Vorstandsmitglieder des Haushaltswaren-Betriebs in Personalunion auf der dem Vorstand unmittelbar nachgeordneten Rangstufe ein Ressort leiten und daß im Betrieb der Chemiebranche dieses Phänomen nicht vorliegt.

b) *Quelle: Fischer*, G. / *Gaugler*, E., a.a.O., S. 23. — In dieser Zahl sind die Beschäftigten in den Verkaufsniederlassungen nicht enthalten.

c) *Quelle:* ebd., S. 27.

d) *Quelle:* ebd., S. 31.

e) *Quelle:* ebd., S. 86. — Die Angabe bezieht sich auf das Jahr 1956; in- und ausländische Untergesellschaften sind nicht berücksichtigt.

f) *Quelle:* ebd., S. 88.

g) *Quelle:* ebd., S. 97. — Sämtliche Zahlenangaben über Direktunterstellungen sind auch veröffentlicht bei *Gaugler*, E., Ergebnisse einer Untersuchung über Umfang, Stufung und personelle Zusammensetzung der Betriebsführung (Unternehmungsleitung), a.a.O., S. 201.

Fa. Intermarket

Die Firma *Intermarket,* Gesellschaft für internationale Markt- und Meinungsforschung mbH., wurde vom nordrhein-westfälischen Ministerium für Wirtschaft, Mittelstand und Verkehr beauftragt, eine Repräsentativ-Erhebung bei mittelständischen Unternehmen des Landes Nordrhein-Westfalen durchzuführen[110]. Die Untersuchungsgesamtheit umfaßte 700 Betriebe mit 50 bis 250 Beschäftigten[111] aus 14 Industriezweigen[112]. Das statistische Urmaterial wurde mit Hilfe von je 350 mündlichen Befragungen in den Jahren 1963 und 1965 gewonnen[113]. Die Frage „nach der Zahl der direkt der Unternehmensleitung unterstellten Führungskräfte"[114] führte zu folgendem Resultat (vgl. Tabelle 14):

Tabelle 14

Die Subordinationsspanne der Betriebsleitung in Mittelbetrieben nach Intermarket

Zahl der direkt unterstellten Führungskräfte	Zahl der Betriebe absolut	Zahl der Betriebe prozentual
bis zu 3	384	56,5 %
4—6	226	33,2 %
7 und mehr	70	10,3 %
	Summe: 680a)	100,0 %

a) Die Angaben von 20 Betrieben waren nicht auswertbar.
Quelle: Intermarket, a.a.O., Textteil S. 69.

Wenig mehr als die Hälfte der Betriebe weist für die Subordinationsspanne einen Wert bis zu drei Personen aus. Betriebsleitungen mit mehr als sechs nachgeordneten Personen werden in ungefähr 10 % der Fälle verzeichnet; darin sind vier Fälle (0,6 %) mit 15 und mehr Personen enthalten[115].

110 Ziel dieser Erhebung war es, die Situation der genannten Unternehmen zu ermitteln. Die Untersuchungsergebnisse liegen in einem Generalbericht und neun Einzelberichten vor. Die folgenden Ausführungen basieren auf: *Intermarket,* Einfluß der Führungsorganisation auf die Situation des Unternehmens (Bd. 8 der Sonderauswertung der Untersuchungen über die Situation mittelständischer Unternehmen im Lande Nordrhein-Westfalen für das Ministerium für Wirtschaft, Mittelstand und Verkehr, Düsseldorf) o. Verlagsort, 1965/66 (hektographiert).

111 Vgl. *Intermarket,* a.a.O., Textteil S. 54.

112 Jede Branche war mit 50 Betrieben an der Erhebung beteiligt. (Schriftliche Auskunft der Fa. *Intermarket* vom 29. 4. 1969.)

113 Vgl. *Intermarket,* a.a.O., Textteil S. 1.

114 *Intermarket,* a.a.O., Textteil S. 69.

115 Der letztgenannte Wert wurde anhand der Tabelle zu Frage 21 a errechnet. Vgl. *Intermarket,* a.a.O., Tabellenteil S. 19.

Die Untersuchung bietet besondere Aspekte, da sie als einzige Arbeit[116] die Zusammenhänge zwischen der personalen Struktur der Betriebsleitung und der Subordinationsspanne darstellt (vgl. Tabelle 15). Über 50 % der Betriebsleitungen, die mit bis zu drei Personen besetzt sind, haben bis zu drei unmittelbare Untergeordnete. Umfaßt die obere Führungsebene mehr als drei Personen, so nehmen die Anteilswerte in der Kategorie „bis drei Untergebene" in starkem Maße zugunsten höherer Unterstellungszahlen ab. Der häufigste Wert wird in diesem Fall bei vier bis sechs Mitarbeitern verzeichnet. Die Einfallsklassen des Median sind mit der jeweiligen Einfallsklasse des häufigsten Wertes identisch.

Auf Grund des Untersuchungsergebnisses kann also vermutet werden, daß zwischen der Personenzahl in der Betriebsleitung und der Subordinationsspanne eine positive Korrelation besteht[117]. Der Sicherheitsgrad dieser Aussage läßt sich jedoch angesichts der schwachen Besetzung der Klassen mit vier und mehr Personen in der Betriebsleitung nicht näher determinieren. Da die Studie außerdem nur Mittelbetriebe erfaßt, kann nicht untersucht werden, ob die angenommene Tendenz auch bei anderen Betriebsgrößen zu verzeichnen ist. Ihre Allgemeingültigkeit kann daher nicht erforscht werden.

Aufschlußreich sind auch die in Tabelle 16 dargestellten Beziehungen zwischen Aufgabenverteilung in der Betriebsleitung und Subordinationsspanne. Es ist eine ähnliche Tendenz wie in Tabelle 15 erkennbar. Bei einer stärkeren Ressortbildung in der Betriebsleitung mehren sich die Fälle mit größerer Subordinationsspanne.

43. Gegenüberstellung der quantitativen Aussagen

Es mag als sehr reizvolle Aufgabe erscheinen, die Ergebnisse der empirischen Untersuchungen zum Problem der Subordinationsspanne miteinander zu vergleichen und sie mit den auf Erfahrung basierenden quantitativen Aussagen zu konfrontieren. Bei diesem Vorhaben stößt man aus folgenden Gründen auf Schwierigkeiten:

a) Die empirischen Studien divergieren hinsichtlich des Untersuchungsziels. *Udell* versuchte, Hypothesen über Einflußfaktoren der Subordinationsspanne zu verifizieren. *Baker/Davis* analysierten die Relation zwischen direkten und indirekten Betriebspersonen. *Fischer/Gaugler* stellten die in zwei Betrieben verschiedener Branche vor-

---

[116] Bei Dale wurde der Fall der Pluralinstanz ausgeklammert. (Vgl. Anm. 6 in Punkt 42.)

[117] Vgl. auch die unter anderen Aspekten gewonnenen Resultate bei *Intermarket*, a.a.O., Textteil S. 70.

Tabelle 15

Zusammenhänge zwischen Personenzahl in der Betriebsleitung und Subordinationsspanne in den von Intermarket untersuchten Betrieben

Personenzahl in der Betriebsleitung	Zahl der direkt unterstellten Mitarbeiter[a)]						Summe	
	bis 3		4—6		7 und mehr			
	absolut	prozentual	absolut	prozentual	absolut	prozentual	absolut	prozentual
1	111	55,5	72	36,0	17	8,5	200	100,0
2	173	61,1	84	29,7	26	9,2	283	100,0
3	81	60,0	41	30,4	13	9,6	135	100,0
4	15	36,6	16	39,0	10	24,4	41	100,0
5—6	4	21,1	11	57,8	4	21,1	19	100,0
7 und mehr	—	—	2	100,0	—	—	2	100,0
Summe	384	—	226	—	70	—	680	100,0

a) Bei den Werten handelt es sich um die Unterordnung unter die Betriebsleitung, nicht unter das einzelne Leitungsmitglied. Aus dem Unterlagenmaterial geht nicht hervor, ob als Unterstellte nur Inhaber von Linienstellen oder auch Führungshilfskräfte in Betracht kamen.

Quelle: Intermarket, a.a.O., Tabellenteil S. 54.

Tabelle 16

Die Subordinationsspanne in Abhängigkeit von der Aufgabenverteilung in der Betriebsleitung, nach den Ergebnissen von Intermarket

Aufteilung nach Sachgebieten in der Betriebsleitung	Zahl der direkt unterstellten Mitarbeiter						Summe	
	bis 3		4—6		7 und mehr			
	absolut	prozentual	absolut	prozentual	absolut	prozentual	absolut	prozentual
Klassisch: technisch/kaufmännisch	134	64,4	56	26,9	18	8,7	208	100,0
Produktion (Betrieb)/ Verwaltung (Finanz)/ Verkauf (Vertrieb)	31	48,4	25	39,1	8	12,5	64	100,0
Höhere Differenzierung: 4 u. mehr Sachgebiete	11	37,9	11	37,9	7	24,2	29	100,0
Andere Ordnungen: z. B. Senior/Junior	43	54,4	22	27,9	14	17,7	79	100,0
Keine Aufgabenteilung: Kollegialverantwortung	54	54,0	40	40,0	6	6,0	100	100,0
Summe	273	—	154	—	53	—	480	100,0
Einpersonige Leitung	111	55,5	72	36,0	17	8,5	200	100,0
Summe	384	—	226	—	70	—	680	100,0

Quelle: Intermarket, a.a.O., Tabellenteil S. 55.

gefundenen Subordinationsspannen dar, während sich eine Studie von *Intermarket* mit der Situation in mittelständischen Betrieben befaßte. Einige Forscher (*Dale, Healey, Entwisle/Walton, Woodward*) versuchten, den Einfluß der Betriebsgröße auf die Subordinationsspanne der Betriebsleitung herauszukristallisieren.

b) Auf Erfahrung basierende Aussagen weisen den Mangel auf, daß die Angaben trotz Verallgemeinerung (Abstraktion von der Betriebsgröße, der Branche etc.) sehr stark streuen. Es existiert also keine herrschende Meinung. Außerdem überwiegen Autoren, die sich auf Erfahrungswerte anderer Fachvertreter berufen, bei weitem.

Die vorgetragenen Argumente zwingen dazu, die Gegenüberstellung quantitativer Aussagen auf einen Vergleich derjenigen empirischen Studien zu beschränken, in denen die Abhängigkeit der Subordinationsspanne von der Betriebsgröße nachzuweisen versucht wird.

Eine Vergleichbarkeit der Untersuchungsergebnisse setzt voraus, daß ein annähernd einheitlicher Vergleichsumfang gegeben ist, daß die gleichen Branchen analysiert werden und daß die gebildeten Betriebsgrößenkategorien einander entsprechen oder sich ergänzen. Diesen Voraussetzungen wird das Untersuchungsmaterial nur in geringem Umfang gerecht. Die Zahl der analysierten Betriebe beträgt minimal 14 (*Entwisle/Walton*) und maximal 409 (*Healey*). Zumeist werden Industriezweige untersucht, lediglich *Dale* erstreckt seine Analyse auf Dienstleistungsbetriebe. Selbst wenn die These vertreten wird, daß die Branche ohne Einfluß auf die Subordinationsspanne ist, wird die Vergleichbarkeit aus einem weiteren Grunde eingeschränkt. Die Abgrenzung der Betriebsgrößenkategorien ist sehr uneinheitlich, sei es, daß der Klassenumfang unterschiedlich gewählt wurde, sei es, daß eine bestimmte Kategorie, die bei einem Forscher geschlossen ist, von anderen als offen ausgewiesen wird.

Trotz der eingeschränkten Vergleichbarkeit der empirischen Untersuchungen soll versucht werden, gewisse Ergebnistendenzen herauszuarbeiten. Zu diesem Zweck genügt es, die beiden Mittelwerte Modus und Median zu betrachten.

Dale stellte in seiner Untersuchung einen *Modus* von 6 für mittelgroße Betriebe (500—5000 Beschäftigte) fest. Der gleiche Wert läßt sich bei *Healey* ermitteln, wenn die Betriebsgrößenkategorien 3, 4 und 5 (500—2999 Beschäftigte) zusammengefaßt werden. Eine zusätzliche Berücksichtigung der Klasse 6 (3000 und mehr Beschäftigte) führt zu keiner Veränderung des Modus. *Dale* und *Healey* ermitteln somit für annähernd vergleichbare Betriebsgrößen denselben Modus, obwohl *Dale* neben Industriebetrieben auch Dienstleistungsbetriebe in seine Untersuchung einbezieht und obwohl der Umfang seiner Studie gegenüber der von *Healey* nur ein Drittel beträgt.

Der *Median*, der in der Untersuchung von *Dale* 7 beträgt, beläuft sich bei *Healey* sowohl bei Außerachtlassung der Kategorie „3000 und mehr Beschäftigte“ als auch bei deren Berücksichtigung auf 6. Die Diskrepanz dürfte in erster Linie auf den unterschiedlichen Vergleichsumfang zurückzuführen sein.

Eine Gegenüberstellung der von *Woodward* erzielten Resultate und der von *Dale* gewonnenen Ergebnisse ist u. E. nicht möglich, da weder die Untergrenze noch die Obergrenze der Betriebsgrößenkategorien einheitlich bestimmt wird.

Bei einem Vergleich der von *Healey* und *Woodward* ermittelten Ergebnisse zeigt sich für die Größenklasse 100—250 Beschäftigte eine Divergenz des Modus und des Medians. Der Modus beträgt bei *Healey* 4, bei *Woodward* hingegen 5. Der Wert für den *Median* beläuft sich bei *Healey* auf 4, bei *Woodward* auf 6 .

Für Betriebe, die mehr als 250 Beschäftigte aufweisen, findet sich bei *Healey* und *Woodward* keine einheitliche Klassifikation. *Woodward* bildet eine Kategorie, deren Obergrenze bei 1000 Beschäftigten liegt. Demgegenüber existieren bei *Healey* drei Größenklassen, deren höchste Kategorie den Bereich von 750—1499 Beschäftigten umspannt. In der von *Woodward* gebildeten Größenklasse beläuft sich der *Modus* auf 6. Der gleiche Wert ergibt sich in der Untersuchung von *Healey*, unabhängig davon, ob die Kategorie „750—1499 Beschäftigte“ in die Betrachtung einbezogen oder außer acht gelassen wird. Der *Median*, der nach den Untersuchungsergebnissen von *Woodward* 6 beträgt, beläuft sich bei *Healey* auf 5. Es ist hierbei wiederum ohne Bedeutung, ob die Größenklasse „750—1499 Beschäftigte“ im Vergleich berücksichtigt wird. Als Ursache für die Diskrepanzen in den Untersuchungsergebnissen dürfte der unterschiedliche Umfang der Untersuchungsgesamtheit anzusehen sein. Trifft diese Annahme zu, dann ist eine Begründung für die Aussage *Woodwards* gefunden, daß die Subordinationsspanne nicht im erwarteten Maße von der Betriebsgröße beeinflußt werde.

Die Zahl der von *Entwisle/Walton* erfaßten Betriebe ist gering. Sie beträgt lediglich ca. 5 % der von *Healey* analysierten Unternehmen vergleichbarer Größe. Daher kann nicht ausgeschlossen werden, daß die von *Entwisle/Walton* gewonnenen Untersuchungsergebnisse zufallsbeeinflußt sind. In der von den beiden Autoren erfaßten Grundgesamtheit beträgt der *Modus* 4, bei *Healey* belauft er sich auf 6. Der *Median* kann von *Entwisle/Walton* in Anbetracht des geringen Vergleichsumfangs nicht exakt bestimmt werden. Die beiden Verfasser begnügen sich damit, die Grenzen des Konfidenzintervalls (4 und 7) anzugeben. Bei *Healey* errechnet sich für Betriebe mit 100—750 Beschäftigten ein Median in Höhe von 5; der Wert liegt somit innerhalb der von *Entwisle/Walton* ermittelten Intervallgrenzen.

Zusammenfassend kann festgestellt werden, daß die Ergebnisse der empirischen Untersuchungen auf eine positive Korrelation zwischen Betriebsgröße und Subordinationsspanne der Betriebsleitung schließen lassen.

Literaturverzeichnis

1. Bücher

Acker, H.: Die organisatorische Stellengliederung im Betrieb, Wiesbaden o. J. (1956)

Acker, H. B.: Organisationsanalyse, Baden-Baden—Bad Homburg v. d. H. 1966

Albers, H. H.: Principles of Organization & Management, 2. Aufl., New York—London—Sydney 1965

Allen, L. A.: Management und Organisation, Gütersloh o. J.

Altfelder, K.: Stabsstellen und Zentralabteilungen als Formen der Organisation der Führung, Berlin 1965

Angermann, A.: Entscheidungsmodelle, Frankfurt 1963

Arbeitskreis Dr. Krähe der Schmalenbach-Gesellschaft: Unternehmungsorganisation, 3. Aufl., Köln und Opladen 1957

Arbeitskreis Dr. Krähe der Schmalenbach-Gesellschaft: Leitungsorganisation, Köln und Opladen 1958

Argyris, Ch.: Personality and Organization, New York 1957

Arnold, G.: Organisation der Betriebsstruktur, Berlin 1967

Baker, A. W. und R. C. *Davis*: Ratios of Staff to Line Employees and Stages of Differentiation of Staff Functions, Columbus/Ohio 1954

Baker, H. und R. R. *France*: Centralization and Decentralization in Industrial Relations, Princeton/N.J. 1954

Barnard, C. I.: The Functions of the Executive, 11. Aufl., Cambridge/Mass. 1954

Baumberger, H. U.: Die Entwicklung der Organisationsstruktur in wachsenden Unternehmungen, Bern 1961

Baumüller, K.: Kommunikation in der Führungsorganisation, München 1968

Bender, K.: Die Führungsentscheidung im Betrieb, Stuttgart 1957

Berger, K. H.: Unternehmensgröße und Leitungsaufbau, Berlin 1968

Berthel, J.: Informationen und Vorgänge ihrer Bearbeitung in der Unternehmung, Berlin 1967

Billeter, E. P.: Der praktische Einsatz elektronischer Rechenautomaten, 2. Aufl., Wien 1964

Bleicher, K.: Konferenzen — Ihre Organisation und Leitung, Wiesbaden 1960

— Zentralisation und Dezentralisation von Aufgaben in der Organisation der Unternehmungen, Berlin 1966

Blohm, H.: Organisation, Information und Überwachung, Wiesbaden 1969

Böhrs, H.: Organisation und Gestaltung der Büroarbeit, München—Bern 1960

— Organisation des Industriebetriebes, Wiesbaden 1963

Bössmann, E.: Die ökonomische Analyse von Kommunikationsbeziehungen in Organisationen, Berlin—Heidelberg—New York 1967

Brech, E. F. L.: Organisation — The Framework of Management, London—New York—Toronto 1957

Carlson, S.: Executive Behaviour. A Study of the Work Load and the Working Methods of Managing Directors, Stockholm 1951

Cherry, C.: Kommunikationsforschung, 2. Aufl., Frankfurt 1967

Chester, T. E.: A Study of post-war growth in management organisations — comparison of chemical and engineering firms of eight western european countries (EPA-Projekt Nr. 347), Paris 1961

Coenenberg, A. G.: Die Kommunikation in der Unternehmung, Wiesbaden 1966

Dale, E.: Planning and Developing the Company Organization Structure, 6. Aufl., New York 1959

— Management: Theory and Practice, New York—St. Louis—San Francisco—Toronto—London—Sydney 1965

— Organization, 2. Aufl., o. Verlagsort 1967

Dale, E. und L. F. *Urwick:* Staff in Organization, New York—Toronto—London 1960

Danert, G.: Betriebskontrolle, Essen 1952

Davis, R. C.: The Fundamentals of Top Management, New York 1951

Diederich, H.: Allgemeine Betriebswirtschaftslehre I, Stuttgart—Düsseldorf 1969

Domsch, M.: Simultane Personal- und Investitionsplanung, Bielefeld 1970

Drucker, P. F.: Praxis des Managements, Düsseldorf 1956

Drumm, H. J.: Automation und Leitungsstruktur, Berlin 1970

Engels, W.: Betriebswirtschaftliche Bewertungslehre im Licht der Entscheidungstheorie, Köln und Opladen 1962

Fayol, H.: Allgemeine und industrielle Verwaltung, München—Berlin 1929

Fisch, G. G.: Organization for Profit, New York—San Francisco—Toronto—London 1964

Fischer, G.: Politik der Betriebsführung, Stuttgart 1962

— Die Betriebsführung, Bd. 1: Allgemeine Betriebswirtschaftslehre, 9. Aufl., Heidelberg 1964

— Die Führung von Betrieben, 2. Aufl., Stuttgart 1966

Fischer, G. und E. *Gaugler:* Studies on Management Organization in various European Countries, EPA-Projekt Nr. 347, Deutscher Berichtsteil (hektographiert), München 1958

Flik, H.: Kybernetische Ansätze zur Organisation des Führungsprozesses der Unternehmung, Berlin 1969

Fournier, G.: Die Dezentralisation in der Unternehmung, Diss. Bern 1957

Fox, W. M.: The Management Process, Homewood/Ill. 1963

Frese, E.: Kontrolle und Unternehmensführung, Wiesbaden 1968

Gäfgen, G.: Theorie der wirtschaftlichen Entscheidung, Tübingen 1963

Gardner, B. B. und D. G. *Moore:* Praktische Menschenführung im Betrieb, 1. dtsche Aufl., Köln und Opladen 1957

Gasser, C.: Arbeitsteilung und Zusammenarbeit in ihren organisatorischen Formen, Zürich 1939

Gaugler, E.: Instanzenbildung als Problem der betrieblichen Führungsorganisation, Berlin 1966

Gerwig, E.: Organisation und Führung industrieller Unternehmungen, 2. Aufl., Stuttgart 1955

Gillmor, R. E.: A Practical Manual of Organization, New York 1948

Goossens, F.: Leitende Angestellte richtig führen, München 1961

— Personalleiter-Handbuch, 4. Aufl., München 1966

— Wie gut ist meine Personalführung? München 1968

— Der Chef und seine leitenden Mitarbeiter, München 1968

— Erfolgreiche Konferenzen und Verhandlungen, 3. Aufl., München 1968

Grochla, E.: Automation und Organisation, Wiesbaden 1966

Groß, H. F.: Mensch und Organisation in der Unternehmung, Wiesbaden 1966

Grün, O.: Informale Erscheinungen in der Betriebsorganisation, Berlin 1966

Gutenberg, E.: Unternehmensführung — Organisation und Entscheidungen, Wiesbaden 1962

— Grundlagen der Betriebswirtschaftslehre, 1. Bd.: Die Produktion, 14. Aufl., Berlin—Heidelberg—New York 1968

Häusler, J.: Grundfragen der Betriebsführung, Wiesbaden 1966

Haimann, Th.: Professional Management, Cambridge—Boston—New York—Atlanta—Geneva/Ill.—Dallas—Palo Alto 1962

Hamilton, Sir Ian: The Soul and Body of an Army, London 1921

Hartmann, B.: Angewandte Betriebsanalyse, Freiburg 1959

Hartmann, H.: Funktionale Autorität — systematische Abhandlung an einem soziologischen Begriff, Stuttgart 1964

Haynes, W. W. und J. L. *Massie:* Management-Analysis, Concepts and Cases, 3. Aufl., Englewood Cliffs/N.J. 1963

Healey, J. H.: Executive Coordination and Control, Columbus/Ohio 1956

Heinen, E.: Das Zielsystem der Unternehmung, Wiesbaden 1966

— Einführung in die Betriebswirtschaftslehre, Wiesbaden 1968

Hennig, K. W.: Betriebswirtschaftliche Organisationslehre, 4. Aufl., Wiesbaden 1965

Höhn, R.: Die Führung mit Stäben in der Wirtschaft, Bad Harzburg o. J. (1961)

— Menschenführung im Handel, Bad Harzburg 1964

— Führungsbrevier der Wirtschaft, 2. Aufl., Bad Harzburg 1967

Höhn, R.: Die Dienstaufsicht und ihre Technik, Bad Harzburg 1967

Hoffmann, F.: Organisation der Führungsgruppe, Berlin 1969

Holden, P. E., L. S. *Fish* und H. L. *Smith:* Industrielle Führungskunst, Essen 1957

Holzinger, D.: Die organisatorischen Verbindungswege und Probleme ihrer allgemeinen und gegenseitigen Abhängigkeiten in kaufmännischen Unternehmungen, Berlin 1962

Illetschko, L. L.: Unternehmenstheorie — Elemente rationaler Betriebslenkung, Wien 1964

Intermarket, Gesellschaft für internationale Markt- und Meinungsforschung mbH: Einfluß der Führungsorganisation auf die Situation des Unternehmens, Bd. 8 der Sonderauswertung der Untersuchungen über die Situation mittelständischer Unternehmen im Lande Nordrhein-Westfalen für das Ministerium für Wirtschaft, Mittelstand und Verkehr, Düsseldorf, o. Verlagsort 1965/66 (hektographiert)

Isaac, A.: Revision und Wirtschaftsprüfung, Wiesbaden 1951

Jerome III, W. T.: Executive Control — The Catalyst, New York—London 1961

Johnson, R. A., F. E. *Kast* und J. E. *Rosenzweig:* The Theory and Management of Systems, New York—St. Louis—San Francisco—Toronto—London—Sydney 1967

Junckerstorff, K.: Internationaler Grundriß der wissenschaftlichen Unternehmensführung, Berlin 1964

Katz, D. und R. L. *Kahn:* The Social Psychology of Organizations, New York—London—Sydney 1967

Kellerer, H.: Statistik im modernen Wirtschafts- und Sozialleben, Reinbek bei Hamburg 1960

Koch, H.: Betriebliche Planung, Wiesbaden 1961

Köster, J.: Die Organisation und ihre Planung, Bern—Stuttgart 1969

Koontz, H. und C. *O'Donnell:* Principles of Management, New York—Toronto—London 1955

Kosiol, E: Organisation der Unternehmung, Wiesbaden 1962

— Die Unternehmung als wirtschaftliches Aktionszentrum, Reinbek bei Hamburg 1966

Kramer, R.: Information und Kommunikation, Berlin 1965

Krupp, S.: Pattern in Organization Analysis, New York—Chicago—San Francisco—Toronto—London 1961

Leffingwell, W. H. und E. M. *Robinson:* Textbook of Office Management 2. Aufl., New York—London 1943

Leibenstein, H.: Economic Theory and Organizational Analysis, New York—Evanston—London—Tokio 1965

Litterer, J. A.: The Analysis of Organizations, New York—London—Sydney 1965

Lohmann, M.: Einführung in die Betriebswirtschaftslehre, 4. Aufl., Tübingen 1964

Luhmann, N.: Funktionen und Folgen formaler Organisation, Berlin 1964

Luijk, H.: Wo bleibt die Zeit des Direktors? Wiesbaden o. J.

Mac Niece, E. H.: Production Forecasting, Planning and Control, 3. Aufl., New York—London 1961

Mand, J.: Betriebsorganisation, Wiesbaden 1957

Mayntz, R.: Soziologie der Organisation, Reinbek bei Hamburg 1963

Mc Farland, D. E.: Management: Principles and Practices, 2. Aufl., New York—London 1964

Mechler, H.: Die betriebswirtschaftliche Organisationsprüfung, 2. Aufl., Berlin 1948

Meier, A.: Organisation der Unternehmungsführung, Stuttgart 1965

Mellerowicz, K.: Betriebswirtschaftslehre der Industrie, 1. Bd., 3. Aufl., Freiburg 1958

— Betriebswirtschaftslehre der Industrie, 2. Bd., 3. Aufl., Freiburg 1958

— Allgemeine Betriebswirtschaftslehre, 4. Bd., 10. Aufl., Berlin 1959

— Unternehmenspolitik, Bd. I, Freiburg 1963

— Allgemeine Betriebswirtschaftslehre, 1. Bd., 12. Aufl., Berlin 1964

Mertens, P.: Maßnahmen zur Verbesserung des Informationsstandes industrieller Betriebswirtschaften unter besonderer Berücksichtigung der organisatorischen Aspekte, Diss. Darmstadt 1961

Mirow, H. M.: Kybernetik, Grundlage einer allgemeinen Theorie der Organisation, Wiesbaden 1969

Moore, W. E.: The Conduct of the Corporation, New York 1962

Morris, W. T.: Management Science in Action, Homewood/Ill. 1963

Newman, W. H.: Administrative Action, 9. Aufl., London 1958

Newman, W. H. und J. P. *Logan:* Business Policies and Central Management, 5. Aufl., Cincinnati/Ohio 1965

Niederberger, A. R. V.: Das betriebliche Informationssystem, Wiesbaden 1967

Nordsieck, F.: Rationalisierung der Betriebsorganisation, 2. Aufl., Stuttgart 1955

— Die schaubildliche Erfassung und Untersuchung der Betriebsorganisation, 5. Aufl., Stuttgart 1956

— Betriebsorganisation — Betriebsaufbau und Betriebsablauf, Stuttgart 1961

Oboth, H.: Die unternehmerische Entscheidung — Eine aufgabenanalytische Untersuchung der Unternehmerleistung, Diss. Berlin 1957

Oetiker, A. G.: Die Linienorganisation und ihre Erweiterungen, Diss. Bern 1951

Pankoke, W.: Die Anpassung der Führungsorganisation an wachsende Betriebsaufgaben, Zürich 1964

Parkinson, C. N.: Parkinsons Gesetz und andere Untersuchungen über die Verwaltung, Düsseldorf — Stuttgart 1959

Pietzsch, J.: Die Information in der industriellen Unternehmung, Köln und Opladen 1964

Pfiffner, J. M.: The Superversion of Personnel, Englewood Cliffs 1959

Pöhlmann, G.: Der Prozeß der Unternehmensführung, Berlin 1964

Rissel, K. P.: Die Beeinflussung von Führungsentscheidungen durch untergeordnete Instanzen, Diss. Mannheim 1964

Rosenstock, H. A.: Die Entscheidung im Unternehmungsgeschehen, Bern 1963

Rudolph, R.: Organisationstypen, Diss. Berlin 1958

Sandig, C.: Betriebswirtschaftspolitik, Stuttgart 1966

Scheuchzer, R.: Der Faktor Mensch in der Betriebswirtschaftslehre, Bern 1957

Schleh, E. C.: Successfull Executive Action, 3. Aufl., Englewood Cliffs/N.J. 1956

Schmalenbach, E.: Über Dienststellengliederung im Großbetriebe, Köln und Opladen 1959

Schnutenhaus, O. R.: Allgemeine Organisationslehre, Berlin 1951

— Absatzpolitik und Unternehmungsführung, Freiburg 1961

Schramm, W.: Die betrieblichen Funktionen und ihre Organisation, Berlin—Leipzig 1936

Schwarz, H. u. Mitarb.: Betriebsorganisation als Führungsaufgabe, München 1969

Schweiker, K. F.: Grundlagen einer Theorie betrieblicher Datenverarbeitung, Wiesbaden 1966

Schweitzer, M.: Probleme der Ablauforganisation in Unternehmungen, Berlin 1964

Seydlitz-Kurzbach v. F. W.: Leitung und Verwaltung im Industriebetrieb, Berlin 1955

Simon, H. A.: Administrative Behavior, 2. Aufl., New York—London 1965

Sommer, K.: Die Bedeutung interpersonaler Beziehungen für die Organisation der Unternehmung, Berlin 1968

Staehle, W. H.: Kennzahlen und Kennzahlensysteme als Mittel der Organisation und Führung von Unternehmen, Wiesbaden 1969

Staerkle, R.: Stabsstellen in der industriellen Unternehmung, Bern 1961

Stahlmann, J.: Organisation, Entscheidung und Kommunikation, Diss. Göttingen 1960

Stefanic-Allmayer, K.: Allgemeine Organisationslehre, Wien—Stuttgart 1950

Stieglitz, H.: Corporate Organization Structures, New York 1961

Stratoudakis, P.: Organisation der Unternehmensführung, Wiesbaden 1961

Szyperski, N.: Zur Problematik der quantitativen Terminologie in der Betriebswirtschaftslehre, Berlin 1962

Terry, G. R.: Principles of Management, 4. Aufl., Homewood/Ill. 1964

Tittes, T.: Die Gruppenarbeit in betriebswirtschaftlicher und organisatorischer Sicht, Diss. München 1958

Thomae, H.: Der Mensch in der Entscheidung, München 1960

Tillmann, R. und C. A. *Kirkpatrick:* Promotion — Persuasive Communication in Marketing, Homewood/Ill. 1968

Ulrich, H.: Betriebswirtschaftliche Organisationslehre, Bern 1949

— Die Unternehmung als produktives soziales System, Bern—Stuttgart 1968

Ulrich, H. und R. *Staerkle:* Verbesserung der Organisationsstruktur von Unternehmungen, 2. Aufl., Bern 1962

Urwick, L.: Notes on the Theory of Organization, New York 1952

Wacker, J.: Entwicklung und Bestimmungsgründe unternehmerischer Entscheidungen, Diss. München 1963

Weber, H.: Die Planung in der Unternehmung, Berlin 1963

Wild, J.: Grundlagen und Probleme der betriebswirtschaftlichen Organisationslehre, Berlin 1966

— Neuere Organisationsforschung in betriebswirtschaftlicher Sicht, Berlin 1967

Wilkinson, E. und R. S. *Foster:* Management — Principles and Practice, St. Albans—London 1963

Wittmann, W.: Unternehmung und unvollkommene Information, Köln und Opladen 1959

Woodward, J.: Management and Technology, London 1964

— Industrial Organization: Theory and Practice, London—New York—Toronto 1965

Wright, F. J.: The Elements of Modern Industrial Organisation, London 1958

Wunderer, R.: Systembildende Betrachtungsweisen der Allgemeinen Betriebswirtschaftslehre und ihr Einfluß auf die Darstellung des Unternehmers, Berlin 1967

Yoder, D.: Personnel Principles and Policies, 2. Aufl., Englewood Cliffs/N.J. 1959

Zimmermann, E.: Theorie und Praxis der Prüfungen im Betriebe, Essen 1954

Zimmermann, H.: Organsations-Gestaltungsfragen und Organisationspostulate der Betriebsführung, Diss. München 1962

2. Beiträge in Sammelwerken

Acker, H. B.: Planung der Organisation, in: Agthe, K./Schnaufer, E., Unternehmensplanung, Baden-Baden 1963, S. 435—458

— Stelle, in: HdO, Stuttgart 1969, Sp. 1577—1582

Agthe, K.: Das Problem der unsicheren Erwartungen bei unternehmerischen Planungen und Entscheidungen, in: Agthe, K./Schnaufer, E. (Hrsg.), Unternehmensplanung, Baden-Baden 1963, S. 83—120

Albach, H.: Entscheidungsprozeß und Informationsfluß in der Unternehmensorganisation, in: Schnaufer, E./Agthe, K. (Hrsg.), Organisation, TFB-Handbuchreihe, 1. Bd., Berlin—Baden-Baden 1961, S. 355—402

— Organisation, betriebliche, in: HdSW, Stuttgart—Tübingen—Göttingen 1964, S. 111—117

Bleicher, K.: Grundsätze der Organisation, in: Schnaufer, E./Agthe, K. (Hrsg.), Organisation, TFB-Handbuchreihe, 1. Bd., Berlin—Baden-Baden 1961, S. 149—164

— Aufgabengliederung und Abteilungsbildung, in: Schnaufer, E./Agthe, K. (Hrsg.), Organisation, TFB-Handbuchreihe, 1. Bd., Berlin—Baden-Baden 1961, S. 197—250

— Zur Zentralisation und Dezentralisation des Entscheidungsprozesses in der Unternehmungsorganisation, in: Grochla, E. (Hrsg.), Organisation und Rechnungswesen, Berlin 1964, S. 125—151

— Abteilung, in: HdO, Stuttgart 1969, Sp. 40—45

— Zentralisation und Dezentralisation, in: HdO, Stuttgart 1969, Sp. 1801—1816

Brech, E. F. L.: Management in Principle, in: Brech, E. F. L. (Hrsg.), The Principles and Practice of Management, 4. Aufl., London—New York—Toronto 1956, S. 1—82

Cartwright, D.: The Potential Contribution of Graph Theory to Organization Theory, in: Haire, M. (Hrsg.), Modern Organization Theory, 5. Aufl., New York—London—Sydney 1967, S. 254—271

Cattepoel, D.: Führungsnachwuchs als unternehmerische Aufgabe, in: Deutsches Institut für Betriebswirtschaft e. V. (Hrsg.), Führungskräfte heute und morgen, Düsseldorf—Wien 1966, S. 125—133

Dubin, R.: Stability of Human Organizations, in: Haire, M. (Hrsg.), Modern Organization Theory, 5. Aufl., New York—London—Sydney 1967, S. 218—253

Fischer, G.: Die betriebliche Führungsorganisation, in: Schwarz, H./Berger, K. H. (Hrsg.), Betriebswirtschaftslehre und Wirtschaftspraxis, Berlin 1961, S. 81—102

— Methodik und Probleme der Betriebspolitik, in: Rechnungswesen und Betriebswirtschaftspolitik, Berlin 1969, S. 79—91

Frese, E.: Kontrolle, Organisation der, in: HdO, Stuttgart 1969, Sp. 873—881

— Management by Exception, in: HdO, Stuttgart 1969, Sp. 956—959

Gaugler, E.: Betriebswirtschaftspolitik, in: Tautscher, A./Pöschl, A. E. (Hrsg.), Handbuch der österreichischen Wirtschaftspolitik, Wien 1961, S. 495—530

— Organisation der Geschäftsleitung, in: Degelmann, A. (Hrsg.), Organisationsleiterhandbuch, München 1968, S. 857—883

Göldner, J.: Organisatorische Formen der Arbeitsteilung, in: Grochla, E. (Hrsg.), Organisation und Rechnungswesen, Berlin 1964, S. 153—179

Goossens, F.: Personalorganisation im Betrieb, in: Betriebsleiter-Handbuch, München 1963, S. 9—40

Graicunas, V. A.: Relationship in Organization, in: Gulick, L./Urwick, L. (Hrsg.), Papers on the Science of Administration, New York 1937, S. 181—187

Grochla, E.: Planung, betriebliche, in: HdSW, 8. Bd., Stuttgart—Tübingen—Göttingen 1964, S. 314—325

Grün, O.: Entscheidung, in: HdO, Stuttgart 1969, Sp. 474—484

Gulick, L.: Notes on the Theory of Organization — with special Reference to Government in the United States, in: Gulick, L./Urwick, L. (Hrsg.), Papers on the Science of Administration, New York 1937, S. 1—45

Haire, M.: Biological Models and Empirical Histories of the Growth of Organizations, in: Haire, M. (Hrsg.), Modern Organization Theory, 5. Aufl., New York—London—Sydney 1967, S. 272—306

Hax, H.: Kommunikation, in: HdO, Stuttgart 1969, Sp. 825—831

— Kommunikationssysteme, in: HdO, Stuttgart 1969, Sp. 845—851

Hill, W.: Zur Entwicklung der Theorie der Unternehmungsorganisation, in: Angehrn, O./Künzi, H. P. (Hrsg.), Beiträge zur Lehre von der Unternehmung, Stuttgart 1968, S. 225—241

Höhn, R.: Stabsstellen, in: HdO, Stuttgart 1969, Sp. 1543—1556

Joschke, H. K.: Leitungsaufbau (Führungshierarchie) der Unternehmung, in: Degelmann, A. (Hrsg.), Organisationsleiterhandbuch, München 1968, S. 200—223

Kloidt, H.: Betriebsgliederung, organisatorische, in: HdB, 1. Bd., 3. Aufl., Stuttgart 1956, Sp. 790—800

Kloidt, H., H. A. *Dubberke* und J. *Göldner*: Zur Problematik des Entscheidungsprozesses, in: Kosiol, E. (Hrsg.), Organisation des Entscheidungsprozesses, Berlin 1959, S. 9—22

Koch, H.: Planung, in: HdB, 3. Bd., 3. Aufl., Stuttgart 1960, Sp. 4340—4352

Koontz, H.: Making Sense of Management Theory, in: Koontz, H. (Hrsg.), Toward a Unified Theory of Management, New York—San Francisco—Toronto—London 1964, S. 1—17

Kosiol, E.: Grundlagen der Organisationsanalyse, in: Kosiol, E. (Hrsg.), Grundlagen und Methoden der Organisationsforschung, Berlin 1959, S. 13—70

— Aufgabenträger, in: HdO, Stuttgart 1969, Sp. 232—236

Kramer, R.: Informationswege, in: HdO, Stuttgart 1969, Sp. 714—720

Lehmann, H.: Leitungssysteme, in: HdO, Stuttgart 1969, Sp. 928—939

Loitlsberger, E.: Zum Informationsbegriff und zur Frage der Auswahlkriterien von Informationsprozessen, in: Loitlsberger, E. (Hrsg.), Empirische Betriebswirtschaftslehre, Wiesbaden 1963, S. 115—135

Maddock, J.: Control, in: Brech, E. F. L. (Hrsg.), The Principles and Practice of Management, 4. Aufl., London—New York—Toronto 1956, S. 545—715

Massie, J. L.: Management Theory, in: March, J. G. (Hrsg.), Handbook of Organizations, Chicago 1965, S. 387—422

Meij, J. L.: Human Relations and Fundamental Principles of Management, in: Hugh-Jones, E. M. (Hrsg.), Human Relations and Modern Management, Amsterdam 1958, S. 1—17

Meller, F.: Kommunikationsmittel, in: HdO, Stuttgart 1969, Sp. 838—845

Mellerowicz, K.: Grundlagen der betriebswirtschaftlichen Organisation, in: Schnaufer, E./Agthe, K. (Hrsg.), Organisation, TFB-Handbuchreihe, 1. Bd., Berlin—Baden-Baden 1961, S. 1—28

Niederauer, F.: Die Leitungsorganisation des Betriebes, in: Theisinger, K., Die Führung des Betriebes, Berlin—Wien 1942, S. 152—160

Nieschlag, R.: Das Problem der Systematisierung personalpolitischer Maßnahmen, in: Gaugler, E. (Hrsg.), Verantwortliche Betriebsführung, Stuttgart 1969, S. 197—209

Nordsieck, F.: Organisation, in: HdB, 3. Bd., 3. Aufl., Stuttgart 1960, Sp. 4235—4242

o. V.: Introduction to Part IV: Organizing, in: Greenwood, W. T. (Hrsg.), Management and Organizational Behavior Theories, Cincinnati—Chicago—New Rochelle—Burlingame—Dallas 1965, S. 437—461

o. V.: The Nature of Organization Theory, in: Rubenstein, A. H./Haberstroh, C. J. (Hrsg.), Some Theories of Organization, 2. Aufl., Homewood/Ill. 1966, S. 1—24

Peabody, R. L. und F. E. *Rourke*: Public Bureaucracies, in: March, J. G. (Hrsg.), Handbook of Organizations, Chicago 1965, S. 802—837

Perridon, L.: Subsidiarität und Solidarität als Grundlagen der Organisation des Produktionshaushaltes, in: Gaugler, E. (Hrsg.), Verantwortliche Betriebsführung, Stuttgart 1969, S. 131—146

Riester, W.: Die Organisation, in: Prion, W., Die Lehre vom Wirtschaftsbetrieb, 3. Buch, Berlin 1936, S. 108—191

Rother, N.: Die Organisation der Innenrevision, in: Schnaufer, E./Agthe, K. (Hrsg.), Organisation, TFB-Handbuchreihe, 1. Bd., Berlin—Baden-Baden 1961, S. 875—916

Schwarz, H.: Die Organisation der Unternehmensleitung, in: Schnaufer, E./Agthe, K. (Hrsg.), Organisation, TFB-Handbuchreihe, 1. Bd., Berlin—Baden-Baden 1961, S. 579—632

Shepard, H. A.: Changing Relationships in Organizations, in: March, J. G. (Hrsg.), Handbook of Organizations, Chicago 1965, S. 1115—1143

Starbuck, W. H.: Organizational Growth and Development, in: March, J. G. (Hrsg.), Handbook of Organizations, Chicago 1965, S. 451—533

Trauth, P. J.: Das Verhältnis von Linien- zu Stabsstellen, in: Schnaufer, E./Agthe, K. (Hrsg.), Organisation, TFB-Handbuchreihe, 1. Bd., Berlin—Baden-Baden 1961, S. 289—310

Ulrich, H.: Organisatorische Aspekte der innerbetrieblichen Information, in: Ackermann, A./Feurer, W./Ulrich, H. (Hrsg.), Innerbetriebliche Information als Führungsaufgabe, Bern 1959, S. 40—55

— Kontrollspanne und Instanzenaufbau, in: Schnaufer, E./Agthe, K. (Hrsg.), Organisation, TFB-Handbuchreihe, 1. Bd., Berlin—Baden-Baden 1961, S. 267—288

— Kompetenz, in: HdO, Stuttgart 1969, Sp. 852—856

— Delegation, in: HdO, Stuttgart 1969, Sp. 433—437

Urwick, L.: Organization as a technical Problem, in: Gulick, L./Urwick, L. (Hrsg.), Papers on the Science of Administration, New York 1937, S. 47—88

— Organisation and Co-ordination: Principles, in: Litterer, J. A. (Hrsg.), Organizations Structure & Behavior, 3. Aufl., New York—London—Sydney 1965, S. 64—75

Urwick, L. F.: Zweckmäßiger Einbau der Stabsstellung im Wirtschaftsleben, in: Arbeitswissenschaftliches Institut des REFA e. V. (Hrsg.), Fortschrittliche Betriebsführung, Bd. 1, Berlin—Köln—Frankfurt/M. o. J., S. 83—103

Witte, E.: Analyse der Entscheidung, in: Grochla, E. (Hrsg.), Organisation und Rechnungswesen, Berlin 1964, S. 101—124

Witte, E.: Entscheidungsprozesse, in: HdO, Stuttgart 1969, Sp. 497—506

Wittmann, W.: Information, in: HdO, Stuttgart 1969, Sp. 699—707

Worthy, J. C.: Organizational Structure and Employee Morale, in: Sutermeister, R. A. (Hrsg.), People and Productivity, New York—San Francisco—Toronto—London 1963, S. 207—221

— Organization Structure and Employee Morale, in: Litterer, J. A. (Hrsg.), Organizations: Structure & Behavior, 3. Aufl., New York—London—Sydney 1965, S. 264—273

3. Aufsätze

Acker, H. B.: Die Gliederung organisatorischer Einheiten, in: ZfB, 23. Jg., 1953, S. 667—675

Albach, H.: Zur Theorie der Unternehmensorganisation, in: ZfhF, 11. Jg., 1959, S. 238—259

Arbeitskreis Hax der Schmalenbach-Gesellschaft: Wesen und Arten unternehmerischer Entscheidungen, in: ZfbF, 16. Jg., 1964, S. 685—715

Baeuerle, G.: Der Direktionsassistent, in: Der Betrieb, 12. Jg., 1959, S. 1145—1147

Barkdull, C. W.: Span of Control — A Method of Evaluation, in: Michigan Business Review, Vol. 15, 1963, S. 25—32

Berthel, J.: Zur Organisation der Kommunikation in der Unternehmung, in: ZfB, 38. Jg., 1968, S. 409—432

Bierfelder, W. H.: Ansätze zu einer Typologie der unternehmerischen Entscheidungen, in: ZfB, 31. Jg., 1961, S. 520—530

Bleicher, K.: Grundlagen der Abteilungsbildung, in: ZfB, 29. Jg., 1959, S. 106—118

Czayka, L.: Eine Typologie für Superordinationsstrukturen in Unternehmungen, in: ZfbF, 19. Jg., 1967, S. 257—278

Entwisle, D. R. und J. *Walton*: Observations on the Span of Control, in: Administrative Science Quarterly, Vol. 5, 1960/61, S. 522—533

Faßbender, S.: Kennzeichen und Aufgaben der typischen Führungsgruppen, in: MuA, 9. Jg., 1957, S. 243—244

Fisch, G. G.: Stretching the Span of Management, in: HBR, Vol. 41, 1963, S. 74—85

Fischer, G.: Organisationsformen der Betriebsführung in verschiedenen Betriebsgrößen, in: MuA, 12. Jg., 1960, S. 111—114

— Über den Wandel der „Technik“ von Führungsentscheidungen, in: MuA, 12. Jg., 1960, S. 76—78

— Das Ordnen der Führungsorganisation, in: Liiketaloudellinen Aikakauskirja, Helsinki 1962, S. 167—172

— Assistenten, Stellvertreter und Nachfolger in der Betriebsführung, in: MuA, 14. Jg., 1962, S. 38—40

— Direktoriale oder kollegiale Leitungsorganisation? in: MuA, 14. Jg., 1962, 172—174

Fischer, G.: Probleme der gleichzeitigen Über- und Unterordnung der Führungskräfte im Betrieb, in: MuA, 15. Jg., 1963, S. 101—103

— Führungs- und Arbeitsstäbe in der betrieblichen Führungsorganisation, in: MuA, 19. Jg., 1967, S. 135—139

— Entlastung der Chefarbeit durch neue Führungsorganisation, in: Personal, 20. Jg., 1968, S. 265—268

Fischer, H.: Information und Kommunikation, in: IO, 28. Jg., 1959, S. 161—166

Frese, E.: Technik und Organisation — Bemerkungen zu einer empirischen Studie von Joan Woodward, in: BFuP, 20. Jg., 1968, S. 723—726

Gasser, C.: Die optimale Organisationsstruktur, in: IO, 21. Jg., 1952, S. 325—332

Gater, R.: Wieviele Menschen unterstehen Ihrer direkten Kontrolle? in: ZfO, 26. Jg., 1957, S. 41—43

Gaugler, E.: Ergebnisse der Untersuchung der Leitungs-Organisation in fünf Unternehmungen, in: MuA, 10. Jg., 1958, S. 120—122

— Ergebnisse einer Untersuchung über Umfang, Stufung und personelle Zusammensetzung der Betriebsführung (Unternehmungsleitung), in: MuA, 10. Jg., 1958, S. 200—203

Goodwin, E. S. L.: Control: A Brief Excursion on the Meaning of a Word, in: Michigan Business Review, Ann Arbor 1960, S. 13—17 und S. 28

Goossens, F.: Der Zusammenhang zwischen den Zahlen der Rangstufen im Betrieb und der jeweils unterstellten Mitarbeiter, in: MuA, 10. Jg., 1958, S. 9—10

— Rangstufen und Gehaltsgruppen als Grundlagen der Personalorganisation, in: MuA, 17. Jg., 1965, S. 34—38

Graicunas, V. A.: Gestaltung der Beziehungen im Betriebe, in: Mitteilungen des internationalen Rationalisierungsinstitutes Genf, 7. Jg., 1933, S. 41—44

Grochla, E.: Der Einfluß der Automatisierung auf die Unternehmungsorganisation, in: ZfB, 36. Jg., 1966, S. 271—288

— Erkenntnisstand und Entwicklungstendenzen der Organisationstheorie, in: ZfB, 39. Jg., 1969, S. 1—22

Hasenack, W.: Zur Wesensproblematik der Betriebskontrolle, in: BFuP, 4. Jg., 1952, S. 339—350

Hax, K.: Planung und Organisation als Instrumente der Unternehmungsführung, in: ZfhF, 11. Jg., 1959, S. 605—615

Hill, L. S.: The Application of Queuing Theory to the Span of Control, in: Academy of Management Journal, 1963, S. 58—69

H. W.: Die tägliche Arbeitseinteilung der Direktoren, in: BFuP, 1. Jg., 1949, S. 603—614

Janger, A.: Analyzing the Span of Control, in: Management Record, Vol. 22, 1960, S. 7—10

Kephart, W. M.: A Quantitative Analysis of Intragroup Relationships, in: The American Journal of Sociology, Chicago 1950, S. 544—549

Koreimann, D.: Der betriebliche Entscheidungsprozeß, in: BFuP, 14. Jg., 1962, S. 129—134

Koreimann, W. M.: Zum Informationsbegriff und seine Beziehung zur Betriebswirtschaft, in: Neue Betriebswirtschaft, 16. Jg., 1963, S. 49—51

— Kybernetische Grundlagen der Betriebswirtschaft, in: BFuP, 17. Jg., 1965, S. 617—637

Kosiol, E.: Modellanalyse als Grundlage unternehmerischer Entscheidungen, in: ZfhF, 13. Jg., 1961, S. 318—334

— Planung als Lenkungsinstrument der Unternehmungsleitung, in: ZfB, 35. Jg., 1965, S. 389—401

Langen, H.: Bemerkungen zur betriebswirtschaftlichen Organisationslehre, in: BFuP, 5. Jg., 1953, S. 455—464

Mag, W.: Die quantitative Erfassung der Kommunikationsstruktur und ihre Bedeutung für die Gestaltung der Unternehmensorganisation, in: ZfbF, 22. Jg., 1970, S. 22—49

Mand, J.: Die Fragen der personellen Gliederung im Rahmen der betriebswirtschaftlichen Organisation, in: BFuP, 4. Jg., 1952, S. 321—333

Meij, J. L.: Some Fundamental Principles of a General Theory of Management, in: The Journal of Industrial Economics, Vol. IV, 1955, S. 15—32

— The Span of Control — Fact and Fundamental Principle, in: Advanced Management, Vol. XXII, 1957, S. 14—16

Meyer, E.: Bestimmungsfaktoren der Leitungsspanne, in: ZfO, 37. Jg., 1968, S. 121—129

Nürck, R.: Unternehmensführung — Ein Regelungsproblem, in: BFuP, 12. Jg., 1960, S. 230—238

— Funktions- und strukturbedingte Regelungsmaßnahmen der Unternehmung, in: ZfB, 30. Jg., 1960, S. 744—756

o. V.: Bosses Break Rule on Span of Control, in: Business Week, vom 18. August 1951, S. 102—104

Potthoff, E.: Stabsstellen in der Unternehmungsorganisation, in: ZfbF, 19. Jg., 1967, S. 685—703

Riebel, P.: Die Gestaltung der Kostenrechnung für Zwecke der Betriebskontrolle und Betriebsdisposition, in: ZfB, 26. Jg., 1956, S. 278—289

Ronneberger, R.: Das innerbetriebliche Kontroll-System (Internal Control-System) als Organisations-Grundsatz, in: ZfO, 30. Jg., 1961, S. 19—22

Rühli, E.: Methodik der systematischen Entscheidung, in: Die Unternehmung, 17. Jg., 1963, S. 212—218

Schlenzka, P.: Management, Führung und Ausführung, in: Der Betrieb, 5. Jg., 1952, S. 657—659

Schmidt, R. B.: Die Delegation der Unternehmerleistung, in: ZfhF, 15. Jg., 1963, S. 65—73

Schuh, W.: Ursachen der Führerkrise in den Betrieben und Konsequenzen für die Personalorganisation, in: MuA, 10. Jg., 1958, S. 68—71

Sonderegger, J.: Der Einsatz von Stabsabteilungen, in: IO, 25. Jg., 1956, S. 135—140

Staerkle, R.: Der Entscheidungsprozeß in der Unternehmungsorganisation, in: Die Unternehmung, 17. Jg., 1963, S. 11—25

Stieglitz, H.: Optimizing Span of Control, in: Management Record, Vol. 24, 1962, S. 25—29

Stratoudakis, P.: Das Kommunikationssystem als organisatorisches Problem, in: ZfB, 32. Jg., 1962, S. 204—216

Suojanen, W. W.: The Span of Control — Fact or Fable? in: Advanced Management, Vol. XX, 1955, S. 5—13

Thompson, R. E.: Span of Control — Conceptions and Misconceptions, in: Business Horizons, 1964, S. 49—58

Udell, J. G.: An Empirical Test of Hypotheses Relating to Span of Control, in: Administrative Science Quarterly, Vol. 12, 1967, S. 420—439

Ulrich, H.: Betrachtungen zur funktionalen Organisation, in: ZfhF, 2. Jg., 1950, S. 11—19

— Die Verteilung und Zusammenfassung von Leitungsfunktionen, in: BFuP, 17. Jg., 1965, S. 196—214

Urwick, L.: Executive Decentralization with Functional Coordination, in: The Management Review, New York 1935

— Axioms of Organization, in: Public Administration Magazine, London 1935

Urwick, L. F.: The Manager's Span of Control, in: HBR, Vol. 34, 1956, S. 39—47

— The Span of Control — Some Facts about the Fables, in: Advanced Management, Vol. XXI, 1956, S. 5—15

— Wieviel Mitarbeiter sollte man den Führungskräften unterstellen? in: Fortschrittliche Betriebsführung, 10. Jg., 1961, S. 1—6

Wardenberg, J.: Trennung und Identität von Kompetenz- und Kommunikationssystem im Rahmen der Unternehmensorganisation, in: ZfB, 33. Jg., 1963, S. 122—126

Weber, H.: Die Spannweite des betriebswirtschaftlichen Planungsbegriffes, in: ZfbF, 16. Jg., 1964, S. 716—724

— Funktionsorientierte und produktorientierte Organisation der industriellen Unternehmung, in: ZfB, 38. Jg., 1968, S. 587—604

Wehner, H.: Stab und Linie können besser zusammenarbeiten, in: Rationalisierung, 13. Jg., 1962, S. 133—136 und S. 159—162

Wheaton, R. G.: Aufgabengliederung und Übertragung von Vollmacht und Verantwortlichkeit, in: ZfB, 29. Jg., 1959, S. 18—28

Witte, E.: Phasen-Theorem und Organisation komplexer Entscheidungsverläufe, in: ZfbF, 20. Jg., 1968, S. 625—647

— Die Organisation komplexer Entscheidungsverläufe — ein Forschungsbericht, in: ZfbF, 20. Jg., 1968, S. 581—599

4. Sonstiges

Intermarket GmbH: Schriftliche Auskunft vom 29. 4. 1969

Wunderer, R.: Mündliche Unterredung am 13. 6. 1969

FSC
www.fsc.org
MIX
Papier | Fördert
gute Waldnutzung
FSC® C083411

Kolibri 360 GmbH
Ferdinand-Jühlke-Straße 7
99095 Erfurt, Deutschland
produktsicherheit@kolibri360.de

Druck:
CPI Druckdienstleistungen GmbH
im Auftrag der
Kolibri 360 GmbH
Ferdinand-Jühlke-Str. 7
99095 Erfurt